1978年12月拿撒勒之家收容首批船民，船民們站在園區外開懷合影。（席維特／提供；Giang／翻攝）

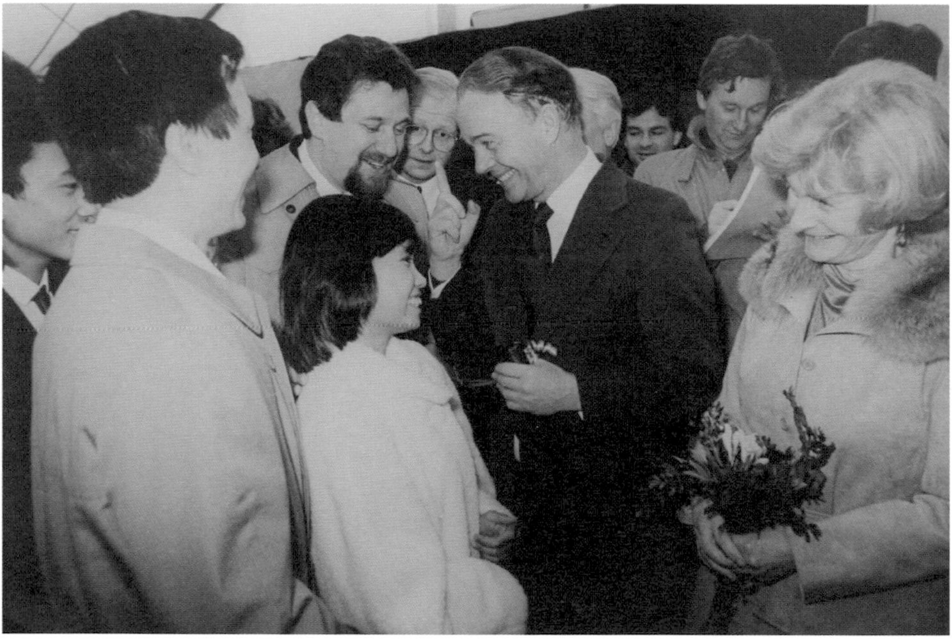

當時收容越南船民受到德國民眾大力支持，圖為時任下薩克森邦總理阿爾布雷希特（中）造訪拿撒勒之家的留影。（席維特／提供；Giang／翻攝）

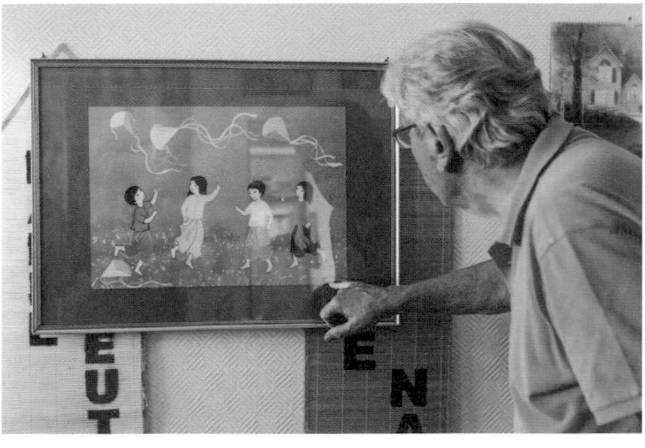

▲ 拿撒勒之家的創辦人席維特為我們講解他蒐集的歷史資料。（Giang／攝影）
► 席維特介紹越南船民在拿撒勒之家創作的畫作。（Giang／攝影）

翻看諾登老照片時發現中華民國的蹤跡，照片下方出現維力炸醬麵的箱子。
（席維特／提供； Giang／翻攝）

阮文南（第一章）廚藝精湛，經營的中餐館曾在2000年獲得德國政府頒發「最佳一等餐廳」匾額。（Giang／攝影）

▲ 阮文南家中的神桌上仍供奉著南越將領與末代領導人的照片。（Giang／攝影）

▼ 阮文南（左一）1983年與同在烏納的越南船民合影。（阮文南／提供； Giang／翻攝）

HIỆU-LỰC

VALIDITY — VALIDITÉ

Sổ thông-hành này có hiệu lực đến ngày
trừ khi nào được gia-hạn.

This passport expires on
unless renewed 16 Avril 1974
le

Cấp tại Vientiane ngày 17 Avril
Issued at *on*
Délivré à *le* 1972

L'AMBASSADEUR

Le Chargé des Affaires Consulaires

NGÔ HUY TRÌNH
Conseiller

RÉPUBLIQUE DU VIET-NAM ✦ MINISTÈRE DES AFFAIRES ÉTRANGÈRES
AMBASSADE DU VIETNAM AU LAOS

NGOẠI GIAO VIỆT NAM

MIỄN PHÍ

GIA-HẠN

EXTENSION OF VALIDITY
PROLONGATION DE VALIDITÉ

Từ ngày 17 Avril 1974 đến 16 Avril 1976
From *until*
Du *au*

Gia-hạn tại Vientiane ngày 4 Octobre
Renewed at *on*
Fait à *le* 1974

P. L'AMBASSADEUR & P.O.

Le Chargé des Affaires Consulaires

NGÔ HUY TRÌNH
Conseiller

RÉPUBLIQUE DU VIET-NAM ✦ MINISTÈRE DES AFFAIRES ÉTRANGÈRES
AMBASSADE DU VIETNAM AU LAOS

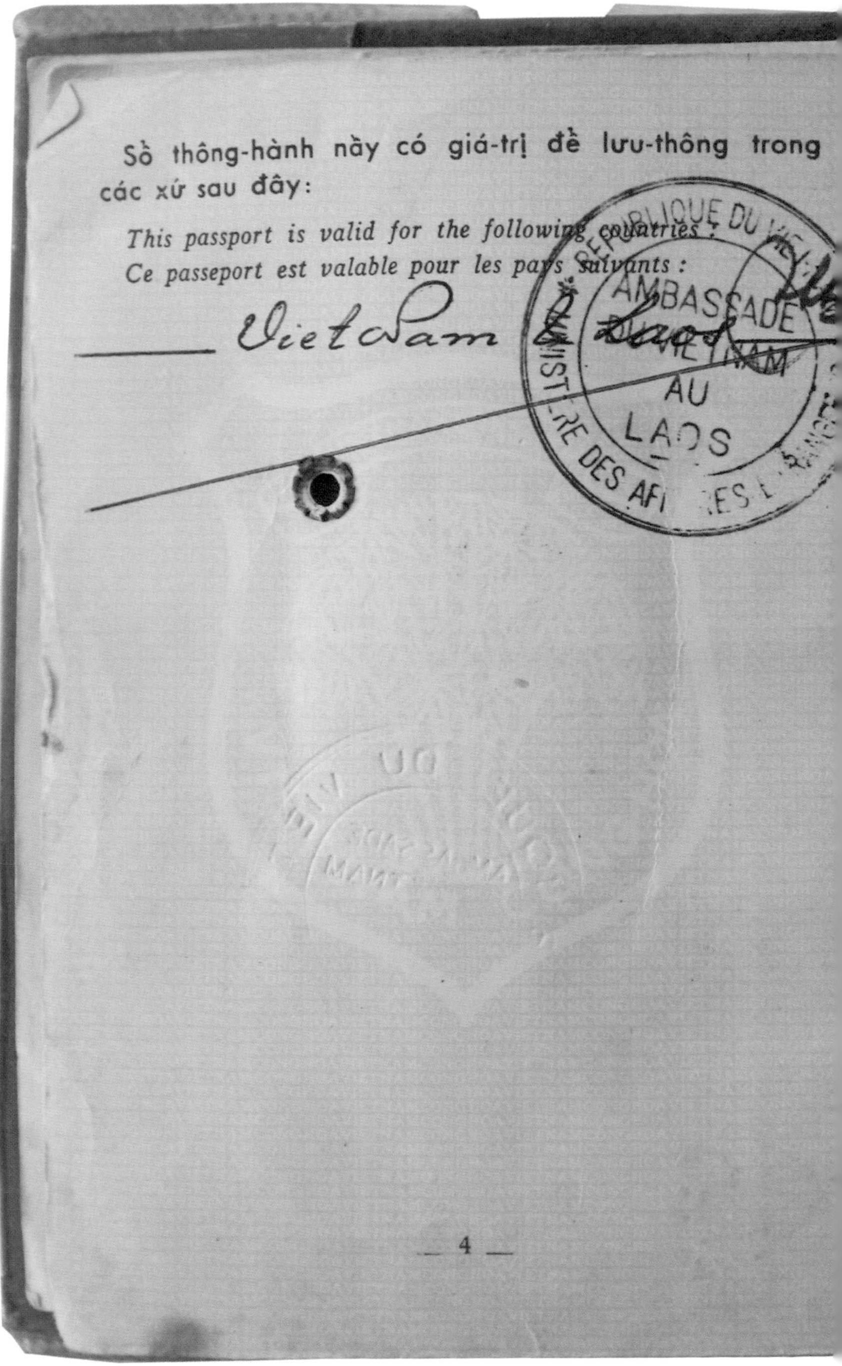
Sổ thông-hành nầy có giá-trị để lưu-thông trong các xứ sau đây:
This passport is valid for the following countries:
Ce passeport est valable pour les pays suivants:
Vietnam & Laos
REPUBLIQUE DU VIETNAM
AMBASSADE DU VIETNAM AU LAOS
MINISTERE DES AFFAIRES ETRANGERES
— 4 —

阮友祿當年的越南護照，內頁寫著此護照於越南與寮國有效。（Giang／攝影）

受訪者阮友祿（第一章）。（Giang／攝影）

阮友祿與妻子（下圖）在哥廷根的亞洲雜貨店，店內有許多中國風的裝飾。（Giang／攝影）

▲ 受訪者張宗周（第一章），他身穿越南佛教青年協會的制服。

▼ 文萍（左下，第六章）擔任護理師時的照片。整車只有她一位是東方人面孔。（席維特／提供；Giang／翻攝）

▲ 同春市場佔地 16.5 萬平方公尺，多數是越南移民經營的商店。此為其中一座室內市場。
▼ 黃氏良（第二章）在同春市場裡經營人造花花店。

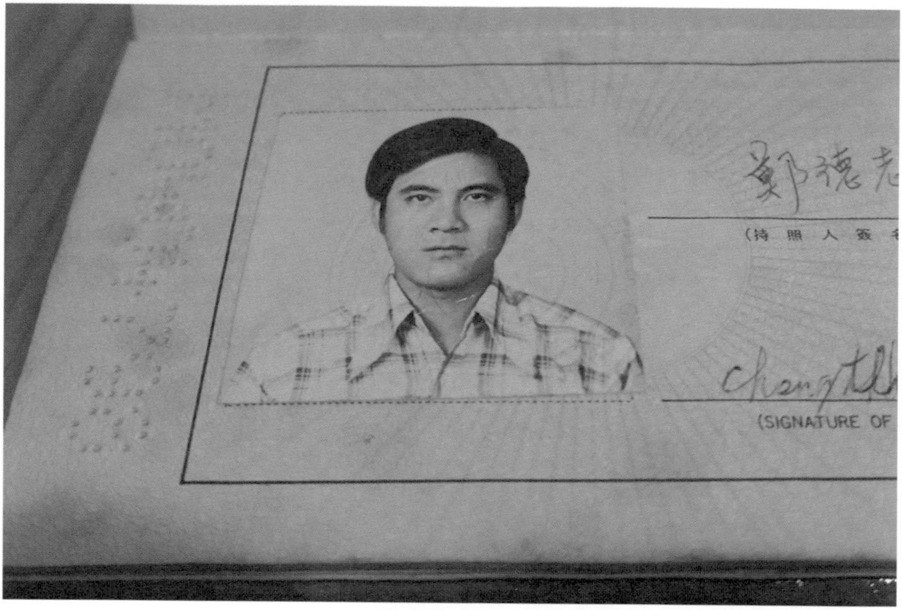

▲ 鄭德志（第三章）來臺時的護照。

▶ 鄭德志的護照，上面蓋著僑胞身分的印章。

◄ 臺北市文山區木新市場，蓮之鄉。

▼ 蓮之鄉店內貼著有越南風情的海報。

▶ 臺北市文山區木新市場，鳳容食品。

▼ 木柵市場一景。誰能想到日常的市場裡藏著一段又一段移民的歷史。

在德國、臺灣之間，
獨立記者的跨國越南難民探尋

誰是外來者

黃文鈴——著

Between Taiwan and Germany,
in Search of Vietnamese Boat People

WHO ARE OUTSIDERS?
WHO ARE OUTSIDERS?
WHO ARE OUTSIDERS?

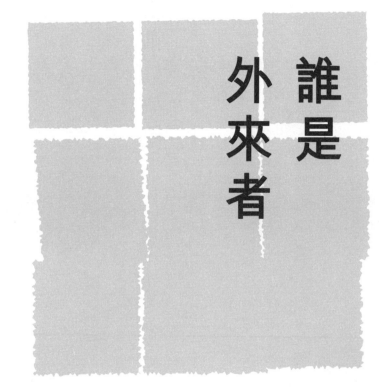

CHAPTER 02 ★ 飄洋過海的越南移工 1980—1989

第二部 前往中華民國

CHAPTER 03 ★ 坐船來臺的越南華僑 1975—1987

CHAPTER 04 ★ 中華民國政府的仁德專案 1976—1991

第三部 抵達

CHAPTER 05 ★ 越南移民第二代

CHAPTER 06 ★ 北方的小鎮

推薦序　帶給當下社會啟發的越洋追尋

林育立／駐德記者

走在柏林街上，處處可見越南人經營的餐廳、花店和美甲店。從東柏林郊區的捷運站走出來，迎面就是賣私菸的越南年輕人。在春光明媚的櫻花季，偶爾還可見越南女性花枝招展穿著傳統服飾奧黛在自拍，引起路人側目。

越南人在今天的德國首都無所不在，相當程度決定德國人對亞洲人的觀感。整體來說，柏林的越南人工作勤奮，花店大清早就開門，連商店全關門的星期天也照做生意。

不過，如果仔細觀察，不難發現東、西柏林的越南餐廳河粉口味不太一樣，而且東柏林的越南人與在地居民似乎處在平行世界，彼此不大往來，背後的故事實在很想讓人一探究竟。

我跟本書作者文鈴一樣以記者爲業，對臺灣的媒體亂象也同樣感到迷惘，初次見面就有聊不完的話題。她剛抵達柏林的二〇一七年下半年，正好是德國社會爲上百萬中東難民忙得焦頭爛額、排外勢力趁機崛起的動盪時刻，置身風暴中心，難免對難民融入問題有深刻反思；何況第一次以異鄉人身分在西方社會生活，她不免對身邊同樣來自亞洲的越南人感到好奇。

冷戰年代，德國曾分裂爲東、西德兩個國家，各自擁有來自北越的契約工、及以船民身分從南越逃出來的難民。兩德統一後，南、北越人跟東、西德人一樣也有格格不入的問題。相較於美國、法國等擁有大量越南移民人口的西方國家，德國可說相當具有特殊性。

在歐洲難民危機才剛過去、數百萬烏克蘭難民又湧進歐洲的此刻，這本臺灣首見探討德國越南移民的書尤其別具意義。德國一般討論移民融入的困難時，往往聚焦西德一九六〇年代起從土耳其招募來的外籍勞工，卻少有人注意當年接納越南船民和契約工的經驗，能給當下不少啟發。

舉例來說，由於同情船民逃離共黨迫害、投奔自由，西德接納了好幾萬的越南船民，可是該如何將這些信仰和文化完全不同的族群融入、同時讓他們保有自身特質？書中舉的「拿撒勒之家」例子就很值得參考。

外界對德國近年接納這麼多中東和烏克蘭難民感到敬佩，卻不知當前針對難民的地方援助網路和免費住處、語言課、職業訓練等配套措施，其實早在當年接待越南船民時就已經摸索過。

此外，由於經濟穩定和對外來人口相對開放，德國最近成爲全球僅次於美國的第二大移民目的國。政壇和媒體有多位家喻戶曉的越南裔名人，他們身爲船民和契約工的後代，當初掙扎和辛苦融入的過程卻少有人爬梳，本書正好補其中不足。

書中那艘遠赴越南搭救船民的「阿納穆爾角號」，不免讓人聯想到目前在地中海的多艘難民救援船，它們同樣遇到經費不足和被政府排擠的難題。《誰是外來者》回顧西德從主動迎接到排斥越南船民的過程，也與德國中東難民政策的轉變相呼應。難民和移民的故事似乎一直在重演，令人唏噓。

二〇二二年，俄軍侵略烏克蘭，迫使七百萬烏克蘭人遠離自己的國家。由於戰亂、饑荒、政治迫害等原因，全球難民總數目前已超過一億人，被迫流離失所顯然是我們這個時代的普遍現象，凸顯了難民和移民政策制定的急迫性。不過，要不要伸手幫助難民，以及到底能接納多少移民，在包括臺灣的許多國家內部還有爭議。

文鈴在書中還回到臺灣追尋越南移民的足跡，在我看來，這彷彿是在爲臺灣尋找定位。這本書其實也提醒我們，絕大多數臺灣人是難民和移民的後代，唯有去追尋和同理我們祖先逃難和移民的過去，才可能看清楚臺灣的定位。

推薦序

在困逼與關懷中闖出新天地

黃雋慧／《不漏洞拉．．越南船民的故事》作者

和文鈴是在二〇一九年透過網路認識，當時她正在籌劃寫作本書，蒐集資料的時候接觸到敝作《不漏洞拉．．越南船民的故事》，之後收到她的來信，希望我能引介一些受訪者。記得在全球新冠疫情前，我每年都收到私信提出類似的請求。做過相關專題的人，都能體會尋人過程的艱難，而且很多當事人未必信任陌生採訪者，文鈴能贏得衆多受訪者信任，成功走完整個書寫過程，實在難能可貴。

處理移民問題有如踏平衡木

《誰是外來者》以一九七八年越南人蛇貨輪「海鴻號」事件作起點，回顧德國朝野應對一路惡化的印支（中南半島）難民潮。當年難民潮震撼西方媒體的程度，從美國CBS（當時爲哥倫比亞廣播公司）的長壽新聞雜誌節目《六十分鐘》可見一斑。《六十分鐘》每集一般分成四個單元，每單元一個專題。一九七九年，《六十分鐘》採訪隊

特地飛到馬來西亞探訪比東島難民營，製作越南船民特輯，整個特輯就占盡四個單元。

在這段時間，聯合國開過兩次會議，協調國際社會聯手化解危機。西德是其中一個積極伸出援手接收越南難民的國家，政府會依據他們的背景提供相關的德語和技能訓練，盡可能協助重拾故業，令我印象深刻。西德政策背後的核心價值是尊重新移民的過往，而新移民愈快適應和投入社會，對國家的貢獻自然更大，少有國家能如此細心。大部分國家的現實，是新移民都做本地人不願做的工種。民間方面，大報《時代週報》，和美國CBS一樣，派人去馬來西亞比東島實地採訪，更大膽承擔安置難民的交通和語言服務的經費。然而要數德國最突出的舉措，就是募款組織人道救援船阿納穆爾角號，在南海搜救遇險的難民船，發揮強大的行動力和人道精神。

阿納穆爾角號出動以來救治的難民上以萬計，數目可觀，但遠在西德，安置難民的配套很難追上速度，而幾年後，阿納穆爾角號一度要緊急煞停。我們一方面會出於惻隱之心，同情逃難的人，但同時也會矛盾：這收容的門會不會開得太大？興許一些富裕國家有足夠資源安置難民，卻未必充份考慮接納的速率；比如配額十萬人，是一年內全入境？還是分十年接納？接納的速度對醫療等各項社會資源的衝擊大有分別。再者，偷渡往往牽涉到蛇頭、人口販賣這些錯綜複雜、黑暗的操作，很多偷渡客都無證件，或用假證件，有很多令人頭痛的現象要克服。作者再指出，面對持久的難民問題，收容國的政府和民間都要拿出無比的勇氣、行動力和智慧去承擔。我更認爲，面對二十一世紀的挑戰，每個有能力的國家都需要預備一些預建樓房（Prefabricated homes），應付突如其來的危機，除了臨時救濟難民，更可用作安置災民或檢疫。

《誰是外來者》其後的章節也不時刺激思考。第二章涵蓋東德在一九八〇年代引進的越南移工，越南統一後，因不事生產以及受到多國制裁、經濟蕭條，故透過輸出勞工賺取外匯，這不得不讓人聯想起近日的俄羅斯，因攻打烏克蘭而受到制裁，日後整個局面的布局發展有何異同？

作者也訪問在德國和臺灣的越南移民和下一代，分享種族歧視的經驗及身分認同的看法，移民爲免被排擠、被邊緣化，會有意識地尋求主流社會的認可，不時要在不同文化間的夾縫處掙扎。書中的訪問令我想起一個在香港難民營出生的越南青年，他回憶小時候獲得香港居留權後，行動自由了，但母親一下子要在一個語言不通的陌生環境自力更生，深受壓抑，經常抱著他哭，再加上屋內正播放著淒怨的越南歌曲，令情緒更加膨湃，故有段時間他非常抗拒越南歌曲，每次家人一播他就發脾氣，有客人來他就出門，而他就在這樣不時的陣痛中，一步一步成爲香港講粵語的一分子。

人口移動課題仍需擴充

記得文鈴書寫初期要找受訪者，一時間沒什麼頭緒，我就拋出一個想法，不如去德國越南裔的宗教場所碰碰運氣，結果文鈴在柏林的越式佛寺便接觸到幾個願意受訪的人。有了這次成功經驗，日後再有人求助，我必推薦他們仿效。這次經驗令我體會到，原來一本書出版後就擁有自己的生命力，能繼續爲未來的作者牽線，建立更多充實的交流。期盼文鈴的作品也能牽出更多的人緣，讓這題目承傳下去。

《誰是外來者》付梓前，我們曾通過電話，不知不覺她在德國已住了五年。她字如其人，平實明快，移居的經驗令她對移民培養了同理心，此外她善用德國的資源，全面蒐集資料，採訪並結集了數十計在德國和臺灣的越南移民經驗。文鈴和我都有同樣的觀察：相比其他族群而言，越南移民傾向低調，「彷彿是德國社會一個隱形的群體」，尤其是打拚的第一代移民，少有在主流社會展示自己，文鈴正好給他們提供發聲的機會。

事過境遷，如今我們去服裝店隨意拿起一件衣物看看裡面的標籤，不難發現越南正以另一個面貌向世界展示自己，但儘管地緣政治以及所有相關國家內部都經歷了巨大變遷，本書的記述，在人口移動和移民政策的討論上，對臺灣內外的華人讀者仍然很有參考價值。

我和文鈴的著作相隔五年，回顧五年間部分難民大事：二〇一七年羅興亞人逃離緬甸；二〇一八年中美洲移民大隊（Central American migrant caravans）；二〇二一年阿富汗變天，以及二〇二二年的烏克蘭戰火，全都仍在進行、未見盡頭。以前常感嘆，有關人口移動的書籍，遠遠跟不上世界變化的步伐，樂見文鈴的作品加入這個行列。非常榮幸能爲此作序。

自序　尋找社會融合的最佳答案

二〇一七年九月，我隻身離開臺灣來到德國。

當時我辭去任職近三年的報社記者工作，身懷近十年的新聞採訪經驗，我想掂掂自己的斤兩，挑戰擔任獨立記者，目的地就是自二〇一五年因敘利亞戰爭而收容百萬名中東難民的德國。

我想第一手採訪那些在戰火中離開家園、在異鄉重建人生的難民們，面對面聽他們說話，寫他們的人生故事。

就因爲這麼簡單的起心動念，我開始著手申請簽證、找房子，最後在一期德文課都還沒上完的情況下，落腳柏林，這個先前我只旅行過一週的城市。

至於爲什麼是德國？在我離開正職工作不久後，因緣際會透過網路聯繫上一名敘利亞難民阿里，他原本在首都大馬士革是名專業的工程師，但因為拒絕好友邀請加入塔利班，遭到多次暗殺，只好逃離家鄉。我在電腦的這一頭，聽著他鉅細靡遺述說著逃難的經歷，多次千鈞一髮，甚至在匈牙利的監獄遭獄警脫光衣服羞辱。

那通電話是在臺灣的半夜兩點，整整兩個小時過去，我的手心直冒汗，隨著他講到自己終於踏上德國土地，才終於鬆了一口氣。他在電話那頭笑說，逃來德國的那一天，他在火車上累到睡著、忘了車票放在哪裡，查票員竟然悄悄在他耳邊說：「你是難民嗎？剛到這裡嗎？不要緊，下一站你先下車，但不要出站，避免遇上警察。」這個新國度對難民的友善，讓他至今仍深懷感激。

這是我鑽研難民議題的開端。等我自己也到了德國，陸陸續續寫了多篇關於難民的專題，難民這個詞，不再只有戰火、需要人們施捨的刻板印象。他們有血有肉，許多人雖然背負著逃離家園的創傷，但仍為自己的未來努力打拚，就像你我一樣。

隨著獨立記者的生涯展開，在德國以異鄉人的身分生活，我在難民受訪的話語裡看見自己，聽他們說失語的困境、談人生道路的不確定性。他們不知道多年的等待後是否能得到一紙合法留在德國的居留許可，我當時則是掙扎著在德國只靠寫報導要養活自己究竟可不可行，雖然兩者的命運無法比擬，但同樣對於未來的不確定性，我很能感同身受。

另一方面，我是出了國之後才深刻感受何謂移民。在西方人的主流社會裡，亞裔族群始終是少數，加上臺灣是個多數國家都不承認的小國。因爲這樣，我將關注的視野放諸移難民在德國的發展。我想知道，這個社會怎麼看待龐大的移民群體。我們移民，會一直都是德國社會的外來者嗎？我們和他們，有沒有可能擁有相同分量的話語權？有沒有可能彼此的界線，因爲彼此多一點努力，淡去一些些？

因爲身爲這個社會的少數族群，我很自然在路上特別留意亞洲人的身影。在柏林這個大城市裡，不消長駐，就會察覺到越南人的普遍存在。在這裡，越南菜幾乎與亞洲菜畫上等號，越南餐廳、小吃店遍布，甚至有許多店家兼賣越南河粉與壽司，是這裡的有趣特色。

不僅如此，幾乎每個地鐵站轉角的花店都由越南人經營，尤其是東柏林的花店、雜貨店、衣服修改店、美甲店，一進到店裡，店員們彼此都以越南話交談。我自己也好幾次走在路上被亞裔臉孔的路人以越南話搭話，或被亞洲雜貨店老闆詢問是不是來自越南？

同爲亞裔的好感，加上龐大的好奇心，我開始查閱越南移民來到德國的歷史。從「爲什麼這裡越南人這麼多？」這個疑問出發，我更好奇，爲什麼明明街上隨處可見越南人的身影，但新聞或政治討論裡，卻聽不見他們的聲音？

這本書即是從這個疑問出發延伸出的訪談研究。本書分成三條軸線：七〇年代末被西德政府收容的越南船民，以及八〇年代透過短期工作契約，來到東德的越南契約工（Contract Workers）。這兩大族群是目前德國的越南移民最主要的來源。我在第一、第二章會分別深究探討他們來到德國的歷程，帶給德國的影響，與這個國家的關係。

第三條軸線與臺灣人民切身相關，中華民國政府在一九七五年越戰結束前後，以海軍軍艦、專機等方式，從淪陷的南越接收了數千名越南華僑；一九七七年，由於海漂來臺的越南難民人數逐漸增加，基於人道立場，我國政府在澎湖更興建難民營，成立中南半島難民臨時接待所。

這段史實是中華民國歷史上重要的一頁，記錄著我國曾在援救越南難民上不遺餘力。一般談到難民，會覺得距離臺灣很遙遠，但其實早在四十年前，我們就已經憑一己之力搭了一座橋梁，讓戰火中的人民來到安全的國度。這當中的脈絡會在本書的第三、第四章詳加闡述，並將場景拉回越南華僑最早在越南落地生根的過往古今。

我在開始書寫這本書之前，對於越南移民的認識僅停留在臺灣人一般熟悉的外籍配偶，一直到了柏林才發現這個族群的複雜性，越南因爲曾經分裂成南、北越，各自被民主、共產政權統治，和曾經分裂成東、西德的德國，在歷史的軌跡上意外地交會，撞出命運的火花，也是本書一大關注重點。

與其他同樣收容越南船民的國家相比，例如美國、加拿大，唯有德國境內同時居住著政治信念完全背馳的船民與前契約工。

在採訪的過程裡，我屢屢聽到受訪者啐聲：「我絕不跟北越來的人說話。」或是爸媽都曾是契約工的受訪者說，家裡只跟同是契約工家庭的人往來，一直到長大才認識爸媽是難民的越南朋友。

南北越複雜交錯的國仇家恨，與人民彼此之間的隔閡，竟也原封不動搬來德國。距離西德政府收容第一批船民至今已逾四十年，但兩個族群之間的隔閡就像當初擋在東西柏林之間的柏林圍牆，牆面早已碎成瓦礫，但那條隱形的界線仍存在東西德人民的心中。

這本書的核心概念是「社會融合」（integration），談住在德國土地上的越南移民、住在臺灣土地上的越南華僑，從過去到現在，他們眞正融入了當地社會嗎？

爲了回答這個大哉問，我帶著一張越南地圖，從柏林唯一一座由越南船民出資興建的佛寺「靈鷲寺」（Linh Thứu）開始，四處詢問、探訪願意受訪的越南移民，標示他們從家鄉橫渡重洋到達德國的軌跡。在這一年多的採訪期間，我訪問了超過五十名的越南移民，足跡從北德基爾（Kiel）小鎮，往南延伸到巴伐利亞邦的紐倫堡。

在這期間我從柏林返臺，進行兩個月的採訪之旅，在導演劉吉雄等人的引薦下，採訪多名曾搭乘海軍軍艦、專機從南越來到臺灣的華僑；並探訪已經被拆除大半的木柵安康平宅，以及許多越南華僑在附近開設店面的木柵與木新市場。許多受訪者大方邀請我到自宅和家人們一同用餐、話當年，我也得以一窺他們這些年的人生軌跡，讓這本書呈現更完整的面貌。

這本書是我自己從移民身分出發所做的探問。在外表膚色、內在文化都大相逕庭的前提下，外來移民要做到成功融入一個新的國家，我們能給出哪些答案？若說越南移民是德國史上公認融合最成功的模範移民，那近來的中東難民，甚或是目前湧入德國的數十萬名烏克蘭難民能循著哪些足跡前進？

希望讀者們在看完這本書後，能更理解移民們來到一個新國家之後會面臨的處境。不論身爲收容國的居民，或是本身卽是離鄉背井的移民，都能從本書找到關於社會融合最適合的答案。

主要名詞釋義

越南船民－越戰前後乘船逃出越南的難民，多數來自南越。一九七八年開始的難民潮，船民多為越南華僑。船民大多逃至鄰近東南亞國家，再透過聯合國難民署安排，最後獲得第三國收容。本書聚焦被西德接收的船民。

東德越南契約工－在越南共產政權安排下，以定期契約工作為目的前往東德的越南人。多數來自越南北部。

越南華僑－越南華人，本書聚焦中華民國政府七〇、八〇年代透過仁德專案等計畫，以軍艦、專機載往臺灣的越南華裔難民。

越南移民大事記

一八六二年

越南阮朝嗣德帝簽訂《西貢條約》，將嘉定（即西貢）、定祥與邊和三個東部省割讓給法國，法國建立法屬交趾支那，開啟法國於越南的殖民史。

一八八七年

法國政府正式批准，建立印度支那聯邦，至一九四五年，此殖民國版圖包括交趾支那、高棉、安南、東京（位於越南北部）以及寮國。

一九四五年

三月——日本推翻法國在越南的殖民政權，短暫取得該國統治權；該年八月日本宣布投降，成爲二戰戰敗國。

九月——胡志明宣布越南獨立，越南民主共和國建國。

一九四六年

第一次印度支那戰爭爆發，又稱法越戰爭。

一九五四年

法國於奠邊府戰役大敗，法越代表於日內瓦會議簽署停火協議，法國自此結束對越南超過半世紀的統治，第一次印度支那戰爭宣告結束。越南以北緯十七度爲界，分爲北越與南越。

一九五五年

法國退出印度支那後，美國以「美駐南越軍事援助顧問團」駐兵，增加派遣兵力援助南越，與越共統治的北越衝突升高，越戰因而開打。

十月——吳廷琰建立越南共和國，自任總統，逼退越南末代皇帝保大。

一九七五年

三月——中華民國政府派出中萬艦、中邦艦、中啟艦、中建艦，前往越南，趕在西貢淪陷前夕，搭救僑胞。

四月三十日——越共拿下南越首都西貢，南北越統一，結束歷經二十年的越戰。

一九七六年

中華民國政府實行越棉寮難僑接運專案，後稱「仁德專案」，將居住在越南的僑胞透過專機，接送來臺。

一九七七年

六月——中國大陸災胞救濟總會，於澎湖西嶼鄉成立「越南難民臨時接待所」，暫時接濟海漂來臺的越南船民。

一九七八年

越南政府針對華人實施大規模離境政策，引發兩越統一以來最高峰的難民潮，許多人搭船逃難，被西方國家稱爲「船民」。

十月——「海鴻號」超載一千餘人，逃難途中船隻故障受困馬來西亞外海，越南船民求助無援，長達一個多月困在船上，飢病慘狀遭媒體曝光，引起國際輿論。

十二月——西德下薩克森邦總理阿爾布雷希特率全德之先，接收一千名越南船民，帶動西德各邦紛紛收容越南難民。

——中華民國政府委託救總成立「中國大陸災胞救濟總會中南半島難民接待中心」，借用澎湖白沙鄉講美村營區，擴大收容海漂來臺的越南難民。

一九八〇年

東德與越南政府簽署契約工協議，從越南引進短期契約工，補足國內勞力缺口。

一九九三年

德國政府首度針對前東德契約工居留權放寬修法，凡符合條件者，核發兩年期的合法居留權。

一九九七年

德國《移民法》修法，凡有合法工作、無犯罪紀錄的越南、古巴裔等前契約工，均可申請永久居留許可，且過去在東德工作的年資全數採計。

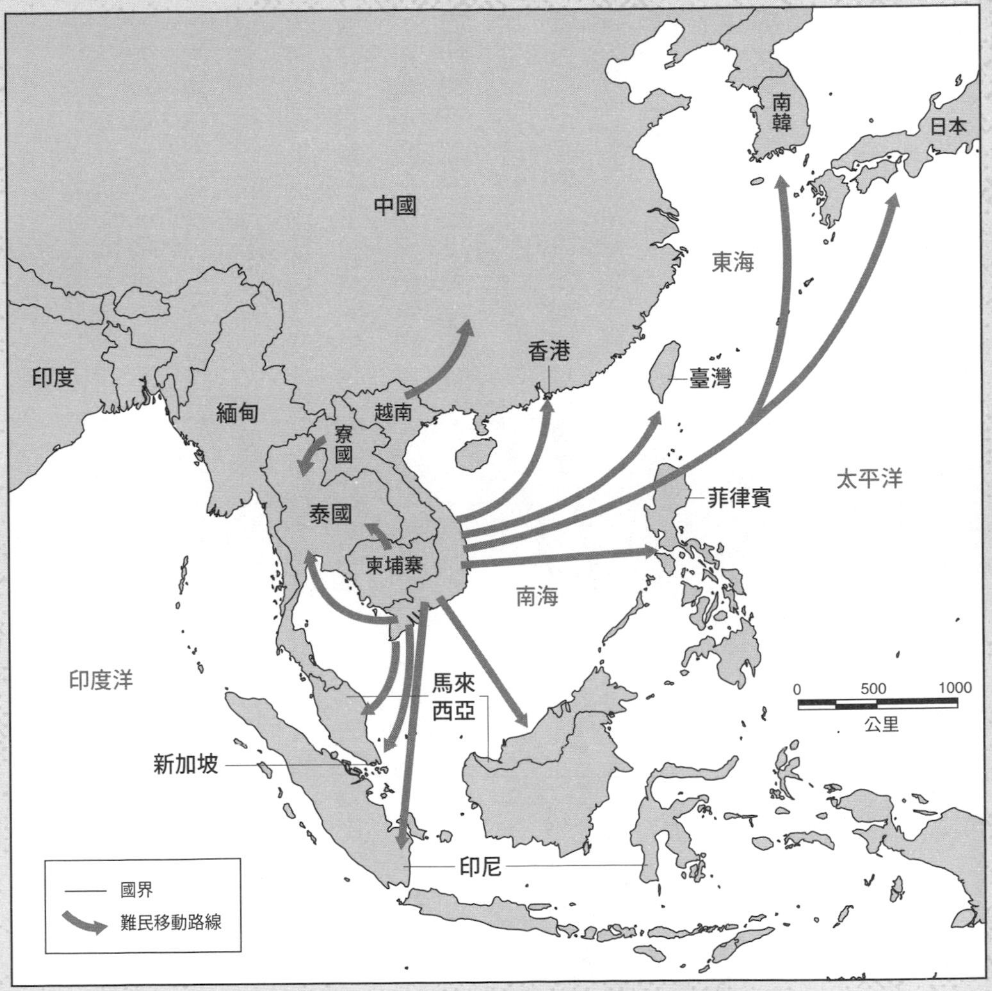

越棉寮難民經由海路、陸路至第一收容國逃難圖，
1975 年至 1995 年（資料來源：聯合國難民署）。

越棉寮難民獲重新安置的主要收容國與收容人數圖，1975 年至 1995 年（資料來源：聯合國難民署）。

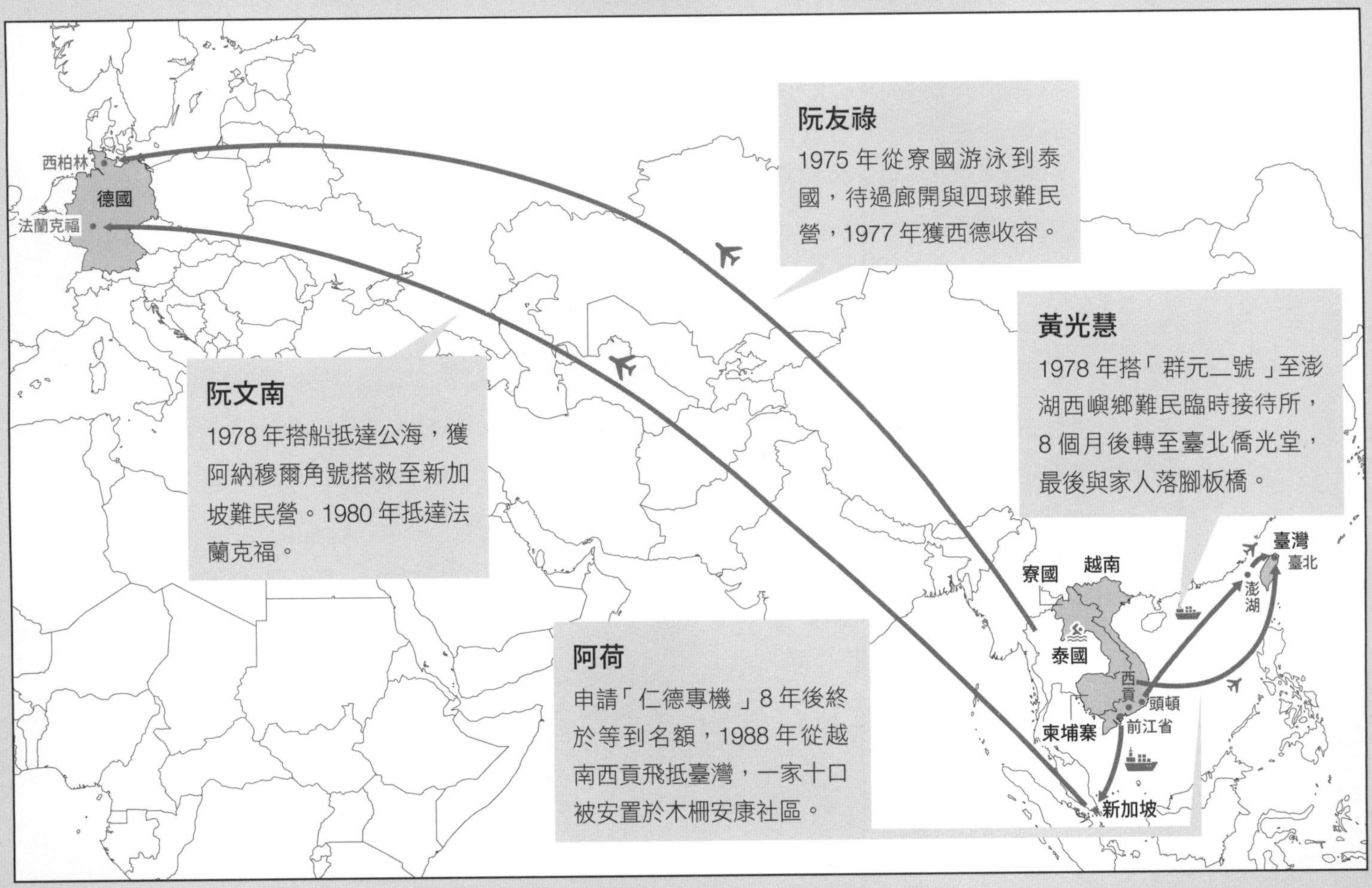
西柏林
德國
法蘭克福
阮友祿
1975 年從寮國游泳到泰國，待過廊開與四球難民營，1977 年獲西德收容。
阮文南
1978 年搭船抵達公海，獲阿納穆爾角號搭救至新加坡難民營。1980 年抵達法蘭克福。
黃光慧
1978 年搭「群元二號」至澎湖西嶼鄉難民臨時接待所，8 個月後轉至臺北僑光堂，最後與家人落腳板橋。
阿荷
申請「仁德專機」8 年後終於等到名額，1988 年從越南西貢飛抵臺灣，一家十口被安置於木柵安康社區。
寮國
越南
泰國
柬埔寨
西貢
頭頓
前江省
新加坡
臺灣
臺北
澎湖

主要受訪者遷徙路線（資料來源：本書作者）。

序章　我們與他們

「我們沒有什麼可以選擇的。生跟死很近的，有幸運就是活，沒有幸運就是死。」滿頭華髮的張宗周坐在我面前，一臉肅穆地說。他是住在德國的越南華僑，一九七八年散盡所有家財，只為換來一張得以出航的許可，帶著兩百多人的大家族乘船逃離越南。更確切地說，是離開越戰結束後被共產黨統治而不復存在的南越。

西方媒體稱這群人為「船民」（Boat People）。七〇年代末逃離的船民大多為越南華裔。

這本書主要講述的，就是這群船民的故事。

像張宗周這樣不顧性命出逃的人很多，有人走陸路，從西貢（如今的胡志明市）往北逃到河內，通過中越邊界到達廣西省，一路逃往香港避難；或是採西行路線，從南越先越過越柬邊界，到達柬埔寨後再冒險逃到泰國。多數逃亡的難民都選擇走海路，有的自己划著僅能容納三、四人的竹篾船，明知隨時都可能在海上翻覆，仍賭上命運跟大海搏一把；或是像張宗周這樣，以一個人頭十兩黃金的代價，坐上數公尺到數十公尺長不等的木船，將未來交給上天。

能不能躲過越共的追查、惡劣的海象，甚至隨時可能出沒的海盜？在到達目的地前，沒人說得準。

唯一能確定的，是他們不得不逃。

到底這群船民為何要逃？他們又要逃向何方？

戰爭、共產黨、排華下的出逃

越南船民出逃越南的原因複雜，從來不只有單一原因，而是一個歷史、時代背景不同元素交乘下，造成的大規模人口移動。

首先是戰爭與越南共產黨的南下。一九七五年初，越南民主共和國派遣十萬名越南人民軍跨過北緯十七度線，美軍大舉撤離駐地人員。四月三十日，越南人民軍攻進首都西貢，占領總統府。數百年來越南分裂史上最激烈的血腥內戰，就此落幕。但對許多生活在這片土地上，數十年飽受戰火蹂躪的越南人民，尤其是南越居民，一場渡海以求保命的逃亡，已迫在眉睫。

越南共產黨在戰爭勝利後，由北而南統一越南，人民軍占領大都市、掌管道路與橋梁，開始治理南方，並帶來一連串變革。

第二，是越南共產黨掌握政權後，帶來的經濟衝擊、高壓思想管理。九月二十二日清晨，官方宣布，南越舊貨幣即將失效，人民需在四小時內，將所有家中的南越盾帶至國家銀行兌換，每戶最多只准以十萬元舊幣兌換僅僅兩百元解放盾，剩餘舊鈔一律寄庫。眼見終生積蓄瞬間化為廢紙，有人承受不住瘋了，有人乾脆把一大麻袋的舊鈔拋下西貢河。[1]

過去曾為南越舊政權效命的官員則成為新政府的眼中釘。越南共和國軍隊遭解散後，數以萬計的軍官被送進勞改營，或稱「再教育營」，強制勞役，並接受思想改造，洗腦共產思想，依據官階高低，被關數天、數月或數年不等。至一九八〇年代末期，約有一百多萬名與前西貢政權有關係的越南人接受思想改造。[2]

不僅如此，為紓解都市人口壓力，共產黨將數以十萬計的人民，包括失業人口送往「新經濟區」，由政府提供荒地墾荒，許多人不敵瘴氣、沼氣襲擊，百病叢生，最後因無適當醫療無辜送命；也有人因不堪勞累偷跑回都市，卻發現房子已遭人占領，頓時無家可歸，淪落街頭。

此外，新政府錯誤的經濟政策更讓南越人民吃盡苦頭。越南於一九七六年到一九八〇年，實施第二次五年計畫，於南越採取史達林主義中央規劃與共產化，爲了去除其經濟威脅，將其資本主義經濟轉爲共產經濟，沒收華人資產；政府同時組織農民建立集體農場，並終止私有財產、貿易與銀行業務，由政府訂定價格，而非讓市場決定價格，[3]沒想到此舉卻反倒扼殺農村的生產動機，讓越南農民不再擁有土地、設備、工具與牲畜，導致生產意願低落，只願耕種足以養活自己的農作物，不願以蝕本價賣給政府。

農民不願大量生產的代價十分慘重，數個省分在一九七八年爆發嚴重饑荒，災情更逐漸蔓延到北方部分省分。政府雖在隔年緊急結束南部的農業集體化，開放農村自由市場、放寬對私人經濟等限制，但饑荒仍到一九八〇年代才逐漸平息。[4]根據統計，一九八〇年農民耕種面積與兩年前相比，足足少了十萬公頃，距離該年食物生產目標短少七百萬噸。

除了經濟破敗，饑荒嚴重，大批難民搏命渡海的主因是境內排華政策。根據聯合國難民署（United Nations High Commissioner for Refugees, UNHCR）統計，一九七七年約一萬五千名越南人逃往東南亞國家尋求庇護，一九七八年底越南難民人數已成長三倍，其中七成是華人。[5]

最後，是生存空間受到壓迫。在越南統一之前，南越由富裕的華人掌握經濟命脈，許多企業爲華人所有。越共統一南北越之後，爲了摧毀資本主義與經濟勢力而驅逐華人。多爲華人聚集的西貢、堤岸一帶，越南共產黨對資本主義分子與買辦階級發動的攻擊，逐漸形成針對華人與當地華裔越南公民的攻擊。[6]

政府將私人企業收爲國有，在南方強制關閉或沒收約五萬家華人企業，其中多數爲中小企業，這些企業雇了數萬名員工，包含許多越南人。總計，一九七〇年代末期，由於國有化，南方華人損失多達二十億美元。[7]

對越南共產黨而言，位於南方人數龐大的華人，不論經濟力量或政治忠誠度都是極大威脅，加上時值越南與中國關係交惡，越南政府更進一步規定境內所有華人必須成爲越南國民、改爲越南國籍，否則將被驅逐離境。

就這樣，種種政治與經濟上的迫害，加上對生活的絕望，逼得越南人民不得不逃。彼時，民間流傳著一個充滿無奈的笑話：「電線桿要是有腳，也會逃了。」

像張宗周一樣，未被大海吞噬，幸運逃向國外的船民，絕大多數心中只有一個目的地：就是美國。部分出逃的船民曾在越南爲美國軍方工作，或與美國有貿易往來，或有家人已先行一步撤逃美國，都會被美國優先收容。

這些載著船民離開越南的船隻，大多瞄準鄰近東南亞國家，例如馬來西亞、泰國、新加坡等，等順利靠岸後，再等待聯合國難民署的難民收容名額，將船民分配到第三國。

根據難民署統計，一九七九年七月至一九八二年七月之間，有超過二十個國家齊力收容越南船民，總人數高達六十二萬三千八百人；其中，美國爲最大的收容國，共接收四十萬兩千三百八十二人；其次爲法國（十二萬四百零三人）、澳洲（十萬八千八百零八人）、加拿大（十萬零一十二人）。[8]

為什麼是德國？

這本書主要聚焦在西德七〇、八〇年代接收的越南船民，至於爲什麼是德國？有兩大無可取代的歷史因素。

雖然從數字上來看，德國並非接納最多越南船民的國家，但船民在德國的發展、族群融合，卻有令人無法忽視的特殊性，彰顯了一個跨越國家、文化、種族的可能性。

不同於其他國家相對被動等候聯合國分配難民，西德[i]於一九七八年底至一九九五年收容超過三萬八千名來自越南、柬埔寨、寮國的印支難民，其中有一萬一千三百名船民是由一位德國記者向全德人民募款，靠著民間自發性的鉅額捐款，買下一艘名爲「阿納穆爾角號」（Cap Anamur）的搜救船，且由德國人親自將船開到南中國海（南海），進行海上搜救，搭救載浮載沉的難民船。

即便四十年後的今天，許多住在德國的越南船民回想起在海上的驚險經歷仍心有餘悸，更對「阿納穆爾角號」懷著無限感激。

本書即以「阿納穆爾角號」這艘船爲起點，並將觸角平行延伸到八〇年代因著定期契約從越南來到東德工作、在兩德統一後選擇留下的「契約工」。

這兩大族群分別來自當年分裂的南越與北越，由於過去的國仇家恨，他們彼此互相敵視，卻因東西德特殊的歷史背景，意外交會在曾經歷過國土與政權分裂四十載的德國，再次生活在同一片土地上。這是世界上絕無僅有的「奇景」，其餘收容大量越南船民的國家，像是美國，境內僅有船民單一群體；而過去曾雇用越南契約工的國家，像是保加利亞，並無收容越南船民；前捷克斯洛伐克（Czechoslovakia），則早已不復存在。

此外，不可忽視的是，德國與越南之間存在一項罕見的歷史共同點，它們都曾在分裂數十年後又重新統一，地圖上國土標示的更動、國名的更迭，都無法抹滅如今兩國人民心中仍多少存在著過去的界線。東德與西德、北越與南越，是歷史，也是現在。而這樣錯綜複雜的線竟然交錯在德國，這便是這本書發源、扎根於此地的原因。

當「他們」來到我們家

這本書的核心是社會融合，我想藉由寫這本書的過程探究：是哪些必要因素讓外來移難民能更順利融入異鄉？以越南船民爲例，他們因爲哪些原因得以被公認爲德國史上融合最成功的模範移民？

這些問題也許沒有正確解答，我只能藉由採訪數十名定居德國的越南移民、爬梳歷史文獻與舊報紙，試圖還原歷史原貌，了解當初是什麼因素促使西德民衆發揮人道精神，齊力買下一艘搜救船。還有德國人如何面對並接納種族文化差異極大的越南移民。而四十年過去了，越南移民眞的覺得自己成功融入德國社會了嗎？

此外，本書也回望臺灣，探索這一段同時期的歷史。較鮮爲人知的是，在越戰結束前後，與南越長期保持良好邦交的中華民國政府，也曾出馬參與國際救援行動，派遣軍艦、專機，將一萬多名越南華僑接來臺灣，安置在木柵、新北土城、臺中等國宅；甚至在澎湖講美興建難民營，暫時救濟海漂來臺的船民。

i 此時德國尚未統一，東德與當初的北越同樣以共產主義治國，西德發展國家資本主義，兩德直至一九九〇年統一，因此此處不以德國概括稱呼。

透過採訪，住在臺灣的這些越南華僑，在這本書裡談當初如何逃離越共的追捕來到這裡、當時中華民國政府的安置政策，對他們造成什麼影響？和去到德國的船民一樣歷經了四十年的時間，他們覺得自己成爲這座島嶼的一分子了嗎？

如今，德國境內的越南移民已超過十八．三萬人，[ii]臺灣這個移民社會，隨著時間的演進也不斷容納更多新移民。

藉由對照德國與臺灣的越南移民發展，本書想進一步深究的是：族群融合的概念是否眞的可行？當我們往歷史、社會、人性面向層層探討，是否能夠找到一個讓異國、異族群、異文化和平共處的最佳解？

當我們輕易地依據出身地劃分「我們」和「他們」，該如何一起建立雙方共同認同的和諧社會？又該如何才能淡去清楚劃分在兩者之間的界線？

ii　數據出自德國聯邦難民與移民局最新公布的「二〇二〇年移民報告」。

第一部

前往異國

1978 —— 1989

CHAPTER

01

去了西德的越南船民

「堅硬的心比慈悲心更脆弱易碎，因為後者具有強大的力量。」

——諾貝爾文學獎得主，海因里希・伯爾

前言

一九七八年十月下旬，一艘原應被銷毀的老舊貨船，卻超載著兩千多名越南船民，在越南政府默許下，逃離祖國。這艘名爲「海鴻號」的難民船，意外帶起西德一陣援救船民的熱潮，西德政府甚至史上首度大規模收容亞洲來的難民，掀起七〇、八〇年代四萬多名船民橫越數千公里來到德國的開端。

這一切全起因於一名德國記者的全民號召。當年四十歲的諾伊德克（Rupert Neudeck），原本只是一名平凡的廣播記者，在聽聞「海鴻號」的慘況後，他決心投入拯救船民的行列。

在普遍民衆還不了解這群船民爲何逃離家鄉的情況下，他上電視節目發表演說募款，觸動德國人民曾袖手納粹惡行，最後導致猶太大屠殺慘劇的罪惡感，彌補心態加上對於船民爲逃離越共、追求自由不惜離家千里的同情，全民以鉅額捐款熱情響應，共同買下「阿納穆爾角號」。這艘德籍搜救船，拯救了許多漂流在南中國海的難民，帶他們駛向安全的未來。

從遠東來

英州的回憶（1）

我們走在荒蕪的海岸邊，腳踩著泥濘，等著來接我們的船，已經過了五個小時。天氣好冷，夜晚的強風呼呼地吹，沒有外套或斗篷得以蔽體。當我們的船終於在清晨四點現身時（它應該要在半夜兩點到，但花了很多時間在躲警察），我以為那只是艘接駁船，會把我們帶到更大的船上。但我錯了，那就是我們要搭的船，長九公尺，寬三公尺，載滿一百二十七人要逃離越南！

我進到船艙，發現最溫暖的地方是引擎室，決定待在這裡，但這是我最大的錯誤，因為其他人跟我想的一樣。引擎室很快就擠滿了人，機器散發出的熱氣加上過多的人，讓裡頭又熱又悶。船總算啟航了，躺在地上的人們像沙丁魚般擁擠，動彈不得。

數小時過後我覺得奇怪，船怎麼還在開？這時旁邊的人告訴我，這一艘船就是我們要搭的逃難船，而不是接駁船。我暈船了，愈來愈虛弱，總算能入睡（感謝老天）。

昏睡間，我聽到一聲吼叫，一名男子試圖在引擎室隔出空位、往裡頭加柴油。突然，引擎噴火了，冒出好大的火焰，我以為自己死定了。所有人都被濃煙嗆到，但大家都保持冷靜。此時船長走來引擎室，發現他的助手添加的不是柴油，竟然是水！船長把水倒掉，重新加滿柴油，我們的旅程終於得以繼續。

外頭很黑，有人尿在船艙裡。甲板上沒有廁所。我好渴，但沒有人給我東西喝。在黑暗中我爬至一處夾縫，這裡有新鮮的空氣進來。突然間，我發現角落放著一罐大瓶的檸檬汁。我不知道那是誰的，仰頭一飲而盡喝個精光，再把空瓶放回原處。我決定待在這裡，因為這裡才有新鮮的風。

後來船長拿起那個空瓶，大聲咒罵，因為裡頭是空的，我這才發現，其實自己待的地方是船長站著控制船的地方。

隔天早晨我上了甲板，仍可以看見頭頓的山，表示船開得還不遠。我很怕被海巡抓到，但另一方面卻又想被逮捕，因為這樣才有存活的機會。我坐在船尾，可以摸得到海水，這個位置離水面大概才二十公分。海豚隨著船揚起的波濤玩鬧著，因為牠們想和船玩。在我心裡，前方等著我的只有死亡。很奇怪，那時我對死亡再無恐懼，也許是因為當下的死亡太過真實。

有人給我幾塊北越士兵戰時吃的乾糧，我只吃了一小塊，因為太硬太乾了，我口好渴，用手盛了海水來喝。一開始覺得好多了，後來嘴巴好乾，讓我覺得更渴，身體又虛弱不已，便陷入沉睡。直到一位爸媽的朋友找到我，把我帶到他在船上的位置，給我水跟乾酪。因為暈船，我只喝了幾湯匙的水就吐了。

隔天下午，暴風雨襲擊海面，大海的顏色由藍轉墨，船長決定停航、挺過這場風暴。坐在甲板上，我可以看見波濤洶湧的浪如何包圍小船，我們就像一葉扁舟，載浮載沉。我很確定，一道巨浪將擊中我們的船，將我們帶到死亡的深海底。海水逐漸滲進船內，船長於是命令一些人拿桶子將水舀出去。漁船通常都是木船，用樹脂黏合而成，水自然會滲漏進來，但如果引擎還啟動著，水會自動排出。而此時我們的引擎是關著的。

這是逃難途中第二次我覺得自己應該逃不過死劫。船上的人們此時依著各自的信仰喃喃祈禱著。我不記得這場暴風雨持續了多久。

後來有人大喊：「有船！」我們看到前方有艘大船，以為已經到了公海。那艘船朝我們駛近，船長拿著望遠鏡，趴在甲板上，試圖想找出那艘船的所屬國，但徒勞無功。他命令婦女跟小孩上到甲板，男人則藏在船艙（婦孺的畫面能引起憐憫）。船長問有誰會說英文？可以和那艘大船的人溝通。一個男人自願前往，他提議，上到大船甲板時，他會用繩索將我們的船綁在大船上，如果那船來自東方國家，他會大聲地哭，我們得立刻切斷繩索逃離（當然他會因此被犧牲留在大船上）。

那艘外國船愈來愈靠近，船長關掉引擎，以船槳控制船隻。時間彷彿停止了。四周靜悄悄的，只聽得見胸膛底下心臟跳動的聲音。

當兩艘船近距離靠近時，我們突然聽見對面的擴音器傳來越南話：「這是德國船隻阿納穆爾角號。我們是來拯救你們的。請保持冷靜，我們會把梯子放下。婦女跟小孩會用起重機將人帶到船上……。」

我們得救了，我們活了下來。一些人開始哭泣、交叉著雙臂仰望天空。

我們的船倚靠著大船，相比之下我們的船好小，從引擎室走出來我只看見大船的船身，其他什麼也看不到。所有的人都被撤離到大船上，難民船則被船員用大船的錨砸爛（怕引起其他船的事故）。這一刻我覺得有點心痛，因為這艘小船保護我們度過暴風雨，帶領我們邁向自由，現在它則孤單地被遺留在大海底。

阿納穆爾角號開始動了，這次全速前進，因為這時船隻還在越南水域！不久，暴風雨來了，即使巨大如阿納穆爾角號也開始劇烈搖晃。我又開始暈船。

在船上的越南籍助手（有些是已經逃到德國的越南難民，志願擔任阿納穆爾角號的助手）向我們解釋，阿納穆爾角號的船長已經在雷達上發現我們一段時間，他持續觀察我們，預備我們到達公海就會來搭救，但他同時也發現一場颶風就要來臨，如果他不在越南海域出手救我們，我們永遠也到達不了公海。

我們的船是該船拯救的第十二艘船，也是該次行程獲救的最後一艘。現在船隻得航向新加坡，阿納穆爾角號要將難民們交給難民營，補充新的糧食與飲水，更換執勤的船員。

我不知道阿納穆爾角號停靠在新加坡時，那些還在海面上的難民船會發生什麼事，希望他們找到其他能救援的船隻。根據聯合國難民署統計，有多達二十萬到四十萬的船民死在海裡。ii

---

i 本書保留受訪者使用的字句，絕大多數提及過往經歷都會以「德國」稱之，但兩德一直到一九九〇年才統一。因此正確來說，當時接納越南船民的是西德政府。

ii 按：這兩段文字是二〇一九年接受本書作者採訪的越南船民英州（Anh Châu），憑著記憶寫下當初搭上逃難船的情景。如今他受到庇護，住在德國已逾四十年。

海鴻號

十月底的天氣仍然炎熱，海象不甚穩定，越南頭頓港卻停留了一艘船身五十公尺長、重達一千五百八十噸的貨船。港口前大排長龍，人們帶著簡單行囊、攜家帶眷，搶著擠上這艘船。

距離南北越統一已過三年，南越人民逐漸認清衰敗的經濟看不見復甦的可能，種種迫害、驅逐境內華僑的政策，讓他們忍無可忍，決定踏上征途。

搭上這艘「海鴻號」的多是越南華人，越南政府剛實施針對華僑「公開」的放行偷渡。許多有管道、家裡還有一些錢的，紛紛趁這個機會搭船逃難。「海鴻號」也是其中一艘政府默許得以出海的大型船隻，先前早就打點好了，每人上繳的船費十六塊金條（當時等值約三千兩百美元），其中有十條進了越南官員的口袋。[1]

貪心的越南政府不顧船長反對，原本預計僅收一千兩百名乘客，最後卻強加一千三百餘人，全船乘客因而多達兩千五百六十四人，遠遠超過船隻能承受的載重。

逾三十年船齡的「海鴻號」自湄公河三角洲啟航，一路駛向印尼，卻被強風吹離了航道，途中更遭遇麗妲颱風侵襲，引擎因此故障。糧食與飲水耗盡後，船隻試圖靠岸印尼卻遭拒絕，僅答應補給飲水與糧食。

十一月九日，船長在無奈下，只好下錨於馬來西亞巴生港三海里處，尋求馬國庇護，但馬來西亞政府聲稱船上乘客因付錢給越南政府才得以離境，拒絕承認其難民身分。不僅如此，更派遣軍船日夜巡迴，嚴禁船民偷渡上岸。停泊在馬來西亞外海的「海鴻號」糧食逐漸耗盡，長達近兩個月的征途，人們飽受酷熱天氣曝晒折磨、疲憊不堪。在醫療衛生條件極差的狀況下，疾病逐漸在船上蔓延。

馬來西亞並未援助「海鴻號」糧食或飲水，反倒任由擠滿甲板與船艙的難民在破爛的防水油布下勉強抵擋烈日曝晒，[2]其他鄰近國家也不顧這艘超載的貨船在海上與命運搏鬥。「海鴻號」在漫長航行期間已有兩名船民死亡，停錨馬國外海時又有一人因病過世。船上的人長期無法沐浴，加上過度擁擠，許多人身上長滿紅疹，皮膚病爬滿全身。

獲准上船採訪的記者如此形容眼見的驚人景象：

> 我們真的就是踩在人的身上，其中有男有女、有小孩跟老人，躺平的或是蜷縮在一起的，他們明顯非常疲累、全身發抖。[3]

東方的猶太人

當時越南難民雖前仆後繼逃往鄰國，西方國家卻鮮少聽聞他們的處境。直到國際媒體揭露「海鴻號」的慘狀，許多人透過電視看見奄奄一息的難民，才知道他們的存在，國際社會隨即掀起討伐馬國的輿論巨浪。

馬來西亞當時已收容約三萬五千名難民，難民營早已人滿爲患。爲了遏止助長人蛇集團公開偸渡的歪風，馬國原堅稱這些人非法入境，最後在強大輿論壓力下，開出條件讓難民登岸：船民須先獲得第三國收容保證，船則拖出公海暫時擱置，由各國協商安置。

這波人道救援聲浪也在德國逐漸沸騰。看到船民冒著生命危險渡海只爲逃離越共，勾起德國人傷痛回憶。許多人認爲這些越南難民的處境如同二戰後一千萬名逃往西德的東德居民，不顧一切只求脫離共產黨統治。恰好一九七九年一月，美國迷你影集《納粹大屠殺》（*Holocaust*）於西德上映，披露一九四〇年代猶太人大規模逃亡的劇情更是推波助瀾，讓人聯想到舉家逃難的越南船民，後者甚至被視爲「東方的猶太人」或「亞洲的猶太人」。[4]如今向這些船民伸出援手，猶如幫助納粹時期遭受苦難的猶太人，對於西德人而言是種遲來的彌補。

當時，一名十五歲的中學生甚至親筆寫信給西德政府：

> 越南難民的困境如同當初的猶太人大屠殺……在希特勒時期沒人敢言，敢說話的人都被毒氣毒死了，沒有人能幫他們。但現在我們必須幫助他們。[5]

這些中了樂透的人

下薩克森邦（Niedersachsen）總理阿爾布雷希特（Ernst Albrecht）[iii]也透過電視報導看到海鴻號難民的慘況。再過一個月就是耶誕節了，西德街上洋溢著歡樂氣息，家家戶戶張燈結綵，此情此景與瘦得皮包骨的船民相比，彷彿平行世界。

他隨即做了明快的決定：下薩克森邦無條件、並率全德之先，接收一千名越南船民，自此拉開德國接收越南難民的序幕。

這些下薩克森邦接收的難民當中，有多達六百四十四人、兩百零八個家庭都來自海鴻號。西德媒體形容，這些人就像「中了樂透」。海鴻號難民被不同國家收容，其中西德收容人數在西方國家中，僅次於美國。

十二月三日早上七點，首批越南船民搭乘波音七〇七客機，飛越一萬兩千公里，終於降落在漢諾威朗根哈根機場，結束長達四十五天的海上惡途，踏上西德國土。

這些遠道而來的亞洲難民，提著塑膠袋，裡頭裝著所有家當，身上還穿著夏季衣服，腳上踩著涼鞋，一下機冷得直打哆嗦，醫護人員趕緊為他們披上棕色的羊毛毯子。候機室備好了熱茶、雞肉湯跟米飯。大批媒體早已等候多時，一見船民出來，對著他們不停

iii 德國基督教民主聯盟政治人物，一九七六年二月至一九九〇年六月間，任職下薩克森邦總理。

按下快門。

親自來接機的阿爾布雷希特鼓舞難民們：「我們知道你們所遭遇的劫難，也感同身受。」

「你們已經到了一個能自由生活的國家，不會再受任何人欺壓。你們不需感到害怕，儘管帶著勇氣與樂觀開始新的生活。」

下薩克森邦挺身而出

西德在一九七〇年代的越南難民潮，願意挺身而出，接收越南船民，當時擔任下薩克森邦總理的阿爾布雷希特，無疑是一大關鍵人物。較為人知的是，他是現任歐盟執委會主席馮德萊恩（Ursula von der Leyen）的父親。

阿爾布雷希特於一九三〇年出生於海德堡，不同於醫生父親的路，一九五三年畢業於圖賓根與波恩大學，拿到法律與經濟系學位，隔年投入包括歐洲煤鋼共同體在內，多項歐洲經濟共同體[iv]的運作。[v]

遲至一九七〇年他才步入德國政壇，該年獲選為下薩克森邦議員；一九七六年該邦總理、社會民主黨（簡稱社民黨）的庫柏（Alfred Kubel）辭職，隸屬於基督教民主聯盟（簡稱基民盟）的阿爾布雷希特，在眾人意料外繼任。

不僅如此，之後他更連任三屆總理，直到一九九〇年，邦選舉輸給後來成爲德國總理的施若德（Gerhard Schröder），總共在職十四年，是該邦有史以來最長任期的總理。

海鴻號船難發生時，已是他第二任任期，當時包括他在內，無人了解該船實際情況，只能從新聞報導得知一二，像是船上難民大多是南越的華裔，爲了逃難付出了極大代價。

阿爾布雷希特向西德邦議會表示：「上千名難民拋棄了家鄉與所有的一切，只爲了保住一條性命，逃離獨裁者的統治。」他隨卽指派下薩克森聯邦事務部部長哈瑟曼（Wilfried Hasselmann），親自前往馬來西亞確認海鴻號的難民狀況，並著手擬定收容政策與安排住所。

位於德國西北部的下薩克森邦，是全國第二大邦，占地四千六百平方公里，僅次於南德的巴伐利亞邦，其人口數則是全德第四多。自阿爾布雷希特宣布收容船民以來，該邦扮演了領頭羊的角色。

一九七八年底，西德由下薩克森邦政府首開先例，針對越南難民訂定援助流程與規

iv 目前現行的歐洲共同體，舊稱為歐洲經濟共同體，於二次大戰後建立，為促進歐洲各成員國的經濟，形成跨國的大型共同市場。共同體最初成員有西德、法國、比利時、盧森堡、荷蘭與義大利。

v 阿爾布雷希特大學畢業後先是擔任歐洲煤鋼共同體（ECSC）部長理事會專員；一九五八年獲德國政府授命，遷至比利時首都布魯塞爾，擔任歐洲經濟共同體（EEC）委員會成員馮德格羅本（Hans von der Groeben）的幕僚長。

範，包括接收程序、收容場所與相關法律權益，目的在於讓他們逐漸融入社區，其他邦不僅紛紛響應接收船民，更仿效實行類似收容政策。

包括「海鴻號」在內的船民抵達漢諾威後，隨卽被送到境內的弗里德蘭難民營（Grenzdurchgangslager Friedland）。這座在二戰結束後由英國軍方成立的大型難民營，被作爲過渡營。大部分的船民在此住上數天到數月後，會被分配到暫時的集中住宿。利用難民住在這裡的時間，當地政府找尋能提供工作機會的社區，再安排入住合適公寓。

但由於決定收容越南難民到實際執行僅短短幾個月的時間，各邦行政措手不及，難以做到面面俱到。例如，最初弗里德蘭難民營床位明顯不足，當時內部已住有八百五十人，多數是從波蘭回國的德裔回歸移民，[vi] 僅剩四百五十個空床位。

在海鴻號難民來到西德前，下薩克森邦已收容一百零六名越戰結束前就逃來的越南難民，其他邦總共也收容了一千多人。[6]

海鴻號難民抵達時，許多住在哥廷根、布朗施維克（Braunschweig）、希德斯海姆（Hildesheim）等附近城市的越南移民，包括早些年已申請難民庇護的難民、當地念書的大學生與醫生，主動前來幫忙翻譯，協助遠道而來的同胞早日步上軌道。

全體動員

各邦政府轉向支持

西德最初對於越南船民其實傾向給予金援，而非直接將難民們接來德國。「海鴻號」船民的慘狀在國際媒體曝光後，西德聯邦政府透過聯合國難民署慨捐五十萬馬克給受難船民作爲緊急援助金。7

西德最先對於接收船民並不積極，一來，德國不若美國與法國，過去曾派軍參與越戰或軍事占領越南，對越戰後流離失所、亟欲逃離越共統治的越南人民負有責任；二來，當時西德總理施密特（Helmut Schmidt）執政的政府，尤以外交部長根舍（Hans-Dietrich Genscher）堅稱，西德光是處理境內流離失所的德裔難民，以及他國來的難民庇護申請者（Asylum seekers），[vii]已經超出負荷，無法再接納越南難民。

他說的並非沒有道理。光是一九七八年，西德即新增五萬八千名德裔回歸移民與三

vi 德裔回歸移民，德語為Aussiedler，意指一九五〇年後自前蘇維埃國家回歸西德的德裔人民，多來自哈薩克、俄國、波蘭、羅馬尼亞等國。

vii 難民庇護申請者因原生國家爆發戰爭，或因政治、性向等因素遭受迫害，因而向其他國家請求庇護，以難民身分在新國家居住。

萬三千名難民庇護申請者。[8]

回顧二次世界大戰結束後三十年間，僅極少數的非歐洲裔難民獲得西德收容。越戰結束前夕，至一九七八年十一月，也就是首批越南船民來到下薩克森邦之前，西德僅接收了一千三百名越南難民。[9]

這段期間西德曾收容的難民，包括二次世界大戰結束至一九五〇年間，遭原居地波蘭、捷克斯洛伐克、匈牙利、羅馬尼亞等東歐國家驅逐，大量湧進西德約一千兩百萬名的德裔人民。

以及一九五六年、一九六八年匈牙利與捷克斯洛伐克的起義相繼失敗後，西德分別接納一萬餘名難民庇護者；此外，一九七〇年代西德也收容一小部分逃離獨裁政權的智利人與阿根廷人。

直到「海鴻號」引起社會極大關注，再加上下薩克森邦帶起的援救船民行動，聯邦與各邦政府才紛紛隨之轉向，當時國會議員施密特－佛肯豪森（Hermann Schmitt-Vockenhausen）指出，海鴻號事件已演變成「我們這個時代難民問題的象徵」。如今「德國應該打開大門」，幫助這些難民。

民眾的善意

越南船民享有的權利與福利方面，由西德政府統一規定，難民最初擁有為期一年的居留許可，但僅限居住於核發居留證的該邦境內。通過審核，正式被承認其難民身分者，可享至少六個月的免費德語課以及職業培訓補助，並擁有進入勞動市場的自由。換句話說，從這時開始，他們可以合法工作，賺取工資，開展自己想要的新人生。

一九七九年八月二十九日，西德聯邦政府再通過《聯邦政府外國難民計畫》，內容明訂船民享有為期五年的臨時工作許可，得以延長。持續在西德境內工作滿八年，即能申請無限期的工作許可。[10]

根據當時西德的《聯邦社會救助法》（Bundessozialhilfegesetz），成年難民每月可至少領取八十馬克的零用金、兒童與青少年則按照年齡，每月有六馬克到五十六馬克的零用錢。

不僅如此，民間對於越南難民的幫助相當踴躍，下薩克森邦的募款專戶收到逾一百二十萬馬克的私人捐款，每名成年難民可收到一千馬克、每名兒童也有五百馬克。慕尼黑一家出版社更大手筆捐出一萬馬克，指定用於難民們購買自行車代步；北部濱海城市基爾一間女性雜誌社向讀者募款，收到的民眾樂捐款項多到當地越南難民家庭可購齊兩套全新家具。

全德數座城市紛紛發起以大卡車運送衣物到難民收容所的募捐活動，獲得熱烈響應。有趣的是，募捐送來的衣服尺寸對於一般成年越南人而言多數都太大了，例如一家位於黑森邦歐分巴赫（Offenbach）的公司闊氣捐出一批皮草大衣，結果尺碼全都超過歐規四十號，穿在身材普遍較爲矮小的越南人身上，有如小孩穿大人的衣裳。[11]

《時代週報》親力親為

民間這波援助越南船民的熱潮，也延燒到德國媒體，自主發起動員活動。發行全德國的主流媒體《時代週報》（*Die Zeit*），在一九七九年七月二十七日刊出一篇以〈二十世紀的遷徙〉爲題的長篇文章，發行人敦霍芙（Marion Gräfin Dönhoff）主筆撰文，「我們必須幫助印度支那的難民潮」。[12]

該文開頭即點出何謂「船民」。「Boat People」這個詞對當時的德國人而言還不甚熟悉。她解釋，這些在南中國海上與大海搏命、追求自由的越南難民，大多是華人，他們在家鄉遭受迫害，苦於共產體制下經濟衰敗與政治貪腐，迫切追求自由，因而冒險渡海。

文中巧妙地引用了一位泰國軍官的話：

越南人對付這些少數民族的手段，就像納粹對猶太人的惡行。只是他們不用毒氣室，而是用大海——因為便宜多了。

這番話語震盪在所有明白納粹惡行、想極力阻止歷史重演的德國人心中。敦霍芙慷慨激昂地寫著：「身為記者我們能做什麼？難道只能旁觀嗎？」答案當然是否定的。《時代週報》隨即派任編輯親赴馬來西亞比東島難民營（Pulau Bidong）了解實際情形，並在目睹當地擁擠與極差的衛生條件後，決定聯合地方政府與讀者的力量，接收島上難民。

該報很快擬出具體計畫，並向報社總部所在的漢堡邦政府提議，希望當地政府能同意接收這些船民，全數兩百五十名越南船民的交通費、為期一年的德語課與口譯費，則由該報一手包辦。漢堡政府不僅爽快答應，更在一天內找到未來這些船民的居所。

親赴比東島

合法性的問題解決了，再來是籌募龐大的經費。《時代週報》拋磚引玉，率先撥出當年該報獲頒「伊拉斯謨獎（Erasmus Prize）」的半數獎金。該獎由荷蘭伊拉斯謨基金會頒發，每年依據不同主題選出對於歐洲文化、社會或社會科學具特殊貢獻的個人或組織。《時代週報》於該年獲獎，獎金共九萬西德馬克。[viii]儘管四萬五千馬克已是一筆大數目，仍遠遠不足貼補這批船民所需的總費用，因此《時代週報》向全德讀者募款，希望德國人民踴躍襄助。

〈二十世紀的遷徙〉一文刊出後，收到超乎預期的熱烈迴響。截至八月二十一日，已有一百七十萬馬克湧入捐款專戶。各地更是響應活動不斷，有人爲此拍賣自己的吉普車，還有小孩捐出自己的零用錢、數個家庭表明希望收養難民孤兒、漢堡多家公司願意提供工作機會，其中包括製菸技術起家、業務拓及越南的豪尼機械（Hauni-Werke Körber & Co. KG），旗下的豪尼基金會更大手筆捐出五十萬馬克。

早在該篇文章刊出時，編輯部就已決定，不論募到多少款項，一週後，他們都會與德國紅十字會一同飛往比東島，親自挑選收容的越南難民。

在政界、民間的大力資助下，《時代週報》記者與三名德國紅十字會人員，於八月二日抵達比東島，以「最緊急需要幫助」與「家庭關係」爲優先挑選原則，初步列出三百一十八人名單，逐一與這些難民們面談。

這些難民之中，多數已與其他西方國家，像是美國、澳洲、加拿大等面試過，但都遭到拒絕。他們持有的身分識別藍卡，正面印有出生日期與難民船號碼，翻到背面卽印著「已被〇〇國拒絕」。

隔日，確認名單出爐，兩百七十四人確定獲得西德收容，[ix]其中包括在比東島出生的新生兒、年邁長者、失去爸媽的幼童，以及八至十二人，甚至多達十四人的龐大家庭。

部分獲營救難民的遭遇更令人髮指，據該報報導，一名十六歲的女孩李娥（Ly Nga）慘遭海盜強暴，她搭乘的難民船遭到海盜多次搶劫，能夠倖存已是萬幸。

八月十四日傍晚，首批九十人搭上漢莎航空DC－10飛機，順利啟航，從吉隆坡飛往漢堡。

六八運動的時代精神

要理解七〇年代末西德這一波援救船民總動員的熱潮，就不能忽視當時的時代背景。七〇年代的西德社會仍深受「六八運動」（die 68er Bewegung）影響，六〇年代中

viii 伊拉斯謨獎以荷蘭十五世紀人文學者伊拉斯謨（Desiderius Erasmus Roterodamus）命名。一九七九年主題為新聞自由，由德國《時代週報》與瑞士《新蘇黎世報》（*Neue Zürcher Zeitung*）》共同獲獎。評審讚譽《時代週報》：「在戰後的德國成為最早的自由媒體之一，並發展為高水準的權威性獨立週報，擁有讓不同意見發聲的空間。《時代週報》也在促進西德言論自由與民主化進程上，扮演重要的角色。」參考資料來源：伊拉斯謨基金會網站 https://erasmusprijs.org/en/laureates/die-zeit-neue-zurcher-zeitung/。

ix 在從比東島到德國的途中，有一名孕婦緊急生產，因此包括這名嬰兒在內，實際收容人數為兩百七十五人。

期，歐美國家的左翼學生與民權運動分子在同一時期發起一場反戰、反官僚精英的社會抗議活動。西德於一九六七年由學生自主發起示威，隔年這股浪潮達到最高峰，抗議分子積極反抗仍保有納粹思想的上一代，甚至質疑父母並未反思納粹過去犯下的錯誤。他們在學運中呼籲拋去舊有封閉思想，積極建設民主進步的西德，提倡反核能、反核武、反戰，呼籲重視和平與人權議題。這場抗爭逐漸演變爲一場社會運動，在政治上帶來衝擊、間接促使綠黨在一九八〇年建黨。

同一時間，法國學生與民權人士的示威運動也如火如荼展開。法國大學生原本訴求教育改革而掀起所謂的「五月風暴[x]」，隨著示威聲浪提高，影響力擴及工人階級，逐漸轉變爲工運，甚至一度試圖發起工人階級革命未果。

儘管西德與法國的「六八運動」以結果而論都以失敗告終，但因改革運動推動的社會思想轉變，讓多數民衆更能以人道關懷爲出發點，願意援助受苦的越南難民。「六八運動」激起政府、民間、媒體這股積極接納船民的熱潮，當時的時代精神（Zeitgeist[xi]）絕對是一大重要因素。

在這樣的社會背景下，催生了德國援救越南船民最不遺餘力的船隻——「阿納穆爾角號」。在七〇、八〇年代，德法兩國難民搜救船隻數度合作，齊力搭救中南半島船民。

格魯克斯曼偶遇諾伊德克

如同下薩克森邦總理阿爾布雷希特，法國一群知識分子同樣在電視上看見海鴻號難民慘況，遂決定集眾人之力發起「爲越南派出一艘船（Un bateau pour le Vietnam）」行動，帶頭響應的包括五月風暴左翼領袖格魯克斯曼（André Glucksmann）、「無國界醫生（Médecins Sans Frontières）」創辦人庫斯納（Bernard Kouchner）等人，並成功在一九七九年四月派出名爲「光明之島」（L’Ile de Lumière）的搜救船，前往馬來西亞比東島援救船民並提供醫療服務。

就在這趟搜救行動啟航前兩個月，當時這群知識分子正四處募款，其中格魯克斯曼在一次私人聚會，與一位任職德國廣播電臺的記者碰面，提及了此次救援船民的行動，而正是這一次偶然的相遇，意外開啟了本章開頭提及的，德國大規模的全民群募援救船民活動。格魯克斯曼遇見的這名關鍵記者，就是西德在七〇、八〇年代接收大批越南難

---

x 五月風暴是一九六八年於法國發生長達約七週的學生運動。此次事件中發起大量罷工、遊行、占領大學與工廠的激烈行動，導致法國經濟發展停滯，當時的總統戴高樂一度解散議會。部分學者認為，五月風暴後出現法國女性解放運動，法國社會更加開放，企業勞資關係進一步改善，提升法國工人待遇保護等，都是五月風暴帶來的正面影響。

xi 這個詞源於德語，意指一個時代整體的智識、道德或文化氛圍，又譯為時代思潮。以「六八運動」來看，即是當代的時代精神呼喚一場社會變革，沒有主要的領導者，由民間自主發起的社會運動，只希望社會變得更美好。

民的關鍵人物，諾伊德克。

當時諾伊德克前往巴黎採訪存在主義哲學家沙特（Jean-Paul Sartre）。爲了做足準備，他在訪談前一天特地約了先前透過採訪認識、同爲哲學家的格魯克斯曼見面。後者當時剛從南中國海回來，見面時大談在比東島所見慘狀，以及越南船民即使賭上性命、冒著遭海盜襲擊的危險也要逃離越共的決心。格魯克斯曼這番發自肺腑的見證，在諾伊德克心頭縈繞不去。[xii]

隔天，諾伊德克前往沙特的家，採訪了兩個小時，相談甚歡。諾伊德克最後問了沙特一個哲學性的問題。「（在如今的社會裡）我們能做些什麼？您會給年輕人什麼建議？」

沙特停頓了一下，說道：「我們所有人都與組織機構、國家、人們愈來愈疏遠，最後和自己也疏遠了。我們得打破這道藩籬，試著爲自己、爲別人而活……衆人必須爲了目前遭受威脅、備受邊緣化的人們採取行動，必須努力不懈，眞正的民主才可能存在。」[13]

正是這個夜晚，諾伊德克下定決心爲這些越南難民付出行動。

為越南派出一艘船

諾伊德克回到科隆的家後，先寫信聯繫作家海因里希．伯爾（Heinrich Böll）。伯爾曾於一九七二年獲得諾貝爾文學獎，並親身經歷過二戰，作品多以批判、諷刺戰爭爲主題，在德國名聲響亮，享有極高聲譽。他心想，有伯爾共同號召募款，必能引起更多共鳴與能見度。

信寄出的兩天後，伯爾親自打電話給諾伊德克：「這件事我們必須得做，算我一份。」諾伊德克隨後與自己的妻子克莉絲托（Christel Neudeck）、伯爾三人成立「爲越南派出一艘船」（Ein Schiff für Vietnam）委員會。

該年五月，諾伊德克拜訪位於巴登巴登（Baden-Baden）的西南廣播電視臺，[xiii]直奔政治電視節目《報導》（*Report*）的製作部。當時負責這個節目的資深記者埃特（Frank Alt）回憶：

> 他問我們：「你們看到電視上那些在南中國海上溺斃的船民了嗎？我們不能再袖手旁觀了。我和聯合國難民署談過了，他們說，他們的組織只負責陸地上的難民。如果沒人負責，那我們就應該負責。」

xii 諾伊德克在多年後出版《我們每個人都是難民》（暫譯，原書名為 *In Uns Allen Steckt Ein Flüchtling: Ein Vermächtnis*）一書，詳述這段經歷，談當初如何萌生幫助越南船民的念頭，從而做出改變他一生的決定。

xiii Südwestfunk，現今德國西南廣播電視臺（Südwestrundfunk）前身。

然後他說：「我和海因里希・伯爾談過了，他贊同我要派出一艘船去救這些船民的想法。你們要加入我們嗎？」

我問他，這艘船的錢從哪裡來？他回答：「不知道，我只知道我們一定要幫忙。也許我會抵押我的房子。」[14]

《報導》沒讓他落得抵押房屋的下場，他們給了諾伊德克在七月二十四日的現場直播節目長達三分鐘的時間，闡述這艘救難船的想法。

才短短三天，諾伊德克的募款專戶裡湧進一百三十萬馬克。他租了一艘三千五百噸的貨輪，正是英州後來幸運搭上的「阿納穆爾角號」。該船船名取自於土耳其地中海沿岸一處海角——阿納穆爾角，正好位於該國亞洲區安納托利亞半島（Anatolia）的最南端。

一九七九年八月十三日，阿納穆爾角號正式啟航，船上由經驗豐富的船長方尼克（Rolf Wangnick）領航，帶著一群志願幫忙的醫護人員，包括四名醫生與一名護士。身爲記者的諾伊德克深知新聞畫面的效益，刻意邀請多組電視團隊同船拍攝，孰料數週過去了，一個難民影子也沒有，許多媒體紛紛打退堂鼓，並大肆批評諾伊德克的計畫，負面攻訐四起。[15]

直到啟航後六週，九月二十九日那天，阿納穆爾角號收到一則廣播訊息：

這裡是 MS Luna Maersk，船隻在位置北緯二度三十五分、東經一〇五度一分。我們從一艘已沉沒的船上，救了二十一名遭遇船難的人。他們看起來筋疲力盡。我們的船無法提供醫療與衛生服務，更別提讓他們住宿。[16]

船長方尼克隨即答覆：「我們這就過去協助。」

這艘船揭開了阿納穆爾角號拯救越南船民的序幕。自此之後，類似的求救信號紛沓而來，阿納穆爾角號展開長達數年的海上搜救行動，西德政壇也隨之震盪。

兩大黨派意見分歧

在阿納穆爾角號啟航前不到一個月，一九七九年七月二十日、二十一日，聯合國在日內瓦召開首次針對印支難民的會議——「東南亞難民與流離失所者會議（Meeting on Refugees and Displaced Persons in South-East Asia）」，聯合國秘書長特別點名，希望西德將難民收容配額增加到至少一萬名。

西德原先僅願意增加到上限四千人，但聯合國在會議中宣布將國際收容難民總配額，自十二萬五千人增加至二十六萬人。在此前提下，西德因而同意將收容共一萬人，且承諾提高人道援助資金至三千兩百萬馬克。[17]

地方政府方面，西德兩大黨派最初對收容印支難民的態度明顯分歧。由在野黨基民盟／基社盟（CDU/CSU）[xiv]姊妹黨主政的邦，態度積極主動。例如，由基民盟執政的巴登符騰堡邦（Baden-Württemberg）於一九七九年提高一倍難民配額，並額外撥資金補助一艘德國紅十字會的援救船隻。什列斯威－霍爾斯坦邦（Schleswig-Holstein）、萊茵－法爾茲邦（Rheinland-Pfalz，簡稱萊法邦）、巴伐利亞邦皆主動提高難民配額；同樣由基民盟掌政的法蘭克福，市長瓦曼（Walter Wallmann）在一九七九年初，決定額外接收兩百五十名越南船民[18]。

相較之下，由執政黨社民黨（SPD）掌權的邦，除了黑森邦（Hessen）是初期唯一收容超逾配額的邦，一般顯得保守許多。當基民盟的議員呼籲德國外長應提供阿納穆爾角號外交與財務協助，社民黨議員則抱怨越南船民享有特權、太快抵達西德，原先獲得收容分配名額的五百名阿根廷難民，卻仍苦苦等待啟程，明顯待遇不公[19]。兩大黨派對於難民收容的意見分歧，種下未來阿納穆爾角號被迫停航的遠因。

終航

龐大民意當靠山

一九七九年十一月，阿納穆爾角號收到的捐款總額已達六百八十萬馬克[20]，西德民眾援助越南船民的呼聲已臻高峰。

國內各界發起大大小小的活動力挺募捐：德國甲級足球聯賽球隊聯合簽名在足球上，將義賣所得捐助阿納穆爾角號；德國音樂家尤爾根斯（Udo Jürgens）舉行電視演唱會，協助阿納穆爾角號募款；百代唱片（EMI）當時出了一張德國施拉格（Schlager）[xv]民俗流行樂唱片，封底放上多張難民船照片與阿納穆爾角號的援救行動資訊，每賣出一張即捐助「爲越南派出一艘船」組織兩馬克。

在龐大的民意與充沛的民間捐款支持下，阿納穆爾角號不靠政府金援，所有出航任務全數由募捐款項支出。

當時西德聯邦政府對於船民搜救行動並非全無補助，爲了資助東南亞難民收容國

xiv　全名是巴伐利亞基督教社會聯盟（Christlich-Soziale Union in Bayern e. V.），是基民盟的姊妹黨，黨派偏右保守。

xv　歐洲普遍流行的一種音樂類型，曲調輕快、歌詞重複好記，結合樂器與人聲，歌詞內容多描述愛情與情感。德國的施拉格音樂發展可追溯到十九世紀，六〇、七〇年代達到流行高峰。

設立的收容中心，西德政府一九七九年大幅增加國際人道援助資金，從原本的兩千三百萬馬克，一舉增加到六千四百萬馬克。但這些基金多數流向大型國際組織，例如德國紅十字會、世界飢餓救濟組織（Welthungerhilfe）、聯合國難民署與基督新教社服協會（Diakonisches Werk）。[21]

執政者傾向將資金撥給上述大型組織，而非像阿納穆爾角號這樣的民間援救行動。這也引發了德國紅十字會與諾伊德克之間的齟齬。前者公開聲稱反對小型、自發性的援救組織，指責「爲越南派一艘船」的援救行動不符資格、相關報導不盡翔實、缺乏合作意願，甚至將愈來愈多船民逃離越南的罪名扣在阿納穆爾角號頭上。[22]

諾伊德克則指控德國紅十字會是官僚組織，「光拿政府的錢不辦事」，並未實際執行搜救行動。[23]他指出，像是德國紅十字會的芙蘿拉號（Flora），仰賴政府補助，雖奉命於南中國海執行搜救任務，實際上僅組織零星的救援行動與醫療協助。

照理說，若從事難民援助活動的大型國際人道組織，能與民間自發性的搜救團體攜手合作，應能更有效率地援助船民，但阿納穆爾角號當時僅靠著龐大民間捐款執行任務，與國內外政府部門打交道皆顯得孤立無援，因此當民意逐漸冷卻後，便落得孤掌難鳴的下場。

不再支持難民到我家

約在一九八〇年底，西德民間原先廣泛支持越南難民的熱情逐漸冷卻，關鍵在於該年難民庇護申請數達到高峰。自一九七九年到一九八一年，申請人數多達二十萬人，xvi 引發外來勢力可能主導西德的擔憂。此外，全球經濟衰退，西德經濟不斷惡化，失業率節節高升，有心人士將一切歸咎於外來移民搶了本地人的工作機會，更滋長部分西德民眾的仇外情緒。

西德政壇與媒體也見風轉舵，紛紛發表對越南船民不利的言論。但在討論政治人物立場改變的原因前，我們得先了解收容船民對於聯邦與地方政府的實際負擔。

西德政府相當重視越棉寮難民的社會融合，希望他們能融入當地社會，因此在這方面花費許多心思與金錢。包括每人都能享有免費德語課程、照料未成年難民的寄宿家庭費用，都由公部門支出。

---

xvi 根據德國聯邦難民與移民局（BAMF）統計，當時申請難民庇護的多數是因為土耳其軍事政變、波蘭宣布戒嚴，導致當地人民逃至西德尋求庇護。資料網址：https://www.bpb.de/gesellschaft/migration/kurzdossiers/207671/asylum-law-refugee-policy-humanitarian-migration

一九七九年光是語言協助的支出（包括強制性德語課與聘請越語口譯的費用），總開銷高達兩億馬克。[24]這還不包括船民從第一收容國飛抵西德的機票費。

以個別難民來估算，到達西德的第一年，每人融合費用約一萬五千馬克，之後數年則每年約兩千三百馬克。[25]隨著船民收容人數逐漸增加，各部門相關花費也水漲船高。以一九八一年爲例，聯邦政府估算，若再收容五千名船民，得支出一億馬克，包括交通費用五百萬馬克、語言協助費六千八百萬馬克、兩千五百萬馬克融合協助費以及一百萬馬克的學費補助。[26]

隨著經濟重擔愈來愈難以負荷，不難理解爲何政府逐漸打退堂鼓。再加上諾伊德克不善與官僚政治打交道的個性，雙方就接收船民的態度相悖，以致後期出現多次針鋒相對的局面。

原先支持阿納穆爾角號的政黨，尤其是基社盟開始大量使用「經濟難民」一詞，聲稱許多船民逃離越南並非因政治迫害，而是爲了追求更富裕的生活；基民盟政治人物也指稱，正是因爲阿納穆爾角號這樣積極拯救船民的組織，才會導致南海的難民愈來愈多。

儘管越南船民的人數與西德境內其他外來移民相比僅是一小部分，但前者受到媒體大量關注，反倒成了當時種族歧視的受害者。

一九八〇年，兩名因阿納穆爾角號獲救、獲得《時代週報》資助的越南船民，因爲西德新納粹右翼分子縱火而喪生。[27]這起事件反映出當時社會對於接收船民的意見出現極端分歧，原先一面倒支持收容越南難民的民意不再。

到了一九八一年，幾乎所有的地方邦都表示當地的大型難民營人數已滿，不願再接收越南船民了。

阿納穆爾角號黯然終航

一九八一年初，西德收容越南難民的額度已增加到兩萬六千人，二月中總理施密特催促各邦加碼接收兩千五百名越南船民，其中多數都是被阿納穆爾角號搭救，已在新加坡、馬來西亞、菲律賓等地的難民營待了數週，等待被送來西德。由於當時東南亞各國的難民營已人滿為患，這些難民待在營裡的時間愈久，對阿納穆爾角號的援救工作愈不利，因為上述國家皆強硬表明：唯有西德政府願意收容，他們才同意讓難民上岸。

但許多地方邦早已向聯邦政府反映不堪負荷，對阿納穆爾角號援救行動的不滿也逐漸升高，甚至建議應停止援救行動。巴伐利亞邦內政部長譚德樂（Gerold Tandler）暗批，應避免繼續所有會誘使難民逃出共產國家的行動。該邦也不保證會再收容越南難民。[28]

萊法邦雖同意增加難民收容名額，但也表明「境內的基礎措施無法因應永無止境的難民」。[29]

該年六月，聯邦政府與各邦總理開會決議，西德不會再接收任何被長期、有系統性援救船隻拯救的難民。換言之，往後阿納穆爾角號搭救的船民，西德政府都不會再收容他們了。

這項決議雖遭下薩克森邦、北萊茵－威斯特法倫邦（Nordrhein-Westfalen，以下簡稱北威邦。）否決，但其他邦欣然同意。

西德媒體也預測，阿納穆爾角號爲期兩年的海上搜救行動很快將步入尾聲。同年十一月，聯邦內閣再宣布，只要地方邦不再撥出額外的難民收容名額，西德將不再接收南中國海上的難民。

這項消息對於諾伊德克而言簡直晴天霹靂，他向聯邦內閣與各邦政府請願，希望寬許再航行五個月，因爲阿納穆爾角號代表捐款民衆出航，向民衆募來的款項還足夠支應五個月。

當時雖然已過七〇年代末期南中國海難民潮的最高峰，但諾伊德克認爲，搜救船的需求仍相當迫切。

他預測的沒錯，根據統計，一九七五年到一九七九年透過海路出逃且成功抵達鄰近國家尋求庇護的越南船民，共三十一萬一千四百二十六人；一九八〇年到一九八四年僅小幅下降爲二十四萬一千九百九十五人。[30]而在逃難途中遭遇海難或海盜襲擊而喪生的船民人數則難以估計。

往後的二十年間，仍有許多越南人、寮國人、柬埔寨人與少數族裔逃離共產黨統治的印度支那。

但地方政府多與諾伊德克持相反意見，在腹背受敵的情況下，阿納穆爾角號不得不面臨停止出航的命運。

一九八二年六月二十四日，聯邦政府內政部國務秘書弗羅里西（Siegfried Fröhlich）親口告知諾伊德克：沒有任何地方邦願意收容越南難民，聯邦政府因此無法再接收未來阿納穆爾角號救起的船民，財政部跟勞動部也拒絕繼續承擔這些搜救行動帶來的後續花費。

他進一步提出交換條件：若諾伊德克同意不再出航，目前仍在阿納穆爾角號船上的兩百八十四名難民就能隨船來到西德。諾伊德克反駁指出，一直力挺援救越南難民的下薩克森邦總理阿爾布雷希特，早已承諾要再開放三百五十個收容名額，如此一來，西德政府就不能要求阿納穆爾角號停航。但這項論點卻遭弗羅里西以這是雙方「私下協議」、沒有法律效力為由無情駁回。[31]

自此，阿納穆爾角號被迫畫下句點，結束近三年的援救任務。

回顧自一九七九年八月啟航以來，阿納穆爾角號一共出動二十九次任務，從南中國海上救起一百九十四艘船、多達九千五百零七名船民。

東南亞難民角力

阿納穆爾角號會落得出航不滿三年就告終，除了西德官僚政治與龐大民意衰退，另一項主因是來自東南亞鄰近國家作爲越南難民「第一收容國」[xvii]的反彈。

就在「海鴻號」出航前後，馬來西亞、印尼、泰國、菲律賓、新加坡等越南船民逃難的主要目的地，對於不斷接收大批逃亡的難民愈來愈力不從心。一九七八年十一月，泰國終於開了第一槍：宣布不再接收任何難民庇護申請者。[32]

當時在馬國、香港、泰國、印尼、菲律賓、新加坡、澳門、南韓、日本等地難民營的船民已達六萬一千七百二十九人。而泰國由於地理位置相近，除了船民，加上透過陸路，前來尋求庇護的越棉寮人民，高達十四萬人。[33]

隔年六月，情勢更加嚴峻，受到越南入侵柬埔寨影響，泰國收容的難民人數多達十七萬三千人。光是一九七九年一月到六月湧進的難民人數就超過五萬人，但這半年透過聯合國安置到第三國的重新安置（resettlement）名額，僅一萬七千個。等在泰柬邊界試圖進入泰國難民營的柬埔寨人則多達八萬五千人；不僅如此，泰國難民營占最多數的寮國難民，自一九七八年起以每月四千七百人的速度蜂擁入境。[34]

其他鄰近國家的「慘況」也不遑多讓，囿於西方國家接收越棉寮難民意願普遍不高，聯合國承諾的重新安置名額始終趕不上源源不絕湧入第一收容國的難民。

馬來西亞一九七八年的難民人數大幅躍進，從前一年的六千人，一口氣增加到六萬三千人，隔年也有五萬人之譜；但該國自一九七八年至一九七九年六月的安置配額才四萬兩千人，導致一九七九年六月，馬國負擔的船民人數已逾七萬五千人；香港與印尼在一九七九年上半年各收容五萬三千人、四萬三千人，但重新安置的名額卻猶如杯水車薪，僅各五千人、兩千人。[35]

彈丸之地新加坡，眼見其他東南亞國家飽受印支難民超載之苦，果斷採取完全不同作風。星國政府強硬設定收容難民總數上限，同時間國內不能超過一千名難民庇護申請者，且每人不得在新加坡停留逾一百二十天。此外，除非第三國已同意收容、撥出安置名額，否則這些難民不准進入新加坡。

爲阻絕源源不絕的難民湧進，馬來西亞等國再祭出鐵腕，強硬取締難民船，一旦發現即予以驅逐或拖往公海，不准他們上岸。一場因越南船民釀出的風暴，一觸即發。

一九七九年六月三十日，東南亞國家協會（The Association of Southeast Asian Nations，簡稱東協）發布共同聲明，其組織成員（當時包括印尼、馬來西亞、菲律賓、

xvii 原文為 countries of first asylum，包括馬來西亞、印尼等國；香港則是在一九七九年，英國政府在日內瓦簽署國際公約，宣布香港成為接收越南難民的「第一收容港」。

新加坡、泰國）不會再接收任何難民，且除非在合理時間內獲得安置，否則有權遣返已在過境營（transit camps）的難民。[36]

眼見整個東南亞因超量難民陷入緊張情勢，聯合國主動出面，邀請東協各國與六十五個國家，參與前述提及的「東南亞難民與流離失所者會議」，希望上述東協國家收回決定，也希望國際社會，特別是西方國家能增加收容難民額度。

這項會議發揮成效，如前所述，聯合國成功說服包括西德在內的國家，大幅提高總難民配額。

更重要的是，一九七八年之所以會爆發難民潮，一大主因是越南政府允許公開偷渡，由政府負責找來能容納一、兩千人的退役大貨船，與人蛇集團合作，公開收取船費，主要針對華人放行離境，包括前述的「海鴻號」在內，因此難民人數一下飆高。也因爲這些貨船是由越南政府公開登記收錢，才會引起馬國不滿、拒絕「海鴻號」上岸。

越南在這場會議同意會阻絕非法偷渡，並與聯合國達成協議，由聯合國主導並啟動「秩序離境計畫（Orderly Departure Program）」，讓有意願離開家鄉的越南人，通過審核後不需冒著生命危險搭船逃離，而是透過安排，乘著飛機前往願意收容的第三國。

根據統計，自一九八〇年至一九九七年，共六十二萬三千五百零九名越南難民透過這項計畫，成功離境並獲他國收容。其中最大宗仍是美國，共接收近四十九萬人，西德則收容一萬兩千零六十七人。[37]

從結果來看，這項計畫雖無法成功遏止不斷往外逃的難民潮，但的確相當程度地減少了冒險渡海的越南船民。如「海鴻號」的大型貨船也就此不再出現，但轉爲半公開偷渡，例如張宗周的例子，船民需將財產獻給越南政府，政府才予以放行。

此外，爲了加快重新安置的速度，印尼在一九七九年於加蘭島（Galang）啟用一座難民處理中心（refugee processing center），菲律賓政府在此次日內瓦會議中同意比照興建，一九八〇年於巴丹省落成「菲律賓難民處理中心」。[xviii]

也是在這項會議裡，西德承諾，凡掛著西德國旗出航船隻搭救的船民，都將獲得西德收容。正因爲這項背書，阿納穆爾角號才能在南中國海上無後顧之憂搜救船民。

阿納穆爾角號與聯邦政府的關係從一開始的互相合作，到隨著船隻救起的人數愈來愈多，彼此關係也愈劍拔弩張。西德大使館因此經常收到東南亞國家的抱怨，其中馬來西亞與新加坡指責該船的援救行動導致更多越南人民逃難，最後兩國乾脆拒絕讓該船停靠。

如此種種，皆種下了該船被迫停航的遠因。

xviii Philippine Refugee Processing Center，簡稱PRPC，位於巴丹省莫龍鎮（Morong），收容越棉寮以及少數族裔難民（例如華裔），於一九九四年正式關閉，根據聯合國難民署資料，共收容過約四十萬名難民。

英州的回憶（2）

新加坡政府堅持難民營已經滿了，不願意接收我們。阿納穆爾角號停留在碼頭，船上有大約七百名難民。

幾乎每一天聯合國難民署的人都會來面試難民，登記我們的資料。同時阿納穆爾角號的船長呼籲德國政府，要求接收越南難民。幾天後他得到答案：德國許多地方邦都願意依照配額接收難民。

和難民署面試時，我表達意願希望能去美國。但美國多數僅接收有親戚在美國的難民，否則得等上數年。因為我沒有親屬在國外，因此自動被納入去德國的名單中。

在阿納穆爾角號上，我們枕著草蓆而睡，每人都有專屬的個人用品，包括牙刷、毛巾、肥皂。成年難民分成數個小組，分別負責煮飯或打掃。每天只有罐頭，煮成越式料理，我覺得滿好吃的。

傍晚下班後，許多船員（大多數來自印尼或馬來西亞）會上岸。我們給他們錢，拜託他們拍電報給我們在越南的家人報平安。幾乎所有的難民身上都有美金或金戒指。

在阿納穆爾角號上待了兩週，我們終於得以上岸，前往德國。約兩百名難民搭巴士到樟宜機場，從那裡搭飛機到曼谷，再轉機到法蘭克福。

在阿納穆爾角號船上的日子相當愉快，我覺得很安全，不再恐懼，新的未來已然在眼前展開。每天在甲板上看著日升日落真的很棒，看著海豚們隨著海浪在水裡起舞是一大享受。

非政府的力量

法國和德國攜手出航——勒戈洛號

一九八二年七月二十六日下午，數千人佇在漢堡港前，排成長長的人牆，迎接阿納穆爾角號的最後一哩路，船緩緩地靠岸了，難民們在歡呼聲中走下船，一名越南女子懷裡抱著在船上出生、才剛滿一星期的兒子，眼底盡是笑意。

這兩百八十五人裡，有一百零五人在三月底就已經上船，隨著船隻在南中國海航行長達三個月。不像先前被阿納穆爾角號救起的難民，能自動獲得難民資格。他們因爲不算在德國聯邦政府的難民配額內，必須自行申請難民庇護[xix]。

所幸在短短四天內，所有人都順利取得難民資格，其中九十二人被分配到北威邦、四十八人獲巴登－符騰堡邦收容、巴伐利亞邦接收三十九人、下薩克森邦與黑森邦各收容十五人，[38] 畫下還算圓滿的句點。

儘管阿納穆爾角號的任務已告終，但越棉寮難民們逃難的步伐仍不停歇，就在該船停航前，由「無國界醫生」創辦人庫斯納共同成立的法國「世界醫生組織」（Médecins du Monde）派出一艘重達兩千噸、長七十八公尺的船隻「勒戈洛號」（Le Goelo），前往南中國海救援船民。

諾伊德克選擇加入他們行列，改名後的「阿納穆爾角號／德國緊急醫生組織」[xx] 與該組織攜手，在一九八二年與一九八三年間，從海上救了超過一千兩百名船民。[39]

阿納穆爾角號II的風風雨雨

一九八六年三月，距離首艘阿納穆爾角號終航已經超過三年，諾伊德克仍心繫越南船民，雖然逃難人數已不如七〇年代末期高峰，但仍有源源不絕的難民試圖渡海逃離越南。他四處奔走籌款，終於募得兩百三十萬馬克，與「世界醫生組織」再度合作，派出一艘三十二公尺的貨輪「阿納穆爾角號II」（Cap Anamur II），至該年七月共執行三次出航任務，救起十八條船、共八百八十八名難民。

唯獨最後一次出航非常不順利，途中困難重重，彷彿當時西方社會反對援救船民的縮影。該船載著三百五十七名難民，由於西德聯邦政府與多數地方邦政府拒絕收容，菲律賓拒絕讓這些船民進入巴拉望難民營（Palawan Refugee Camp），[xxi]他們無奈下只能待在船上整整六週，期間，一名大腹便便的孕婦甚至誕下一名嬰孩。

隨船擔任越南口譯的阮有煥（Nguyễn Hữu Huấn），自己也曾是船民，他搭的船於一九八〇年被阿納穆爾角號救起，抱著回饋的心，近六年後跟著「阿納穆爾角號II」重返越南海域。多年後，他回憶起這趟長達四個月的任務：

在海上要認出難民船並不容易，我們有兩個搜尋地點：頭頓跟金甌省沿海，所有的人輪班拿著望遠鏡監視海上的狀況。大大小小、形狀互異的漁船，來自泰國、菲

xix 德國的配額難民（Kontingentflüchtlinge）是指被允許以固定配額數量移居德國的難民，不需經過任何庇護申請程序，在抵達德國後，立即獲得居留許可。

xx 「為越南派出一艘船」組織在一九八一年由於搜救對象擴大為越棉寮難民，改名為德國緊急醫生委員會（Deutschen Komitees Not-Ärzte e.V.），一九八二年停止出航後，改名為如今使用的「德國緊急醫生組織（Cap Anamur / Deutsche Not-Ärzte e.V.）」。

xxi 正式名稱是「菲律賓第一難民中心」（Philippine First Asylum Center），位於巴拉望島上，該中心於一九七九年啟用，至一九九三年關閉前收容至少五十萬名難民。

律賓、印尼，我們只能靠經驗辨識出難民船。只要一有發現，我們的船就會減速，由我和另一名成員，划著一艘小船接近他們。我再爬上難民船，察看船民們的狀況，安撫他們的情緒，並引導他們上到我們的船隻……喜極而泣的淚水從他們的臉龐流淌而下。[40]

但沒多久，船上的難民就發現情況不太對勁。由於四處碰壁，在局勢渾沌的情況下，七月初，「阿納穆爾角號II」的船長收到諾伊德克的指示，船隻必須終止搜救任務、返回新加坡。「他向我們解釋，這是因爲包括西德在內的西方國家都無意接收這批難民，菲律賓也不准我們停靠，加拿大政府背棄原先收容一百名難民的承諾，美國則在一旁冷眼旁觀。」阮有煥回憶。

種種緣故使得一心嚮往前往新國家開啟新人生的難民們頓時美夢幻滅，船上原先歡欣高漲的氣氛瞬間冷卻，一名在越南尚有妻小的船民自覺人生無望，當船隻停靠在新加坡時，竟撲通跳進海裡自盡，親手了結自己的生命。

七月二十五日，諾伊德克做出最後決定，指示全船卽刻返回漢堡，儘管得橫跨至少一萬八千海里，「阿納穆爾角號II」承諾一定會帶他們回家。

這並非一趟平順的旅程，船隻花了兩週渡過印度洋，途中遭受暴風雨的侵襲，強風與高漲的浪潮不停拍打船腹，躲在船艙的難民無法忍受船的搖晃，暈得東倒西歪。許多人飽受暈船之苦、食不下嚥，只能勉強靠著吸吮檸檬汁液緩解反胃不適，就這樣一天挨過一天。

八月，大船終於抵達索馬利亞，頂著高溫四十三度的烈陽，橫跨紅海，通過連接紅海與地中海的蘇伊士運河。諾伊德克親自趕來會合，並帶來好消息：「每個人都會獲得（西德政府）收容，沒有人會與家人分開。」歡呼聲轟然響起。「德國歡迎你們！」。[41]

船隻在九月五日抵達下薩克森邦的庫克斯港（Cuxhaven），如今是全球第二大規模的奧托電商（Otto）與德國漢莎航空送來全新的衣鞋。「阿納穆爾角號II」休息片刻後，再駛向最終目的地漢堡港，數千名越南人與數百名德國人早等在港邊，歡迎這群歷劫歸來的難民。

阿納穆爾角號III——援救難民的尾聲

自諾伊德克一九七九年發起「爲越南派出一艘船」開始，國內對援救越棉寮難民的質疑聲浪就沒停過，隨著八〇年代中期船民逃難腳步漸緩，反對者甚至聲稱，越南國內情況已漸好轉，不需國際社會的人道救援。

儘管如此，「阿納穆爾角號II」結束任務的隔年，「阿納穆爾角號III（Cap

Anamur III）登場，再次與「世界醫生組織」攜手出航，法國海軍軍艦甚至一路護衛，避免搜救船遭海盜襲擊，最後一共拯救十四艘船、九百零五名船民。

由諾伊德克創立的「德國緊急醫生組織」，總計在印支難民潮最頻繁的八年內，靠著廣大民衆捐款逾兩千萬馬克，以及船上志願協助的衆多醫護人員，共救起一萬一千三百名船民，並提供東南亞難民營裡三萬五千名難民醫療協助。

此舉奠定西德於越南船民救援史上極獨特的地位，相較於美國、法國多從難民營接收安置難民，西德大多收容直接從海上營救的船民。

如今，在漢堡港碼頭，彼時每逢阿納穆爾角號大船停靠時，民衆佇立的虞伯賽橋（Überseebrücke）邊，豎立著一座紀念碑，船民以德、越、英三語寫下對於德國政府、民衆與阿納穆爾角號的感謝，並緬懷因追求自由在海上喪生的人們。

出資建造這座紀念碑的漢堡紀念碑組織（Hamburger Gedenkstein Initiative e.V.）理事長阮有煥，在二〇〇九年落成典禮當天感性地說：「三十年前阿納穆爾角號將我們從死神手中救了出來，如今作爲第二故鄉德國活躍的公民，我們感到相當驕傲。」[42]

西德在一九七〇年代末期收容印支難民，在該國移民史上是一大轉折。越棉寮難民作爲首批大規模進入德國的非歐洲裔難民，在文化、語言、歷史脈絡等層面，都與在地居民大不相同，對他們本身與德國社會而言，要能彼此接納、成功融入當地，實非易事。

從數字上來看，直到一九九〇年代，西德總共收容約三萬八千名印支難民。儘管與美國、加拿大、澳洲、法國收容的人數無法比擬，與二〇一五年後期，湧進德國的百萬中東難民潮相比，也僅是九牛一毛，但考量當初的時空背景，加上德國並非如美法兩國，曾是挑起越南數十年紛爭不斷、在戰後須負起人道責任的事主國，其收容難民的人數相當驚人。

這一切都是起於西德廣大民意支持，形成了一股推動政壇與公部門的力量，甚至造就國內《難民法》的多次變革，而這些積累，初步奠定並影響了往後數十年間德國收容難民的方針。阿納穆爾角號組織更是至今仍致力於人道關懷行動，在非洲與戰亂國家駐點，興建醫院、提供醫療服務，如同當初搜救難民的初衷：哪裡最需要幫忙，就往哪裡去。

來到西德之後：船民的真實故事

亂世裡的遷徙，牽連數十國，當我們紙上討論西方各國收容越南難民，別忘了，這些數字代表的是一個個不惜賭上自己性命也要逃奔自由的眞實人物。

當家鄉已遙不可及，在經歷過數天，甚至數月船上的飄蕩與在難民營裡的漫長等待，船民終於來到過去鮮少聽聞的西德。他們從此就過著幸福快樂的日子了嗎？

鄭金和、張宗周、阮友祿、阮文南將在這一章的後半部分現身說法，他們既是來到德國的船民，更是勤上越南佛寺的虔誠信徒。佛教信仰與船民生活密不可分，它象徵著與家鄉的連結，也扮演了心靈的重要支持。其中阮友祿的身分較爲特殊，他是在寮國出生長大的越南裔，因著五〇、七〇年代兩度越棉寮政權變動，家族被迫滯留寮國，最後不得不與其他船民同樣走上逃難之路。

四十年前獲得阿納穆爾角號搭救的越南船民，如今散布全德，從南到北，開枝散葉，或歷盡千辛萬苦，突破語言障礙；或幸得人們相助，在融入異鄉的路上走得較爲順遂。他們划過惡水，踏上新的土地，不保證一定有美好的結局，船民們抱著一切得來不易的心，在德國打拚自己的未來。

扎根西德的越南信仰

■異鄉信仰

來到德國的越南船民，歷經越戰的動盪，在砲火下倖存，甚至遭受過船難的波折，目睹生離死別，即使順利抵達彼岸，心中那股隨時可能葬身大海的恐懼，讓逃難的經歷成爲許多人長年不願提起的傷痛。

被迫離鄉背井的難民，藏著心中的苦痛，靠著信仰帶來安慰。他們在異鄉生活若蒙受苦難，心中堅定的信仰能支持他們繼續走下去。

如今全德至少有十五座越南佛寺，坐落在柏林、慕尼黑、漢堡、法蘭克福等城市，多由越南船民出資建造，彼此的關係密不可分。在德國的越南佛教徒，一年必定盛大慶祝四大重要節日，包括佛誕日與母親節。我與鄭金和、張宗周、阮友祿等人，也是在佛寺的緣分牽線下認識彼此。

二〇一九年正逢越南佛教團體於德國成立四十週年，再加上適逢當地地位極爲崇高的釋如典（Thích Như Điển）法師的七十大壽，六月二十七日至三十日在漢諾威的圓覺寺（Viên Giác）舉辦盛大慶典，數千名佛教徒與佛教團體自德國各地、甚至海外飛來與會，人潮絡繹不絕，現場全天候供應免費越式料理，一連熱鬧了四天。

在熟識受訪者的邀約下，我從柏林到漢諾威趕赴這場難得的佛教盛會。

圓覺寺一景。

圓覺寺是越南佛寺於德國的起源地，選擇在這裡舉行有其特殊用意。釋如典法師從小於越南的圓覺寺學習佛法，高中畢業後卽前往日本研讀佛學，一九七七年在友人的協助下，他飛到德國北部城市基爾尋求庇護，成爲另類的難民。由於自身經歷，釋如典對於越南船民的劫難感同身受，視自己爲其中的一分子。

抵德隔年，釋如典卽於漢諾威籌資興建一座同名圓覺寺的佛寺，吸引同爲越南難民的信徒前來膜拜。期間因規模不斷擴大，數度搬遷，一九九〇年於現址落成現在這座佛寺，一度曾是德國最大的佛教建築，釋如典更因此受到衆人景仰。

慶典當天，一進到圓覺寺會場，一片黑壓壓的人頭，幾乎全是亞洲面孔，數十名穿著黃色袈裟、神情莊嚴的僧侶，在高舉的華蓋帶領下，成排魚貫出入佛寺，所到之處信徒皆合掌低頭恭迎，眼前景象讓人難以想像此刻身在德國。

這四天，佛寺每日定期安排數場法會，法師在臺上講道，寺內數百名信徒們安靜聆聽，外頭稍有躁動就會遭人出聲制止。負責維持秩序與協助慶典各項流程的是穿著淺灰制服的佛教青年協會成員，年紀介於十幾歲到二十幾歲，多是越南船民的子女。他們是德國越南佛教體系仰賴的未來世代，也是延續越南傳統的重要命脈。

■佛寺的南與北

德國有相當特殊的越南佛教組織體系，結構綿密，網絡遍布全德，運作章法則師承越南。簡單來說，由越南船民自行合資興建的佛寺，例如柏林的靈鷲寺與漢諾威的圓覺寺等，其中有七座各自成立所屬的佛教青年協會，這七家協會皆隸屬越南佛教青年協會（Gia Đình Phật Tử Việt Nam, GĐPT）。

此組織在越南成立已逾一甲子，西貢淪陷後，海外的越南社群陸續設立在地的青年協會。其宗旨是讓越南移民的下一代，透過協會提供的越南語、佛學、佛教釋義等課程，更熟悉自身文化，即使在國外仍不忘本。由第一代越南船民當組織幹部，拉拔後輩，傳承語言與宗教文化，也培養身分認同。

最初德國的佛教青年協會僅有越南船民參與，近年也加入八〇年代來到東德擔任契約工的越南移民。這兩大族群雖來自同一個國家，但因南北越長達二十一年的分裂，那道長長的歷史鴻溝並未因統一而完全抹滅。

在德國的越南船民，許多人心中仍認同前南越政體、暗自緬懷過去的領導人，甚至在家裡神龕供奉前南越將軍與元首相片，或在家門口插著越南共和國的黃底三線旗。本書受訪者當中，有人一提及舊稱西貢的胡志明市即啐聲道：「我只知道西貢，胡志明市不是我的家。」

面對南越政權流離與敗亡的傷痛之深，如今仍梗在這些前朝遺民的心頭。

而契約工由於多來自於過去的北越，與多數是南越出身的船民，政治傾向與國族認同完全相斥。南北越在越戰期間更有

靈鷲寺一景。越南佛寺在德國也是觀光景點，左下方有觀光客在拍照。

不共戴天之仇，彼此人民互相敵對，這股由歷史因素造就的敵意，也跟著他們延伸到德國。

即使到了德國，船民們對來自北越的契約工仍存著戒心，質疑對方可能與共產黨有往來或擔任特務，彼此交往是爲了查清底細等。又由於兩方政治、文化、教育背景不同，使用語言也有些許差異，因此甚少往來。逢年過節重要節日的慶典也是分別舉行。這樣的敵對情形到近幾年才稍微改善，逐漸有契約工到南越船民聚集的越南佛寺禮拜，彼此有了互動的機會。

就這樣，佛寺意外牽起勢不兩立的兩大群體，相同的宗教信仰成了關係的潤滑劑，柏林的靈鷲寺前幾年爲了吸引更多契約工來參拜，甚至新建一座仿造北越著名佛寺的建築。許多因本書受訪的船民直言，雖然私底下互不來往，但佛寺裡相見，仍可僅討論佛教、不談政治。

至於未經歷過戰事的第二代，對南越、北越的分界並不如第一代涇渭分明，只是可能因爲父母緣故，過去從未接觸過另一群體。反倒透過佛寺這個管道，認識來自不同省分的人，對越南的認識更深，從中產生自己的價值觀。也因此，如今青年協會的成員，多半不分出身、不因父母是船民或契約工而劃清界線，而因同爲越裔後代滋長深刻的友誼。

陳艷（右）、陳世偉（左）。

例如靈鷲寺佛教青年協會幹部陳世偉（The Vy Tran[xxii]），便是在協會裡認識交往逾十年的女友陳艷（Diem Tran），兩人背景相似，爸爸是船民，媽媽是契約工。陳世偉十四歲那年，跟著朋友來到靈鷲寺，當時他的越南話說得仍不甚流利，回越南探親總無法和爺爺奶奶閒話家常。來到佛寺後，長期接觸佛法，成爲虔誠的佛教徒，結交一群背景相似的越南移民第二代好友。如今，他說得一口流利的越南話。

在他引薦之下，我認識許多戰後逃來德國的越南船民，他們有的跟著家人逃難；有的隻身一人上船，來德國後再將家人接來，同樣的是日子久了，異鄉成了第二故鄉，佛教是他們的心靈寄託，也是他們與家鄉的情感連結。

鄭金和：「生跟死，很近的。」

▪比東島的小難民

離開家鄉的那一天，風和日麗，海色蔚藍，大海平靜無波。十二歲的鄭金和（Trinh Kim Hōa），跟著四哥一同出海，心中並不害怕，反而因為年紀小，覺得這趟旅程像場冒險。

鄭家六個孩子，三男三女，鄭金和排行老么，父親早已過世。四哥當年剛滿十八歲，家裡的人害怕他隨時會被抓去當兵，大哥雖早一步先逃去了德國，申請家人團聚卻遲遲沒有下文，家人等得心急如焚。

「不等了！」鄭媽媽變賣了首飾，換來黃澄澄的金條，她探聽到最近有艘船即將要出航，遂談好由一向機靈的老四擔任船長助手，帶著么弟鄭金和冒險出海。

那艘逃難船十五公尺長、五點五公尺寬，船上七十二人，其中年紀最小的才出生十二天。不同於鄭金和的一派輕鬆，同船的人個個神情肅穆，在船上不發一語。

難民船在海上航行到第六天，終於遇到一艘大船，但無奈對方與他們的路線航向相

xxii 越南姓名一般是姓氏在前、名在後，但部分受訪者依照德國姓名慣例，因此姓氏放在最後面。本書尊重受訪者的意願，不更改各自提供的姓氏順序。

反，無法搭救。儘管如此，大船上的人臨去前仍給了一點汽油、食物跟水，並告訴他們：再往前就是馬來西亞了。

船繼續往前開，直到天色暗下來，難以再辨識方向，船長決定就此停留在原地。「但我們沒有發現，原來船已經進入馬來西亞的水域，隔天我們就被水警逮捕了。」鄭金和回憶。

那年是一九八二年，早些年前已有數十萬名越南船民渡海逃難，馬來西亞政府爲應付大量湧進的難民，選定登嘉樓州的比東島，向該州政府暫時借用該島收容船民。這座位於大馬東側，面積僅一平方公里的島嶼，自此猶如孤島，外人未經許可嚴禁踏足此地，島上船民更不准擅自離開，只能苦等第三國的收容。

鄭金和一行人也被送進比東島的難民營。

我在那裡待了七個月，在那裡上英文課，只是基礎英文。馬來西亞是穆斯林國家，不吃豬肉，所以我們只有雞肉、牛肉，沒有魚肉，常常吃麵，偶爾才有米飯。

食物採配給制，一星期給一次，住同一營房的，例如一房住五個人，那這些食物就只夠這五個人吃一週。食物得自己煮，那裡沒有適當的烹飪器材、也沒有廚房。我哥哥認識其他房的女生，就拿著這些食材，拜託她們替我們烹煮。

根據他的記憶，當時比東島上鮮少建築，有大片未開發的自然風景，他每天都和同齡的孩子們一起在外頭探險、探索這座島嶼，「因為我年紀小、對一切都很興奮，我是好奇心旺盛又愛冒險的孩子，那時交了很多朋友，每天都覺得很有趣。」

在島上待了七個月，兩兄弟到西德跟大哥團聚的申請進度依然無下文。四哥改變主意，如果德國去不成，那就改去美國吧。要獲得美國收容的條件，得先在菲律賓的巴拉望難民營學習五個月的英文，於是兩人收拾為數不多的行李離開比東島，來到同樣人生地不熟的巴拉望。

不過就在他們到巴拉望待到第四個月的最後一週時，終於收到西德政府通知，而且不只兩兄弟，包括他們在越南的全家人，除了已出嫁的大姊，一家子都能在西德團聚！

「因為這是我們最初的計畫，所以我們馬上就答

鄭金和。

應了，幾天後我跟哥哥就到了德國。」

西德政府初期的難民家庭團聚（Family Reunion）政策相當寬鬆，凡船民提出申請，父母與家中未成年、未婚嫁的手足皆能一起來西德。

鄭金和的兩個姊姊與媽媽數月後抵達西德。過了幾年後，儘管鄭金和的大姊也獲准前來西德團聚，但僅限獨自一人，已結婚生子的她無法拋棄年幼的孩子，只好放棄機會。

▪在西柏林上學

一九八三年七月，載著鄭家兩兄弟的飛機，在西柏林的泰戈爾機場（Flughafen Tegel）降落，全新的生活就要展開，小鄭金和心中掩不住喜悅，步出機場映入眼簾的景色，卻完全不同於原本的想像。

他以為柏林應該像美國電影裡摩天大樓林立的大城市，四處都是繁華熱鬧的景象，但眼前卻是綿延不見盡頭的空曠寂涼，零星住宅錯落其中，讓他有點失望。

因為他才十三歲，到了柏林後直接被送入專門收容越南難民孩童的兒童之家（Kinderheim），四哥則入住一般的難民營。

儘管身邊沒有家人，他很快就融入兒童之家的環境，和其他越南孩子玩在一起，非常愉快。但一個月後難題來了，西德政府安排他直接入學，從小學四年級讀起，但鄭金和從沒學過德文，「我一個德文字都不會。」

現在德國各邦爲了讓初來乍到的移難民儘早融入學習環境，在開始正式課程前，都會先被編入「歡迎課程」（Welcome Class），依照能力就讀數月、甚至一、兩年不等的德文課，才進入一般正規課程，和德國孩子一起上課。但七〇年代沒有這樣的橋接課程，學齡階段的越南難民大多直接就讀當地學校。

鄭金和雖然在越南已經上過四年級，但一開始仍是場震撼教育，「上課都聽不懂，只能坐在那裡，唯一懂的只有數學。」其他兒童之家的孩子雖也是直接入學，但他們已經來德國一段時間，德文程度比他好上一些。

後來當地教育官員發現兒童之家學習進度普遍落後，便聘請私人教師，指導孩子們做功課，唯獨鄭金和還有額外的德文課要上。

在學校裡他是班上唯一的越南裔學生，其他同學並不排外，反倒主動找他玩、和他說話，讓他有練習德文的機會。採訪的時候他想起一件往事，哈哈大笑，「當地有些孩子看我們兒童之家的不順眼，老是來鬧事。我們打架都不是單挑，而是一群人跟一群人打。他們想建立權威，我們也不認輸。」

一直到鄭金和的媽媽跟姊姊來西德後，西柏林政府花了四個月替他們在威丁區（Wedding）找到一處兩房公寓，小鄭金和才告別兒童之家，一家人終於團圓，圓了全家安心過日子的夢。

▪兩百人的家族逃難船

在漢諾威圓覺寺的盛大法會，鄭金和得知我從臺灣來，連忙介紹：「我們這裡有一個人也會說中文。」

他找到正坐在角落休息的張宗周，兩人都是佛教青年協會的幹部，後者頂著稀疏花白的頭髮，年紀明顯大上身邊的人好幾輪。

張宗周開頭便說，已經很久沒有人跟他說中文，在住家黑森邦的吉森市（Gießen）很少像他一樣的華僑。

張宗周原本住在中越的廣義省（Quảng Ngãi），在越南做的是藥材買賣生意，從香港出口藥材到越南，買越南肉桂到香港賣，同時他也懂中醫藥理，是一名執業的中醫師。像張宗周一樣，靠著做生意起家的越南華僑在南越相當普遍，更在許多產業裡經營得有聲有色，進而長年掌握南越經濟命脈，南北越統一後，他們自然引起越南共產黨的顧忌與覬覦。

一九七八年，越南政府針對境內華僑實行「公開偷渡」政策，意在驅逐華人，並承接其留下的房產、財物，不讓華人再把持經濟命脈。和一般偷渡船民搭乘的中小型木船不同，有意離開越南的華僑，由越南政府居中安排，以大型貨船一次搭載數千人大規模離境，條件是每人得繳數條金條，政府得以從中牟取暴利。

前述的「海鴻號」即為一例，越南政府收了錢後，對偷渡船睜隻眼閉隻眼，守衛國境的士兵已經打點好了，不會射擊該船，但船隻出境後，政府便不再聞問。當時也有越南人為了逃離越共，花了大筆金錢買來假證件，佯裝華僑，藉此管道公然離境。

如前所述，在一九七九年聯合國難民署召開的日內瓦會議後，越南政府不再親自組織大型貨船，但轉為「半公開」偷渡，船隻由船民自行打點，並上繳數兩黃金給政府、賄賂地方警察與邊界巡邏人員放行。

張宗周的家族龐大，自行規劃逃難不易。越南政府「半公開」放行後，他「自願」獻出名下所有土地與房產，換來下半輩子的自由。

自他祖父母、七名手足到他十二歲大的兒子，四代相攜逃難，兩百多人的大家族買了一艘船，剩下財產則全獻給越共政府，「我們出來就是空手，越南政府只要錢，只要獻給它就可以出來。」

後來越南政府更變本加厲，除了要求要獻出財產，還要加收每人十兩黃金，「有些家庭不夠錢，你有多少錢都要拿出來，不拿出來就是死刑。」

張家選在八月啟航，偷渡前一週密集觀測海象，逃難的人心裡有數，最好能在六月到九月搭上船，再晚風浪太大徒增危險。

出發前，越南政府配給他們一定數量的汽油、米，不能自行多準備。船隻航行了七天六夜到達香港時，汽油正好用罄，糧食也在到達當天統統吃光。他們暗自慶幸途中沒有遇到風浪，否則後果難以想像。

與張宗周一家一起上船的親戚，大多過去與美國有生意往來，因此不久後獲得美國政府收容，張宗周一家五口則在香港等了六個月，最後獲聯合國分發到西德。他解釋：「當時到德國是最快的，如果要到美國就要等更久，要到美國條件也很難。」最後同船僅二十二人來到西德。

▪三十三歲人生重來

張宗周離開越南時已三十三歲，西德政府先是資助他繼續鑽研中醫，以利他未來可以重操舊業。他跟著其他船民一同上了六個月的德文課，但始終捉不到要領，最後因未通過德文考試，無法取得行醫資格。「我想，中醫不行就轉西醫吧。德國政府也很大方，讓我在實驗室研究西藥製藥。」但這條路最後也行不通，西藥是科學製藥，與中醫講求自然製藥相去甚遠，加上每天壓力徒增，壓得他喘不過氣來，六個月後宣告放棄，就此放棄行醫的心願。

談到這裡，張宗周反倒笑說，並不後悔來到德國，他轉了個彎，在公營的養老院擔任護理師，仍舊是醫護領域，一路做到退休，享受比照公務員的福利，下半輩子擁有穩定的生活。

他對當初接納他們的西德政府滿懷感激，「我們到這裡之後，要什麼德國政府都給我們。」張宗周細數，政府資助培訓船民繼續原本的職業、替他們租房、付房租，住民僅需繳交水電費與暖氣費，每人每月還能領三百多塊馬克的零用金。

不僅如此，最初政府替他們一家租了七房的住處，承租十年後，原本房價要一百萬馬克，僅以半價五十萬馬克低廉賣給張家，不額外收任何利息。

來德五年後，張宗周一家都入了德國籍，他的第二、第三個孩子陸續出生，也都一路念書到大學畢業。上一代以生命換來了下一代的自由，無需再經歷父執輩的波折。

阮友祿：在德國思念家鄉

▪寮國的越南人

目前在德國的第一代越南移民，多數是船民或契約工，少數則是在一九九〇年柏林圍牆倒塌後，從波蘭、捷克斯洛伐克等東歐國家遷徙而來。阮友祿（Nguyen Huu Loc）是相當特殊的例子，他在寮國出生長大，雙親都是越南人，逃來德國度過大半輩子後，他坦承，現在只想回寮國度過餘生。

那天是圓覺寺慶典最後一日，阮友祿正坐在板凳上吃著熱騰騰的河粉，湯氣瀰漫了他的眼鏡，他從哥廷根（Göttingen）的家特地前來，正趕著吃完午餐就要去搭回家的火車。聽到我對越南船民的過往有興趣，他熱情地留下聯絡方式，力邀擇日再敘。一個月後，我獲邀到他家裡拜訪，也帶著越南口譯同行。他先帶著我們到鎮上跟太太一起經營的東南亞雜貨店參觀，店裡不只賣常見的越南食材，還有寮國人傳統煮飯的竹簍子，店中央的一串紅燈籠上寫著「生意興隆」，更增添東方氣息。

他從店裡抓了幾包越南泡麵，帶回家裡爲我們烹煮午餐。住在德國已逾四十個年頭，他仍習慣原本的吃食方式，準備了一大碗新鮮青蔬，「要吃就自己夾到碗裡，不必再煮，在我們家鄉都這樣吃。」

阮友祿的家鄉是個有點模糊的概念，他出生在寮國南端與泰國交界，一個叫做巴色（Pakse）的城市。一九五〇年代第一次印度支那戰爭達到高峰，參戰的寮國與越南協商，取消彼此人民自由移動的權利，人們無法自由出入鄰近國家，邊界貿易被迫中止。

四〇年代末期阮友祿的爸爸於越棉寮一帶經商，開著卡車長途跋涉，爲了買賣常需跨越國界。越寮邊界遭封鎖的當下，他人車卡在寮國動彈不得，只好和妻子、大兒子一起留在當地，不久後生下排行老二的阮友祿。

阮家有十個孩子，食指浩繁，爲了擁有更好的生活，一九六〇年他們全家搬到寮國首都永珍。媽媽改行做裁縫，爸爸則零星接些電工的活，最初主要到美國大兵的家工作，由於表現良好，一九六八年獲美國國際開發署（USAID）聘爲正式員工，家裡的生活才逐漸改善。這份工作阮友祿的爸爸一直做到一九七三年，美國政府不再於印度支那國家聘雇員工爲止。

■寮共逼他上路

返回越南家鄉，一直是阮爸爸的夢，但這個夢始終因亂世攪局，一再拖延。一九七二年，阮友祿的媽媽過世，爸爸不顧一切想返鄉，他先送家裡最小的三個兒子回越南、讓他們在當地就學，再慢慢變賣財產，等候時機。沒料到幾年後南越淪陷，他再度因爲政局變動，人民遭限制自由移動，被迫困在當地。

不僅如此，鄰近的柬埔寨、寮國政局更受牽連動盪，百姓叫苦連天。原本由國王西薩旺・瓦達納（Savang Vatthana）統

阮友祿當年所持的越南護照。
（Giang／翻攝）

治的寮國，在一九七五年柬埔寨金邊、南越西貢先後淪陷後，遭到國內共產黨趁機奪權，成立寮人民民主共和國（The Lao People's Democratic Republic）。

阮友祿描述，當時寮共爲重建國內秩序，推出新貨幣，政府沒收人民財產，多數全存入銀行，僅留一小部分給百姓。這點與南北越統一後的越共做法，幾乎如出一轍。

當時他想舉行婚禮，但受到寮共政府限制，禁止人民私自從銀行提出存款。「他們說這是一個新時代，不應舉辦奢華婚禮，只能兩家人簡單喝茶會面、領證。」

政府無所不在的箝制如一雙勒緊人民的手，埋下他想離開寮國的念頭。

阮友祿過去當建築工頭，做事實在，包下許多工程，有一批信任他的班底。新政府上任後，他不能再自行接委託案，只能負責政府的建案，但政府工程限制重重，不但動工前得詳細列出建材，向監工申請才能提領，完工後還需要監工的簽名，才能領到政府發放的工錢。

負責他工程的不肖監工想從中揩油收賄，遇到老實的阮友祿卻連連碰壁，監工後來便拒絕簽名，讓他兩次完工都領不到錢，拿不到薪水的工人直接上阮家搬東西抵工資。阮友祿兩度做了白工，對貪婪的監工恨得牙癢癢地，卻無計可施。

一日，監工又上門來討錢，阮友祿一股新仇舊恨湧上心頭，「我很生氣，就抄起身邊的扳手，一把砍過去」，沒砍準，砸爛了監工的摩托車，對方嚇得趕緊逃跑。阮父見狀，勸他：「那人是區長秘書，你會惹禍上身的，還是趕緊逃吧。」

就這樣，阮友祿踏上逃難的路途。

■游泳逃難到泰國

阮友祿並非家中第一個逃亡的人。他的大嫂是天主教徒，教會在戰爭快要結束前聽到風聲，大哥遂帶著妻子與教友們結群逃到海外。一九七四年，阮大哥抵達曼谷，當地有座教堂專門收容從寮國逃來的天主教徒，協助其辦理轉介手續，最後他們成功抵達法國。

當時住在巴色的人，幾乎都在想方設法逃離寮共的魔掌。從地圖上來看，巴色距離泰國僅隔著一條湄公河，河兩岸距離在最短處僅一百公尺，當地的人都明白這是逃向自由的捷徑，但水深危險，不能貿然行動。平時兩地來往都靠渡輪，聰明的人便買了渡輪票，等船開到河中央就撲通一聲跳下水，一口氣游到泰國彼岸。

渡河的方法百百種。有一家人因爲政府軍隊阻撓不許辦葬禮，往生者的棺材擱置在家中數日，他們一氣之下，將平常裝油的塑膠桶放到割破的輪胎裡，讓年幼的孩子坐在桶內，幾個人拉著桶子，就這樣游到對岸。

差點砍死監工的阮友祿害怕遭到報復，隔天下午偷偷躲進一處距離湄公河僅五百公尺的叢林裡，一直等到凌晨，確認四下無人後才走出林子。他先將簡單衣物與重要物品放入一個塑膠袋裡，再將袋子裝滿空氣、綁緊，充當游泳圈，兩手緊緊抓著袋子，朝著泰國那端死命地游，游了快一公里，終於到達彼岸。當地人一見他是寮國偷渡客，立即通報警方，送到廊開難民營（Nong Kai）。

據阮友祿說，當時寮國來的偷渡客會被送上法庭、罰鍰兩百五十銖泰幣；付不出錢的人得在牢裡蹲上一、兩週，罰做勞役，期滿再被送入難民營。

儘管如願來到泰國，阮友祿沒有因此放下心來，他很掛念家中的爸爸跟三個妹妹。由於巴色人與泰國人長期通婚，許多人在泰國都有親戚或舊識，可以雇用有船的泰人，安排夜晚偷渡時打暗號，對方看準時機再開船來接。阮友祿也如法炮製，他在營裡透過關係，雇用人蛇先將其中兩個妹妹載來泰國，一切都相當順利。

阮爸爸見這方法可行，出於一片好意，引介許多寮國人偷渡到泰國，之後卻發生一件意外，讓阮爸爸終身抱憾。

「我有一個朋友帶著老婆、五個孩子一起逃難，同樣搭上我爸引介的人蛇船，卻在最後渡河途中被軍隊發現，除了他自己來得及逃走，老婆、孩子統統遭軍隊當場擊斃。」阮友祿說。

這名如今住在柏林的朋友，一夕之間痛失所有親人，悲憤之下決定報復，當他抵達泰國後，隨即向當地政府舉發阮爸爸協助偷渡。

「我那時在廊開難民營知道我爸被舉發了，擔心會出事。營裡有人知道如何進出，那些人帶我出去、賄賂警衛，再穿過叢林、花二十泰銖搭巴士到河邊。」

阮友祿那時身無分文，他偷了停靠在岸邊的一艘船，趕緊將爸爸與家中最後一個妹妹接來泰國，孰料卻被泰國警察發現了，當場遭逮捕入獄。他笑著回憶說：「我那時已經二十歲，但我堅稱自己才十六歲，後來很幸運遇到泰皇大赦，原本一年刑期，三個月就出獄了。」

■在難民營裡踢足球

阮友祿出獄後又回到廊開難民營，這裡位於泰國東北河畔的廊開府，是泰國其中一座專門收容寮國人的難民營。他在這裡待的時間前後相加超過一年。照他所說，裡頭規定並不嚴謹，日子不算太差，難民可以踢足球，每個月能申請出營一兩次，甚至出外比賽。

「我組織了一支足球隊，擔任教練，每天訓練、跑步。有時候我們跟泰國當地人比賽，當地政府會派車來接我們。營裡也有人參加當地的拳擊賽，這些比賽對外售票，當地人跟難民都可以觀賽。想看的難民就買票、可以出營看比賽，也有些難民出營之後，把票半價轉賣給當地人，看比賽只是藉口。」

阮友祿描述，當時有兩種方法可以外出，除了出營比賽，已有歸屬收容國的難民得以外出購買需要的衣物用品，也能出外就醫。難民營的守衛會限制每日出營人數，當天發給要出營的人票劵，以掌握營裡難民的確切人數。

儘管難民偷跑出營會遭罰錢，但上有政策、下有對策。

「要出營工作的人，會賄賂交情好的守衛。輪到他們執勤，我們就可以出營，回來買點菸酒，或給點小錢當作賄賂，出營並不困難。」

此外，在廊開營甚至有佛寺可以參拜，已知收容國的難民，彼此更組成讀書會，學習未來生活要用到的新語言。難民甚至可以寄錢給家鄉的家人，「我們會告訴守衛要出去領錢，甚至找朋友一起去，在營外度過一整天，直到晚上才回營。」

一九七七年，阮友祿兩個未成年的弟弟順利逃到西德，申請他和爸爸的家庭團聚通過後，廊開營方隨卽將他倆移置到泰國呵叻府（Nakhon Ratchasima）的四球難民營（Sikhiu），該處收容越南難民以及如同阮家的寮籍越裔人。

根據統計，在一九七九年六月，廊開營與四球營收容的難民一共四萬三千四百九十五人。[43]

不同於廊開營制度較爲寬鬆，由聯合國難民署管理的四球營禁止難民隨意出營，更別提舉行足球賽。阮友祿每天在營裡學德語、英語、法語，也幫忙打掃、協助塡寫表格、處理文件、寫信。「難民署的人會給我們免費郵票，但通常寄到越南的信會被退回。」

幾個月後，阮友祿與爸爸再被移置到曼谷，等候最後前往西德的確切日期。但不巧的是，此時阮爸爸罹患瘧疾，又多等了一個多月，直到身體完全康復才啟程。同批與他們一同到西德的，還有前述舉報阮父協助偷渡的同鄉。一九七七年除夕夜，他們三人一同抵達西柏林泰戈爾機場。

阮友祿此後在德國落地生根，以下由他口述回憶：

我在柏林住了二十二年，直到一九九九年。第一個落腳處是荷亨湊勒旦街五五號（Hohenzollerndamm 55），那是紅十字會提供的難民收容中心，不只收容越南難民，也包括東歐來的難民。

當時柏林有專門收容越南難民的中心，我妹妹就住在那裡。那裡有專責的越南口譯，他們是之前南越的留學生，協助難民處理文件；但在五五號，只有不到二十名的越南難民，沒有口譯，一切得自己來，造成很多不便。我在這裡一直住到找到自己的公寓。

我們抵達德國後，第一件事就是紅十字會辦理的體檢，之後被帶去警察局註冊居留許可，有了居留許可後，政府會給予補助，買日用品跟衣服，根據就業或求學需求，分配上不同的德語課。

每天在中心餐廳吃完早餐後，搭公車到語言學校，同學們大部分都是難民，多數是東歐來的。我花了六個月學德文。

一開始，我想重回老本行，當電工，但得持有德國政府頒發的執照，很難。那時柏林很好找工作，我想趕快有工作賺錢回家。所以我去應徵文具公司，製作辦公文具，像是紙跟墨水等等。

之後我在西門子公司工作了十五年，直到一九九五年西門子將工廠搬到東德。公司當時給我們兩條路選：到布蘭登堡邦的瑙恩（Nauen）上班，或是直接領退休金。因為那時越南移民鬧出賣私菸的風波、加上對新納粹（Neo-Nazi）的疑慮，我決定選擇退休，領了十萬馬克，搬到哥廷根開一家亞洲雜貨店。

在西門子上班的期間，我參與過多次爭取工人權益的罷工，只是想保護那些權利、福利不如我們正職員工的工人，就像我過去在難民營組織體育活動、照顧大家一樣，去幫助那些人。但也許是因為這樣，我沒有被升遷過。那段日子我沒遭遇過種族歧視，和同事們也相處愉快，如今除了退休金，西門子每個月還給我六十歐，很夠用了。我也早在一九八五年成為德國公民。

我們剛來德國的時候是冬天，大雪紛飛，覺得自己不屬於這裡，加上語言很難學，不覺得自己能充分表達。我很想家、很想家人，這是對我而言，在德國生活最難的三件事。

坦白講，我想回寮國居住，開一間輔導年輕世代的教育機構，讓他們了解我在德國這麼多年來學到的事情，幫助他們對這個社會更有責任感。只可惜我的家人都在德國，那裡居住條件也不適合我的年紀，寮國政府更不會准許我成立這種組織。

對土耳其或越南移民第二代而言，德國是他們的家，但我只想回寮國。我可以接受未來在德國終老，但我還在等待，有一天不論是越南或是寮國，全國各地廣泛地實行民主，政府能輕易接受不同理念的人。我正在等待這個改變的出現，那我就可以回到寮國長久居住，過完我的一生。

阮文南：搭上警局前的難民船

住在德國北部弗蘭斯堡（Flensburg）的阮文南（Nguyen Van Nam），個子矮小，如今已一頭花白頭髮，但兩個兒子還只是中學年紀。在掛滿孩子獎狀與全家福照片的客廳裡，他娓娓道來，當年爲了躲避越共追緝，如何瞞騙對方成功抵達公海。和阮友祿想的不同，阮文南在德國打拚數十年，終於有了完整的家，這裡就是他的現在與未來。

南越易幟後隔年，阮文南剛從高中畢業。他原本想繼續升學，但越共管得嚴，凡親屬曾替南越政權工作的人都不准念大學。阮文南的大哥跟四哥都是南越軍人，無奈之下只能就讀職校，最後成爲一名初中老師。

一九八〇年，一名和阮文南熟稔的小學老師剛從越共設立的再教育營釋放出來，隨即與家人密謀逃難計畫，整個逃亡籌備過程長達超過半年，心思與細節之縝密，令人嘖嘖稱奇。

因爲阮文南家中有艘三公尺長的小船，老師力邀他同行。逃亡首要之

阮文南受訪時手繪解釋極縝密的逃難計畫，說明他們如何分成大、中、小船分頭接人，避免引人注目。

務先得建造一艘大船，但當時造船受到嚴格管控，阮文南的老師想到一個好主意：爲了掩人耳目，他們費盡心思先賄賂省裡一名大官掛名當船主，並告訴政府當局，這艘木船僅用於日常載貨，只會在河道間航行。船的事就這樣過關了。

因爲大船有官員掛名，很快就順利造好了。但這麼大一艘船要擺在哪裡才不會啟人疑竇呢？

俗話說得好：「最危險的地方就是最安全的地方。」他們故意把船隻停放在警察局門口，人來人往都看得見，反而不讓人起疑心。

他們每天拿一個小桶，裝五到十加侖的汽油，耗了整整七個月才將船艙裝滿，這樣僅足夠航行到新加坡。

船跟汽油都到位了，再來是湊齊人數。阮文南的老師一家分頭找人，按照計畫，包括阮文南在內的五艘小船，分散在不同處，每艘船接載八個人，接駁到兩艘他們雇用的中型漁船，再由這兩艘船載所有人到他們自建的大木船，一起離開越南。

逃難當天，密謀叛逃的人大多一早從西貢搭巴士來到阮文南的家鄉，前江省周城縣（Châu Thành）。他們喬裝成農夫或漁民，就像村落的人從市場回家，不僅警察不會起疑，一般船民也不會覺得奇怪。如果有必要交換訊息，只寫在紙條上偷偷交換，時間短到旁人不會察覺。

當逃難者抵達當地，接應的人會帶他們到停船處。阮文南的小船停在魚市場，船滿了就開船，如此來來回回載人，等所有人都上了大船時，夜色已深。

這趟前置作業只出現一個漏洞。原本預計只打算載四十人，但由於老師的家人分頭找乘客，希望能找到愈多人分攤船費（一人七兩黃金）愈好，最後總共有六十三人上船。

整艘船擠滿了等不及要逃跑的人，緊張的氣氛蔓延。阮文南這輩子從未在大海中航行過，心裡有些害怕，再加上老師和家人搭的小船壞了，沒能趕上這趟旅程。他慌了，心想，還是下次再逃吧。剛想起身走下船，身邊朋友趕緊拉住他：「你瘋了，都到這一步了，一起走吧，不會有事的。」

阮文南猶豫半晌，牙一咬又坐了下來。船緩緩地動了，這趟旅程再無回頭之路。

一開始船身有些進水，爲了躲開河道警察的巡邏，船隻趁退潮時航行。周城縣緊鄰湄公河支流、離出海口不遠，但河道底下岩石密布，隨時可能擱淺、撞上岩石或被漁網纏繞。幸好船上兩名船員深諳當地河道，在沒有航海圖、單憑一支望遠鏡的極簡陋裝備下，朝著新加坡的方向前進。

當時他們盤算著至少船要離開越南國界。假設航行到一半油不夠了，越南與新加坡之間有許多小島，還能停靠，但事先儲備的汽油絕對不夠支撐航行到香港或菲律賓，選擇新加坡是萬不得已的抉擇。

幸運的是，隔天凌晨他們的船就順利抵達公海，一艘在海上搜尋逃難船的法國直升機很快發現他們，透過擴音器要求他們：「不要再開了，留在原地等候。」四十五分鐘後，阿納穆爾角號趕來了，阮文南大大鬆了一口氣，全船的人都獲救了，他們成功了。

▪在星國打工

踏上阿納穆爾角號，志工們已備妥熱茶，熱騰騰的米飯、肉跟蔬菜，餵飽阮文南這艘船的人還綽綽有餘，還有乾淨的水可以洗澡。阮文南坦承，當時同船的人絕大多數想去美國，知道阿納穆爾角號是德國船，難掩失望。但船上的醫療服務卻幫了他大忙。他指著自己的眼角說，當時他臉上長了一粒暗瘡，幸賴船醫替他動了切除手術，還開了藥膏藥到病除，如今已看不出痕跡。

阿納穆爾角號這趟航程定錨在新加坡，耗時兩週來回越南，搭救包括阮文南在內的四艘難民船。船上一共有四百人，分成不同小組輪流燒飯、打掃。船隻最後返回新加坡，難民登記作業極爲繁複，大家又在船上等了一週才終於得以上岸。

那時新加坡難民管制還不甚嚴，聯合國難民署提供每人每天兩元五角新幣，作爲零用錢，難民可自由出入營區，和一般民衆一樣，可以去看電影、去Club、去餐廳吃飯；也可替當地人工作，但工錢一般比本國勞工低廉，類似黑工性質。

阮文南常和朋友一起偷溜出營，替越南家庭工作，像是粗工、木工、整理花園、打掃家裡等雜活他都欣然接受，「有什麼工作就做什麼。」不僅辛勤工作攢錢，爲了省伙食費，他每天和朋友一起煮飯，一天餐費僅花三十分錢，加上馬來西亞政府常常送免費蔬果給難民中心，又省下一筆開銷。

他笑說，當初離開家鄉身無分文，只有身上一套衣褲，但待在新加坡四十六天，「我到德國的時候，已經有錢可以買衣服、鞋子，還有錢可以寄回家。」

▪ 初到德國

一九八〇年六月，二十二歲的阮文南隻身飛到法蘭克福，天氣還有些微涼，載著船民的巴士在高速公路上疾駛著，四周景色寂曠，只有廣袤的田野與看不見盡頭的蓊鬱森林。他開始擔心，會不會被載到很偏遠的地方？過了數個小時，終於抵達杜塞道夫（Düsseldorf）一處難民營，裡頭的難民來自好幾個不同的國家，包括他在內有八名越南人。在地人知道他們來自遙遠的亞洲，對他們格外友善，「我們坐在街上，會有當地婦女拿錢給我們。到超市買東西，他們甚至還會替我們付錢。」

但這裡還不是他們落腳的終點，在杜塞道夫住了兩週後，包括他在內的四人，被送到北威邦一個叫做烏納（Unna）的小鎮，雖然當時阮文南已取得居留許可，但該鎮只有他們四名船民，還不足額開設德語課程，只能白白等上一年。

在這一年的等待裡，他結交了許多朋友，常和德國小孩一起踢足球。因爲阮文南個子不比他們高上多少，小孩們把他當作朋友，「每次看到我來都會喊：『Ching Chang Chong。』」[xxiii]

從與孩子們的相處中，阮文南學到一點基礎德語，之後參加當地一個教會組織，和教友與牧師們一同騎腳踏車、踢足球。其中一位牧師常到他家教他德文，他也親手做越南菜、春捲回報，兩人因此成了好友。

來到烏納的前六個月，阮文南每月領取三百一十馬克的難民津貼。後來拿到西德核發的難民護照後，便依據過去職業（在越南擔任初中教

xxiii 按：當時德國人對於亞洲人的歧視用語，本書許多受訪者都曾遭遇過，多數是惡意辱罵，有時是孩子間不明白含義的玩笑。

阮文南（左二）在烏納參加當地教會並與牧師（右二）結為好友。（阮文南／提供，Giang／翻攝）

師），比照西德中學老師薪資的八成，領取失業津貼，實拿每月一千六百馬克。

直到來德的第二年，隔壁城鎮也收容了一些越南難民，他才開始上正規德語課程，爲期四個月，共一千零八十個小時。結業後難民可選擇繼續升學，或接受職業培訓（Ausbildung）。他想趕快開始工作，便選了後者，職訓期間每月領兩千馬克以上的補助，三年後順利進入一家公司擔任技師。

第一級的餐廳

時光荏苒，他在當地結識同爲越南裔的妻子（現已是前妻），技師做滿五年後，由於妻子與前任丈夫生的兒子在明斯特（Münster）、萊克（Leck）陸續開了中餐廳，生意極好，便央求阮文南辭了工作，搬過去替他掌管餐館。時間久了，他也駕輕就熟，對於經營餐廳有自己一套想法。

一九九〇年初，阮文南在弗蘭斯堡自己開了一家中餐館。採訪當天，他喜孜孜地從客廳角落拉出一塊幾乎等身的大匾額，上頭大大寫著「最佳一等餐廳」。談起當初獲頒這塊匾額，他眼底、嘴角藏不住笑意，「是千禧年那年，德國政府特地頒發的。」

要拿到此等殊榮付出的時間與心力著實不簡單，阮文南一頭栽進透早出門買菜、整天都關在餐廳出菜、上菜、招呼客人的日子裡。日復一日，忙著生意，忙著賺錢，稀哩呼嚕十年就這樣過了。只是拿到匾額不久後，當初要他一起打拚餐廳生意的妻子卻突然變卦。那時越南經濟逐漸復甦，「她想搬回去看看」，於是他們關了經營十年的餐廳，拋下原本在德國建立起的一切，舉家搬回越南。

可惜阮文南大半輩子都在德國度過，早已不習慣越南社會的處事風格，他記憶裡的家鄉也不復存在。磨合了三年，他始終無法適應，和妻子常常爲此發生口角，最後決定離婚，將所有財產留給對方，孑然一身回到弗蘭斯堡。

曾是一等廚師的光環已經褪去，阮文南推翻過去的人生，重新再來。現在，他是一家日本餐廳的廚師，幾年前透過朋友介紹認識了現任妻子，接連生了兩個俊俏的兒子。談到孩子，他笑瞇了眼睛，臉上也泛出光彩，「現在不當老闆了，當餐廳廚師才有時間接送小孩上下學。」

採訪告一段落，阮文南的兒子們正好放學回家，他趕緊煮飯、燒菜，不一會兒，桌上擺滿熱騰騰菜餚。他打趣說：「每天菜色都是餐廳等級。」

我看著這位當時賭上性命逃難的年輕小夥子，如今白髮蒼蒼，已屆耳順之年，[xxiv] 早已放下心中的懼怕，而他的家鄉不再迢遠，心愛的家人在這裡，這裡就是他的家。

xxiv 本書採訪期間介於二〇一九年五月至二〇二〇年七月，書中提及受訪者的年齡皆以採訪當下計算。

1980 —— 1989

CHAPTER

02

飄洋過海的越南移工

「我們要的是勞動力，結果來的是人。」

——瑞士作家，馬克斯・弗里施（Max Frisch）

前言

……一定得以令人信服的態度即刻告訴女性外籍勞工，她們在東德短期工作期間，唯有避免懷孕，才能同時達到工作產能與標準。公司必須與醫療單位以及該國幹部，共同提供女性外籍勞工相關資訊，包括避孕與終止懷孕的要求與選項。

……她們必須知道，一般而言，一旦懷孕或生下孩子都將導致自身的合法聘雇契約失效，並將被遣返回原國。[1]

以上這段條約出自於東德時期主管勞工的最高權力機構，國家勞工與薪資秘書處（Staatssekretariat für Arbeit und Löhne），內容規範的是所有持短期契約來到東德工作的女性外籍勞工，也包含我們這一章要談的主角，越南契約工。

上一章我們著眼落腳在西德的越南難民，這一章則將目光轉向另一群同樣來自越南，幾乎與船民們在同一時間遠渡重洋來到東德，卻有著完全不同遭遇的短期移工。這一東一西，劃分的不僅是地理上的界線，更是兩大族群截然不同的命運分水嶺。

根據德國難民與移民局最新數據，截至二〇二〇年十二月三十一日，越南裔移民人數十八・三萬，是亞裔移民第二大族群，僅次於中國裔的二〇・一萬。而其中前越南契約工人數更多於前船民人數。

若要了解爲何德國這麼多越南移民？爲何柏林的亞洲菜，由爲數衆多的越南餐館獨霸一方？我們就不能不談這群持短期工作身分來德，最後成爲德國社會一部分的前契約工們。

八〇年代初期，東德與同爲共產體制「兄弟之邦」的越南，簽下一紙協議，爲塡補東德嚴重不足的勞動力，越南每年向其輸出數千至數萬名不等的勞工。德語稱之爲契約工（Vertragsarbeiter）。在一九八九年東德垮臺前，越南是境內最大宗的契約工來源國。德、越兩國在歷史演進上最大的巧合，卽是皆經歷過國土與政權分裂，最後又回歸統一。這樣的分裂也體現在七〇、八〇年代分別來到西德、東德的越南船民與契約工。這兩大族群組成如今在德國的越南社群，明明來自同一個國度，但實際上卻相斥且存在隔閡。

這些契約工與上一章探討的船民們，幾乎在同一時期，分別來到仍分裂中的東、西德。他們所受的待遇有哪些不同？這些差異又對當代德國產生哪些影響？

這一章從這些提問出發，探討在東德共產體制下的越南移工境遇，爬梳協議裡的不平等規定，揭露他們在兩個共產極權下的生活壓迫。例如，如開頭所寫，針對女性勞工制訂禁止懷孕條款。一直到一九九〇年爲止，平均每年有三百名越南契約工因懷孕被迫遣返。[2]

更重要的是，原本東德只打算向越南暫借這些勞工，並無讓其融入當地的計畫。兩國當初簽署協議時，沒預料到東德垮臺的可能性，因此當兩德統一後，越南契約工缺乏德語能力以及與當地社會連結的問題便清晰浮現。

當時許多越南契約工考量未來整體經濟發展，決定留在德國。但受限過去政策，吃足語言隔閡的苦頭，甚至在居留權規定不明的情況下辛苦度日。有些人因而鋌而走險，走上販賣私菸的歧途。九〇年代初期，德國境內種族歧視暴力事件頻傳，越南移民更成爲攻擊目標，生活飽受威脅。

如今這些越南契約工仍多居住在過去東德宿舍群附近，尤其柏林東南方利希滕伯格（Lichtenberg）與馬燦區（Marzahn），自成一個越南聚落。與已相當融入德國社會的前越南船民們，形成兩個完全不同的社群。

他們當初怎麼度過那段東德日子？和現在的德國社會，又發展出什麼關係？

不公平的起點

被送往東德的契約工

自一九六〇年代起，東德境內大批年輕人逃到西德，爲了塡補勞力短缺，東德政府陸續與同爲共產國家的友好盟國，簽署協議，引進短期契約工。

一九八〇年代，包括波蘭、匈牙利、阿爾及利亞、古巴等國相繼終止上述協議，不再輸入勞工到東德。東德因此自一九七九年與一九八〇年，分別自莫三比克與越南引進契約工。儘管往後數年又陸續從安哥拉、蒙古、中國與北韓輸入勞工，但歷來東德從國外招募的契約工中，就屬越南人數最多。

一九八九年，東德約有九萬四千名契約工，其中近六萬人來自越南，其次是波蘭人，約三萬八千人。[3]

越南政府會向東德輸出大量勞工，主因是急著賺取外匯，減輕國債負擔。越戰結束後隔年，越南政府在南方實行共產化，將原先的資本主義經濟轉爲共產經濟。政府領導層雖掌控經濟大權，卻也因此付出經濟大幅緊縮的代價，國內數個省分爆發饑荒，百萬人民苦不堪言，年均國民所得連一百美元都不到。

這樣民不聊生的日子持續了十年，直到一九八六年，越南共產黨推動一系列「革新開放」行動，以供需爲基礎運作的市場導向經濟，才逐漸脫離世界最貧窮的國家之一。[4]

在前述背景下，將年輕勞工送來東德，無疑是快速解套方法之一。除了減輕國債，更能減少國內大量失業人口。

對於越南人民而言，到東德工作被視爲一種榮耀，不但能改善家中經濟，還能在德國學習先進技術、接受職業訓練，更是逃離越南政治、經濟、社會危機的合法途徑。

但並非人人都能來東德當契約工，除了年齡限制介於十八歲至三十五歲，越南政府以此作爲補償手段，凡父親或丈夫在戰爭中喪生，或執行警務、公務期間殉職，其子女、妻子則符合擔任契約工資格。但爲了確保工人約滿如期返回越南，全家只能有一人擔任契約工。合約一般爲期五年，若表現優良可以再續約，但並無長期居留權。

此外，由於東德工廠急需技術勞工，越南人民若在學校、工廠表現優良，也可能獲得推薦；除了上述合法途徑，有人爲了能出國賺錢，甚至賄賂官員，千方百計取得來東德的資格。

▪沒有生活，只有工作

東德與越南於一九八〇年四月十一日簽署契約工協議，該年首批勞工共約一千五百人來東德，往後數年，來德人數水漲船高，高峰期是一九八八年，來了三萬零五百六十七人。[5]

但細看這份協議內容，卻有不少不合理或未實際執行的規定，深刻影響契約工在東德的處境，尤其兩德統一後留下的契約工最受衝擊。

其中最爲人詬病的是，不論越南政府或東德政府，都未替這群契約工制定任何社會融合的措施。換句話說，雙方都希望這些工人只是單純來工作，並不期望他們能藉此融入東德社會，與東德人民有任何互動。

協議中明令越南契約工受制於東德政府與越南大使館的嚴格規範。工人們每天徒步或搭專屬接駁車輛到工廠，下班直接回宿舍，全天候受到團體領導、口譯以及越南共產黨組織（例如，貿易協會、青年組織）的監控。若契約期間出現不良行爲，團體領導與口譯有權力執行「政治與教育手段」，例如將他們遣送回國。[6]

在如此嚴密的監控下，契約工們被隔絕於德國同事與所處的社會，不得與東德人民接觸，每天的日子除了公司就是宿舍。

這樣「自成一國」的情形，加上語言隔閡，讓東德的越南契約工與西德收容的越南船民，走上完全不同的兩條路。

■流水線上的墮胎女工

不僅生活處處受限，契約工在東德期間結婚、生子更是犯了大忌，按照雙邊協議，女契約工一旦懷孕得立卽通報上級，再來只有兩條路可以選，若不接受墮胎，便只能踏上被遣返的回鄉之路。

儘管知道規定，但當時來東德的移工缺乏正確的避孕知識。目前住在柏林的蔻拉特（Mai-Phuong Kollath）還記得，她來到東德第二天就和其他女契約工被帶到一家婦科診所檢查身體，每個人領到一盒避孕藥丸，但「大家都不知道那是什麼，就把它給扔了。」[7]

在避孕知識不普及的情況下，許多越南女工不慎懷孕，爲了能繼續留在東德，只能透過管道偷偷墮胎，在短時間內回到工作崗位，避免事情曝光。

韓雀。

曾擔任東柏林一處越南契約工舍監的韓雀（Tamara Hentschel），就曾幫助過懷孕女工。她指證，當初在東柏林一處叫做考斯多夫（Kaulsdorf）的小鎮，有一家診所願意幫忙非法懷孕的女契約工，那些女工「一個接一個像工廠流水線般墮胎，她們彼此交換保險卡，好可以一年墮胎兩次、三次，甚至四次。有人因爲頻繁墮胎，再也無法自然受孕。」不願墮胎也不願被遣返的女契約工，則想方設法躲避追查。韓雀認識其中一人，甚至躲在衣櫥裡長達數月，一直到孩子出世，整件事才曝光。

蔻拉特當初也成功隱瞞懷孕一事，而且不只如此，孩子還是她與德國同事愛的結晶。這等情事看在雙方政府眼裡，簡直罪加一等。

是什麼緣故讓她不得不走上險途？一九八一年，還不滿十八歲的蔻拉特，離開家鄉河內，來到北德麥克倫堡－佛波門邦（Mecklenburg-Vorpommern，簡稱麥佛邦），一個叫做羅斯托克（Rostock）的城市。帶著對遙遠異鄉的憧憬，行李箱裡放著家人的照片和一本日記本，「我那時候深信，東德就是天堂，那裡的人都很快樂。」

但她的幻想很快就破滅了，她被帶到羅斯托克港口，一座負責碼頭工人伙食的大型廚房。蔻拉特的合約上載明了「Herdhilfe」，也就是廚房伙工，與先前想像差遠了。知道工作內容的當下，她拿頭猛撞桌子，淚流不止。但不管多傷心也於事無補，因爲契約工沒有選擇工作的機會。

當年契約工待遇並不高，蔻拉特每個月只領三百四十東德馬克（Ostmark），在宿舍裡與其他五名越南女工同住一戶。工廠契約工們每兩年可以寄一個大型木箱回越南，她存了好久的錢，買了家庭式編織機、腳踏車跟白糖、洗衣皂等日用品，一同海運回家鄉。

努力工作了五年，合約期滿後，蔻拉特的表現獲得肯定，工廠與她續約兩年。一九八六年她與一位德國同事陷入情網，兩人想像一般人一樣結婚生子，長相廝守，但事情當然沒有那麼簡單。

「爲了辦理結婚，越南大使館要求我提供父母的同意書，但我爸媽反對這樁婚事，他們要我回越南、嫁給越南人。」

爲了改變爸媽的心意，她想出了一個辦法，就是懷孕，而她也眞的懷上了孩子。

爲了不讓旁人看出破綻，蔻拉特每天穿著寬鬆的衣服，小心翼翼守護著肚裡的胎兒，照常輪四班制的班，有時得連續照顧廚房鍋爐長達十二小時，但她從不喊苦，日子一天一天挨下去。

一直到孕期七個月，已經無法墮胎時，蔻拉特才公開坦承懷孕。「當時黨委書記勃然大怒，威脅要把我放在下一班遣返班機上。」但他沒有得逞，蔻拉特平安誕下一名女嬰後，在家鄉的父母終於同意婚事，隔年，她如願與德國夫婿成婚，取得合法長期居留權。[8]

嚴禁女契約工懷孕的規定，直到柏林圍牆倒塌的前幾個月，隨著東德情勢改變才漸漸鬆動。當時西柏林的物品開始在東柏林流通，懷孕的越南女工也愈來愈多，不過她們不被准許待在原本的宿舍，而是被安排住在一處特定收容所，她們生下的這批嬰兒，成爲東德時期最早出生的越南契約工後代。

韓雀回憶，當時大概有一年左右都沒有相關法律規範這群母子的權益，這些契約工母親無法像其他東德媽媽一樣請領兒童零用金（Kindergeld），孩子滿六個月後，也無法比照東德小孩上幼兒園。

兩德統一後，越南契約工再無必要避諱懷孕，也因此在一九九一年出現一波越南移民嬰兒潮。

■勞力抵國債

不僅人身自由與懷孕生子受到規範，這群來到東德的越南契約工，抱著美好憧憬來到異鄉工作，上工後才發現和想像的不一樣。

根據雙邊協議第九條，契約工上工前僅會接受一個月至三個月的職前訓練，讓他們「擁有德語與未來工作的基本技能，並告知健康與職業安全規範、防火的細節，以及工作與休閒時間需注意的基本事項。」[1]更令人驚訝的是，當初東德政府並未針對特定族群招募契約工，他們擁有的職業技能與學科背景大相逕庭，包括醫生、工程師、教師、經濟學家等知識分子或高技術人才，但他們大多在東德僅能從事低技術性的粗重工作，因此倍感挫折。

根據統計，一九八九年，約六萬名越南契約工受雇於東德六百五十家國營企業，多數從事流動率特別高，且東德勞工不願意做的工作，例如三班制或體力活。高達四分之三的越南契約工從事輪班制工作。[9]儘管普遍認爲工作內容不符預期，但契約工並無更換工廠或職務的自由。他們不如獲得西德收容的越南難民，能依據過去的專長獲得長期職業培訓、繼續深造或謀職。

此外，儘管東德與越南政府的協議中明定，這些越南契約工與東德勞工享有同等薪資權利，實際上他們卻以無經驗技術的勞工（unskilled workers）身分受雇，前六個月僅能領學徒等級的薪水。

目前住在下薩克森邦的旅行社老闆杜芳（Phuong Do）卽爲一例，當初由於父親在戰爭中喪生，她符合來東德擔任契約工的資格。一九八七年，杜芳才剛念完高中，十九歲卽隻身來到東德的羅斯托克，只上了兩個月德文課，便被分配到當地一家製衣工廠，工作並不複雜，只負責縫製口袋。

「工資是依據我能做出的衣服件數，做愈多、賺愈多。」爲了攢足夠的錢寄回家鄉，越南契約工相當拚命。據她描述，「其他德國同事只在規定的時間工作，但越南工人連休息時間也上工，想把握機會賺更多的錢。」

但他們賺的錢卻並非全數進到他們口袋，爲了塡補越南政府外匯缺口，越南契約工淨收入的百分之十二由雇主扣除，這一大筆錢直接匯給政府。這樣不平等的待遇，工人們事先完全不知情，即使後來得知，也只能委屈往肚裡吞。

相較西德接收的越南船民，一取得難民資格，即能獲得政府每月給予的零用金與失業給付等福利；在東德的越南契約工則得犧牲個體自由，以勞力換取一部分得上繳國庫的工資。這也凸顯出民主與共產政體之間的極大差異，前者著重不同難民的差異，給予人道救援，後者則僅將契約工視爲勞動力的群體。

難民與契約工，不僅是身分上的差別，也淸楚體現了民主國家與共產國家，人民對自身命運，有多大程度能掌握在自己手中。

i 東德與越南政府於一九八〇年四月十一日簽署的契約工協議，第九條。
https://bruderland.de/background/im-gegenseitigen-interesse/

在東德生存

▪ 黑市牛仔褲

與受西德政府幫助最後掌握個人命運的越南船民不同，沒有選擇餘地的東德契約工，只能靠自己的力量累積金錢與籌碼。爲了把握機會賺更多的錢，除了每月工資，許多越南契約工將腦筋動到黑市上頭，尤其是私自車縫的牛仔褲。靠著在工廠學到的縫紉技術，再變化不同布料花樣，有別於市面僅有的素色牛仔褲，加上價格低廉，越南移民縫製的牛仔褲在當時大受歡迎。

據目前「柏林暨布蘭登堡越南協會」（Die Vereinigung der Vietnamesen in Berlin & Brandenburg e. V.）負責教育專案、也是前契約工的陶光榮（Đào Quang Vinh）說，當時他們將牛仔褲寄賣在東柏林二手店家，一件僅五十馬克，約市價一半，人們趨之若鶩。

陶光榮在一九八七年抵達東德，正好是越南契約工來德國的高峰期，該年有兩萬零四百四十八名越南移工來到東德。

十八歲的陶光榮靠著父親賄賂河內的大官，以七百東德馬克的價碼，取得來東德當契約工的資格。那年七月底，他和另外六十名越南人一起降落在柏林舍內費德（Schönefeld）機場，其中半數的人被分配到「前進工廠」（VEB Fortschritt Herrenbekleidung），這是東柏林規模最大的男裝工廠，在他們抵達之前，廠裡已聘有八百名越南契約工。

來到德國前，陶光榮僅高中畢業、毫無工作經驗，與其他同樣不懂縫紉的工人，被分配到不需技術的簡單工作，像是將西裝領片擺置在固定位置；得使用到縫紉機的「進階」技術活，則交由曾在越南紡織廠上班的員工負責。

至於工資計算方法，他解釋，工廠是三班制，分成單機作業（一人負責一臺縫紉機）與團體作業，輪班結束後將寫著今日完成件數的紙條交給工頭，月底按照數量發工資，完成數量愈多賺愈多。然而工作分配並非完全公平，通常負責單機作業、任務簡單的都會分配給德國工人；團體作業則因為工作速度可能被同伴拖累，進而影響到薪資多寡，因此往往由外籍移工負責。

上工四個月，陶光榮不管再怎麼努力，每月的工資都只有兩、三百塊，遠不及他想早點賺大錢、幫忙家裡經濟的夢想。於是他萌生做副業

陶光榮。

的念頭：和其他契約工一起加入賣牛仔褲的市場。

當時同住宿舍的越南工人，合資買了縫紉機，有人負責縫製、有人負責到市場買布料。他因爲德文較流利，還會講俄文，負責接洽東柏林願意寄賣的店家，了解顧客需求，像是提供不同顏色、樣式、設計，與市面上制式牛仔褲做出區隔，因而銷路很好，很快獲得的收入就超越了工廠的薪水。

他回憶，當時工廠薪資加上賣牛仔褲分到的錢，一個月可以賺到一千出頭東德馬克。此外，當時東、西柏林貨物並不流通，他透過在西柏林的人脈，能拿到收音機、手錶、小型計算機，在東柏林的黑市販賣。

「那時什麼事都在史塔西（Stasi）[ii]監控中，有其他越南契約工也在做黑市買賣，結果因爲德文不好、被抓包，直接遣返回越南。」他說。

▪只要是好的，都寄回家

越南契約工在東德領的薪水雖是東德馬克，但東德馬克並非國際流通的自由兌換貨幣，[iii]無法直接匯回越南。當時最普遍的做法，即是在東德當地購買貨物，再海運寄回越南，讓家人自行變賣換錢。東德政府甚至明文規定，某些貨品只要在限制數量內，寄回越南不必支付關稅。其中東德產的腳踏車、摩托車最受歡迎，照相器材、相紙、肥皂、洗衣粉、香料、蠟燭等日用品也包括在內。

出乎意料的是，東德政府低估了越南契約工的購買力。由於許多商品在兩國都是稀缺物品，每到工資發放日，東德的店家門口便排起長長人龍，越南工人們巴望著自己的薪水能幫助家裡經濟，因此血拚起來毫不手軟，導致東德民生物資缺乏的問題更加嚴重。

兩國政府曾因此試圖再做協商，但最後不了了之，一名越南契約工回憶，排隊時聽到路過的德國人啐罵：「東西都被斐濟（Fidschi）[iv]給買光了。」他口中的「斐濟」就是在罵越南工人，當時帶有種族歧視的德國人常以這個詞斥罵亞洲移民。

儘管受到許多委屈，但來東德工作的確改善了許多越南人的經濟。前兩節提到的杜芳，回憶起這段日子，也多是美好回憶。

在杜芳工作的製衣工廠，約有一千多名工人，其中三百多人是越南人。第一年宿舍距離工廠很遠，她每天還得搭火車上班，由於羅斯托克緊鄰波羅的海，她笑說，「有時

ii 東德國家安全部（Ministerium für Staatssicherheit），利用龐大的情報員網絡，嚴密監控東德人民，當時也監控越南契約工的活動。

iii 自由兌換貨幣是指貨幣的持有人，能把該貨幣兌換為其他任何國家貨幣，而不受限制。

iv 字義上是位於南太平洋的斐濟共和國，在德語裡衍生為專罵亞洲人（或亞洲面孔）的髒話，特別用於罵越南人。

睡過頭了，火車就直接上了渡輪，到了丹麥。」

一直到第二年，工廠爲這些移工蓋了七層樓的專屬宿舍，距離工廠很近，徒步就能到達。杜芳和其他兩名女工住在同一戶，裡頭一大、一小兩間房，大房讓其他兩人住，她自己住在小房間。

她描述，工廠福利很好，每個月薪資一千東德馬克（一九八九年東德月薪平均是一千三百馬克[10]）。除了免費住宿，工廠包辦早、午餐，她只需負擔晚餐花費。每年工廠更提供貨櫃，一年兩次，讓越南契約工寄東西回家，杜芳也買了摩托車跟電視寄回家鄉。她笑著回憶，「當初我花的錢很少，還有錢可以旅行，生活很愜意、不需要擔心任何事，有工作、有錢，走路到工廠的路上，我們一邊聊天、一邊唱歌。」

同年來東德擔任契約工的黎方（Le Phuong），在薩克森邦格羅森海恩（Großenhain）一家鞋子工廠上班，每月領七百多馬克，他也說，「扣掉必要開銷，每個月可以存四百多馬克，很夠用。」省下來的錢他同樣買了許多禮物，像是衣服、食物、腳踏車，寄給在越南的家人。

■無法被禁止的善意

儘管在東德的契約工不被允許與當地人有過多接觸，但死板板的規定並不適用於願意打破文化隔閡、伸出援手的人，也無法完全禁止人與人之間的善意來往。

杜芳回憶，在羅斯托克的日子，當地人很歡迎越南契約工，路上陌生人看到他們會主動說：「哈囉！」「Guten Tag!（日安！）」在工廠裡也是，「很容易和德國同事成爲朋友，我們教他們越南文，還一起參加當地節慶。」

杜芳和黎方當初都不滿二十歲就來東德，特別受到工廠前輩的關照。製衣工廠的女經理常常找廠裡的越南人聊天，和杜芳特別投緣，後來甚至收養她當女兒，照顧她生活起居。之後儘管杜芳陸續搬了幾次家，甚至回越南住了幾年，兩人至今仍保持聯絡。

黎方受訪的時候則惋惜，當初東德人對他們都很友善，工廠同事裡有位大他三十多歲的大姊，兩人情同母子，「我都喊她：『媽』。」這位親切的大姊不時送他衣服、食物、教他德文，甚至親自寄禮物給黎方在家鄉的媽媽。

可惜兩德統一後，黎方跟著朋友一起逃到西德，兩人就此斷了聯繫，儘管他仍保留對方的住址，但始終音訊全無。他難掩哀傷地說，「我寄了好幾封信給她，但都沒有回音，算算她現在已經八十多歲了，可能也過世了……。」

時代巨變

柏林圍牆倒塌

一九八九年十一月九日，東德變天，橫在東西柏林近三十年的圍牆倒塌，大批東德民衆徒步跨越封鎖邊界，品嘗得來不易的自由氣息。

但不是每個住在東德的人都第一時間察覺這項巨變。陶光榮回憶，當時廠裡的越南工人們並不知道外頭的長期動盪，也不知道東德數座城市早發起數場大規模示威遊行，他們沒收看德國新聞，每天生活裡只有工作，也沒人跟這群契約工解釋外界究竟發生了什麼事。

「有天我發現廠裡有些德國同事突然就不來上班了，後來才知道他們從匈牙利或捷克斯洛伐克逃到西邊去。」他回憶。

該年十二月，東德社會統一黨與政權垮臺，直到隔年十月兩德統一，東德才正式瓦解。這一年半的期間，德國稱爲轉型期（Die Wende），擺脫東德的專權統治，朝向眞正民主化的國家邁進。

東德的瓦解也讓契約工的命運轉了大彎，因爲一旦東德不復存在，與友好盟國簽署的契約工協議則形同失效，那正在東德工作的這群人，該何去何從？

當時中國、古巴、安哥拉政府要求其國民卽刻返國，但越南與莫三比克政府則未有積極作爲。一九九〇年一月起，多數廠裡有聘用契約工的東德公司大動作迫使這些外籍工人離廠，紛紛單方面解除契約、關閉宿舍或收取房租，甚至直接將越南工人送上巴士，載到機場，搭機遣返送回原國。

根據統計，至一九九〇年三月，六成越南契約工在違反意願情況下被遣返。[11]同年，東德在總理漢斯・莫德羅（Hans Modrow）領導下，舉行史上首次也是最後一次的自由選舉，一名長期致力於移民權益的牧師，貝格（Almuth Berger），在此次選舉被任命爲外事專員，[v]並於該年六月，負責與越南政府重新談判雙邊協議內容。

新的協議規定，東德工廠可以解雇越南工人，但凡三個月內同意離開德國的契約工都能獲得三千西德馬克，作爲補償，以及一張回越南的免費機票；此外，選擇留在德國的人得享有與本地人同樣的工作聘雇與住屋權益。換言之，因爲工廠破產或倒閉而失去工作的越南契約工，可以申請失業補助，這對當時突然收入歸零的工人而言，無疑是一大幫助。

v　東德在一九九〇年三月舉行首次自由選舉後，由基民盟獲勝，四月十二日由德梅基耶（Lothar de Maizière）出任總理，並任命貝格為外事專員（Ausländerbeauftragte）。

弔詭的是，這份重簽的協議，東德政府並未直接告知越南契約工，而是讓工廠自行轉告，許多契約工完全不曉得自己能選擇留在德國，以為只能等著被遣返。[12]

當時許多東德工廠宣告倒閉，原本能免費住宿或每月僅需支付三、四十東德馬克低廉房租的越南契約工，一下子沒了住處，又不知道可以找誰幫忙，只能一大群人擠在臨時租來的小房間內，惶惶度日，最多一房竟能同住二、三十人。

陶光榮一開始幸運地躲過一劫，他所在的「前進工廠」在一九八八年初接到來自西柏林時裝品牌「Hugo Boss」的大訂單，由於要求極高、西服做工又相當繁複，許多德國工人並不願意做這份苦差事。陶光榮則因爲可以獲得額外的工資便欣然答應。在柏林圍牆倒塌後，工廠陸續大量裁員之時，他反倒與工廠重新簽了兩次合約，持續工作到一九九一年六月底，直到最後，才與廠裡最後一批越南契約工一起正式遭終止聘雇。

「我們這時候是眞的被拋棄了，沒有人保護我們這些被裁員的越南工人，不知道要去哪，也不知道我們可以申請失業補助。」回憶起當時的情況，陶光榮彷彿又回到那前途茫然的人生交叉路口。

沒有圍牆的生活

就在兩德統一數月後，韓雀與她越南裔的丈夫，眼見許多越南移工因語言不通、法律資訊不足，不知從何求助，更有當地工廠惡意欺瞞，導致契約工不明就裡搭上遣返班機，不知道自己其實有留在德國的選項。他們於是與一群朋友，共同成立一家諮詢中心，提供越南契約工法律諮詢與協助。這家中心後來取名為「米鼓協會[vi]」（Reistrommel e.V.）。

當時仍有一萬六千名越南契約工留在德國，多數人由於在德國的未來渾沌未明、幾乎不會講德語、想念家鄉，或是害怕社會上愈漸猖獗的種族歧視事件，選擇打包回越南。才二十二歲的陶光榮的想法和身邊的人不同，他認為，自己還年輕，儘管政局變了留下來會有風險，但德國是很富裕的國家，也不是社會主義國家，「為什麼不留在這裡？」

包括陶光榮在內，許多越南契約工在工廠倒閉，或契約終止後，前來韓雀的諮詢中心求助，透過口耳相傳，不只柏林、甚至有人遠從羅斯托克前來求救。

韓雀說，由於當時東德只有一個專門提供契約工的諮詢中心，不只越南契約工，甚至原本在蘇聯、波蘭、保加利亞的越南客工（guest workers）[vii]也前來求助。「當初我

vi 米鼓協會在越南契約工後來的生活逐漸上軌道後，從原先提供法律協助，轉型為契約工子女們活動聚會場所，近年更提供移難民德文課與融合課程。

vii 一九八〇年由前蘇聯主導的經濟互助委員會（Comecon），包括波蘭、捷克斯洛伐克、蘇聯等成員國，以及保加利亞，開始引進越南客工為低廉勞工。一九八九年保加利亞進行民主化變革不久後，一九九一年開始加速推動大量越南客工返回越南。

們組織只有四、五個人，從早忙到晚，全數都義務幫忙不支薪。」

前來求助的人，面臨的困境都很類似。例如，合約終止後，公司不給付最後的薪水，要如何追討這筆薪資？孩子在東德出世了，如何申請兒童零用金？遭遇失業困境、種族歧視等情況，要如何處理？

爲了應付大量的求助，韓雀想出一個辦法，她多次召開能容納兩百人的大型說明會，找律師連同出席，當場提供法律資訊，不只個別給予協助，也有團體諮商。

契約工們在會議裡獲得充足資訊，了解社會現況。韓雀指出，「人們需要取得這些資訊才能做出決定，要留下來還是選擇回家？在什麼情況下，我可以留在這裡？在什麼情況下我必須回家？」

選擇留下必然得承擔面對未知的風險，失去了原本每月供薪的工作，如何餵飽自己與家人，得各憑本事討生活，找遮風避雨的住處。

住在下薩克森邦費希塔（Vechta）小鎮的蔡（Thai），是杜芳同個社區的鄰居。他和太太仙（Tien）即是選擇留下的人。

一九八八年，兩人搭同班飛機從家鄉太平省（Thai Binh）來到東德的肯尼茨（Chemnitz），在機上兩人初識，並互有好感，恰巧被分配到同一家紡織廠，最後成爲一對戀人，並結爲連理。

柏林圍牆倒塌後，紡織廠仍正常運作，兩人原本也打算返回越南，但猶豫之間，看見先回去的人在越南發展極不順利，便決定留下來，一直在廠裡工作到一九九二年工廠倒閉。

同年他們搬到距離肯尼茨車程一小時、位於薩克森－安哈特邦（Saxony-Anhalt）的蔡茨（Zeitz）定居，開了一間亞洲雜貨店。過了不久，隨著大兒子的出世，生活重擔增加，日子也更加忙碌。

「我那時每天半夜十二點起床，開六十公里的車去批貨，採買兩噸的蔬果，早上回來開店到晚上六點，睡六個小時後，再起床上工。這樣日復一日，過了整整十七年。」蔡回憶。

不再安靜的越南移民

像「蔡」和杜芳這樣胼手胝足的契約工，或前一章離鄉來到德國打拚的船民，是德國社會對於越南移民的既定印象，安靜、勤奮、不惹事，再加上儒家思想的影響，越南移民家庭普遍重視下一代的教育，子女就讀高中比例甚至高於德國學生，因而一般咸認越南移民是德國社會的模範移民。

但這樣的「模範」印象，在九〇年代曾一度全然崩壞，這一切皆起於柏林圍牆倒塌後，引起的一連串骨牌效應。

不能見光的生意

一九八九年後，中歐、東歐國家共產政權相繼垮臺，邁向民主化的進程；同一時期，兩德從分裂走向統一；蘇聯則於一九九一年底，領導人戈巴契夫辭職後，正式解體，原本十五個加盟共和國分裂成獨立國家。這三股政治潮流交匯，意外衝擊在德越南移民的命運。

時局渾沌之際，每個人選擇存活的手段並非全然由己。當時許多原本住在保加利亞、捷克斯洛伐克等東歐國家的越南客工，趁柏林圍牆坍塌之際，非法入境柏林，從事販賣私菸的生意。

而許多留在德國的越南移民，尤其是失去住處、固定收入的越南契約工，在缺乏國家保障權利與利益考量下，選擇加入賣私菸的行列。如同當初在黑市販售牛仔褲一樣，走上非正規經濟的路。只是當時他們沒料到，一小包香菸，後來竟會成為黑幫廝殺的爭端。

當時在地鐵站出口、人行道上，常見越南人拎著一個袋子，裡頭裝著數條香菸在路邊兜售，一條菸僅賤售二十五至三十五馬克，全盛時期全柏林有多達一萬個街邊零售點。[13]

爲了在異鄉生存，陶光榮也攬起私菸買賣，被工廠裁員後，他和同伴看見廠裡的波蘭同事有通路可以取得香菸，「原本我們在工廠就跟波蘭人交情很好，所以覺得可以合作看看。」他和同胞合資從波蘭人手中購入大量香菸，再花了八百馬克買了一輛二手車，用來載送私菸。「一條菸有十包，一次可以運送三、四百條。」

這條「跨國合作」的私菸販賣之路，有層層關卡。在波蘭與德國邊界負責渡河運送私菸的波蘭人，先將香菸運到柏林近郊交貨，再由接應的越南人到相約地點取貨。陶光榮笑道，「有時候香菸運到時還是溼的。」

由於販賣私菸利潤高，加上最初德國法律並未明確規範這種不透過店鋪販售香菸的方式是否違法，投入私菸買賣的不只越南與波蘭人，還有匈牙利人、俄國人、甚至土耳其人。但實際街邊兜售的香菸小販絕大多數都是越南人。

陶光榮描述，那時市面上的私菸有三大來源：第一，直接從東歐國家購入，但缺點是風險極高，有時得賄賂官員放行；第二，在匈牙利的假人頭公司與接應的德國公司合作，後者將大量香菸裝入貨櫃、運到德匈邊界，海關在貨櫃上蓋了出口專用章後，再將香菸取出，最後只有空貨櫃到達匈牙利。如此大費周章安排，這些香菸卽省去香菸稅等費用，比德國市價便宜許多。

他解釋，第二個來源複雜，背後有龐大的跨國網絡合作，有心人士趁東歐政局混亂，兩國相關法律界線模糊不清時進行，從中撈取好處。「匈牙利的假公司如果被逮到了，就謊稱已經破產、不須擔負責任。」

陶光榮分析各自利弊後，選擇的是第三個管道。當時仍駐守在德國的俄國軍人，將原本要在餐廳販賣的香菸，轉手賣給越南移民，從中收取利潤。既不必涉險跨國網絡，這些香菸同樣因不含香菸稅，低於市價賣出仍能從中獲利。

陶光榮解釋，他懂一點俄文，便透過認識的人，向駐守在柏林利希滕伯格區俄國軍事基地的軍人取得香菸，雙方混熟了，取得彼此信賴，最後他甚至直接到這些軍人家中，從他們老婆或家人手中取得香菸。但他的角色始終都是中間的交易者，並未眞的在街上兜售。

但這樁私菸生意並不長久，到一九九二年卽被迫告終，因爲俄國軍人最後撤出德國，他失去了固定購買的管道。[viii]

不僅如此，他放棄這樁買賣還有一個理由：九〇年代在德國惡名昭彰的越南香菸黑手黨（Zigarettenmafia）。

越南黑幫

一九九二年末，許多越南人得知同胞在德國賣私菸大賺一筆，也想如法炮製，前仆後繼透過購買僞造文件等非法途徑，趕來德國搶分一杯羹。但來自北越與中越的越南人卻各據山頭，相互為敵，多次產生嚴重流血衝突。特別是廣平省與河靜省兩大幫派，火藥味最濃，在多個前東德的邦[ix]頻頻爆發槍戰，尤以柏林衝突最盛，媒體甚至因此冠上「黑手黨之城」的稱號。

這些初來乍到的越南移民，與像陶光榮一樣，在德國工作數年卻失業的前契約工，彼此因搶奪地盤頻頻發生暴力械鬥。在柏林的多座公園，以及過去越南契約工宿舍所在地的利希滕伯格區、馬燦區，多次發現越南移民屍體。在一九九二年到一九九六年之間，光柏林就有三十九名越南人因此喪生。[14]

陶光榮自己曾經歷過一場終身難忘的槍戰，當時他和同鄉住在馬燦區的宿舍裡，「十二平方公尺住了二十人，這些人都是來賣私菸的。他們只在晚上回宿舍睡覺，白天在不同地方賣香菸。」

宿舍四周一應俱全，有多家雜貨店、蔬果店、越南菜餐廳，甚至應召女會來這裡做性交易。陶光榮則在其中一家小雜貨店當店員。

一日，他獨自在九樓的房間，同層樓突然發生槍戰，突如其來的槍聲嚇了他一跳。

viii 德國在一九九〇年十月統一後，美國、俄國、英國、法國占領軍陸續從德國撤軍，到一九九四年完全撤出。

ix 一九九〇年一月三日，布蘭登堡邦、麥佛邦、圖林根邦、薩克森－安哈特邦等隸屬前東德的五個地方邦加入西德。

「一群人互相射殺，其中一個人衝進我房間，他的臉頰跟腹部都中彈，子彈穿過那個人的臉，血不停地流下來。」陶光榮趕緊替那人止血、照顧他，直到警察抵達現場。

後來才知道這場衝突裡，死了五人，衝進他房間的是唯一的生還者。受訪時，他比劃著傷者臉頰上槍口大的破洞，至今仍餘悸猶存。

像這樣激烈的黑幫流血衝突層出不窮，越南移民的犯罪率節節高漲，德國媒體紛紛大篇幅報導，讓許多德國民眾看了心驚膽跳。原先越南移民在德國社會「勤奮、友善」的良好形象，徹底扭轉，反倒與黑幫分子畫上等號，德國批判性極重的新聞雜誌《明鏡週刊》甚至以「微笑的黑幫」形容走私香菸的越南移民。

由於私菸風波頻傳，部分政治人物更以越南幫派械鬥為由，大肆鼓吹要將非法留在德國的越南人驅逐出境。

不再受歡迎

捲入械鬥風波的越南人雖是少數，卻連帶影響其他踏實生活的越南移民，不僅如此，針對性的排外情形更加嚴重，德國社會與越南社群逐漸出現隔閡。

住在弗蘭斯堡的阮文南還記得，當時每天電視都會播越南黑幫械鬥的新聞，即使發生的地點遠在柏林，但他明顯察覺德國人對待他的態度改變了，「先前常和德國朋友來往，甚至一起旅行」，隨著事件愈演愈烈，當他再開口相約，對方總顯得猶豫，明顯與他保持距離。

韓雀說，當時社會上分成兩派，看見越南人困境的德國人，為了幫助他們，甚至刻意購買越南人賣的私菸，讓他們能維持溫飽；但有許多越南人因為種族歧視情勢加劇，而選擇回國，光是一九九一年就有一萬人搬回越南，直至二〇〇八年，每年至少有四千名越南人搬離德國。[15]

目前在米鼓協會負責移難民融合課程[x]的裴氏秋香（Bui Thi Thu Huong），她爸爸即是德國社會這一波仇視移民的受害者。

一九八八年秋香爸爸來到布蘭登堡邦擔任契約工，因為只來了一年就遇上柏林圍牆倒塌，他想幫家人多賺點錢，於是選擇留在德國。裴氏秋香的爸爸和韓雀的先生是表兄弟，便先在他們家借住一年，方便之後找工作。

一九九一年某日，她爸爸獨自走在馬燦區街頭，突然被一群右翼分子盯上，最後慘遭圍毆，頭部遭到重擊，送到醫院持續昏迷不醒。

x 德國二〇一五年起實施融合與文化課程（Integrationskurs und Orientierungskurs），對象是難民、歐盟外配偶等，包含六百個小時的德語課，以及六十至一百個小時不等的文化課程，以期移難民能自政治、法律、文化與歷史面向深入了解德國。

韓雀那時趕緊到醫院探望，她回憶，「那是馬燦區首次發生嚴重種族攻擊事件，她爸在醫院昏迷好幾天，我們都不知道他能不能存活下來。」

過了一週，他終於醒過來，但大腦功能受到不可逆的創傷，影響到言語功能，即使康復了，也無法再正常工作，更遑論回到越南討生活。

米鼓協會第一時間便伸出援手，申請裴氏一家來德國，先讓秋香的奶奶、媽媽、大哥過來照顧病人生活起居，兩年後，十一歲的秋香和她弟弟也跟著來德團聚。

由於秋香爸爸腦部受重創，米鼓協會替其向德國犯罪受害者組織「白環基金會（Weisser Ring）」申請補助金，每月八百八十馬克，並請領契約工的保險金；秋香的媽媽則在工廠找到工作，供養三個孩子讀書。

秋香自己也很爭氣，考上柏林工業大學經濟系，畢業後結婚生子，後來爲了能有更彈性的工時照顧孩子，和爸爸一起到米鼓協會找韓雀，安插目前已做了十年的行政工作，幫助像她一樣的移難民更融入德國社會。

她坦言，她爸爸是當初種族歧視的受害者，但如今德國同樣的種族歧視仍然存在。就在受訪前幾天，她一人帶著女兒進超市，孩子不耐等候嚎啕大哭，一名老婦人遂指著她大罵：「爲什麼她在哭？妳跟孩子有什麼毛病？滾回妳的家鄉去。」

類似的歧視事件，在她的成長過程裡並非新鮮事，但僅因外表不是德國人就遭到辱罵，讓她深感這個社會對於外來移民仍不夠包容。

外國人滾出去！——向日葵攻擊事件

就在秋香爸爸遭攻擊的隔年，德國發生一椿被視為二戰後境內最嚴重的種族主義暴力事件，就發生在蔻拉特過去曾居住的「向日葵大樓」（Sonnenblumenhaus）。自一九七七年起，這棟連棟住宅成為古巴與越南契約工的宿舍，樓高十一層，在四周皆是公寓的住宅區裡顯得鶴立雞群。該棟大樓側牆繪有三朵巨幅向日葵，因而被稱為「向日葵大樓」。

兩德統一後，其中一棟樓改作為麥佛邦唯一的難民庇護申請者中心。庇護申請者到了當地，完成登記手續後，便會被安排住在這裡，數個月後再被分配到其他住處。另外一棟則住有約一百多名前越南契約工。

一九九〇年初包括該邦在內的五個前東德地方邦加入西德，但東、西德分治三十年，要齊頭趕上西德經濟水準並非一蹴可幾。這些原屬於前東德的邦，身處「內憂外患」，失業率居高不下，前來德國尋求庇護的人卻愈來愈多，一九九二年達到高峰，庇護申請者超過四十四萬人。在媒體與保守政黨的言論煽動下，右翼激進分子將矛頭對準這些外國人，攻擊事件四起。

那年夏天天氣炎熱，接連數週難民庇護中心人滿爲患，門前擠滿前來辦理手續卻一床難求的申請者，一百多人便直接睡在大樓前，鋪著床墊、紙板，全家大小帶著家當，就著建築物的遮蔽處蝸居度日。

由於人聲嘈雜加上四周環境髒亂，引起當地居民不滿。這股針對難民的怒氣逐漸沸騰，八月二十二日晚上八點，約兩百人聚集在大樓前草坪，示威者大聲鼓譟，朝著大樓丟擲石塊，一樓窗戶玻璃全遭砸毀，暴徒們甚至往陽臺丟汽油彈，一邊大喊著：「德國屬於德國人！」「外國人滾出去！」

不久後約三十名警察趕來現場，卻反遭暴徒毆打、甚至焚燒警車，警察無力反擊，開著車窗被砸破的警車落荒而逃。

由於「向日葵大樓」就位在羅斯托克的利希滕哈根（Lichtenhagen）車站前，站在月臺上就可清楚看見向日葵牆面。這樣的「地利之便」彷彿也助長了這波暴動。

八月二十三日，從德國各地趕來更多右翼分子，圍觀民眾暴增到兩千人，當暴徒丟擲石塊或汽油彈，旁觀民眾便大聲鼓掌叫好，警察將警力部署一舉增加到八百人，仍無法控制局面。

直到第三天，難民庇護中心被撤出大樓，但越南移民仍住在裡頭，傍晚民眾再度聚集，對著越南宿舍扔擲燃燒彈，整棟宿舍頓時陷入火海，只見火勢愈演愈烈，趕來的消防隊卻因民眾圍觀阻撓無法執行任務。而羅斯托克警方當晚因數名警察受傷早已先行撤離，受困其中的百餘名越南移民只能靠自己。

千鈞一髮之際，他們爬到相連的庇護中心，一夥人突破萬難抵達屋頂，自行脫離險境。整波逃生過程都不見人影的警方，直到深夜十一點才再度現身，並趕緊架繩梯讓越南移民陸續抵達地面，乘坐兩部巴士離開現場，所幸整個過程無人傷亡。

儘管並非這幫右翼分子、新納粹的直接攻擊目標，但無辜受牽連的越南前契約工，面對三千名圍觀民眾目睹全程卻不斷鼓譟叫好，讓他們內心蒙上一層陰影，對未來可能遭受的歧視暴力更心生恐懼。「向日葵大樓」的攻擊事件連日在電視新聞播放，連帶德國各地的越南移民也人心惶惶。

德國《時代線上》（*Zeit Online*）記者武・凡妮莎（Vanessa Vu），仍記得這樁縱火案帶給家人極大陰影。她從小和爸媽住在巴伐利亞一處難民營，六歲那年搬到一般公寓。爸媽在電視上看見「向日葵大樓」遭縱火，深怕遭受牽連。「我爸在窗戶旁放了一根很粗的繩子，預防哪天發生攻擊事件，我們可以快速從窗邊逃走。」

而這樁「向日葵大樓」攻擊事件，因規模之大又是針對特定移民，即使已是三十年前的事，仍常被德國媒體重翻舊帳檢討右翼分子的仇外心理，並呼籲德國社會應記取教訓，不讓類似事件再次重演。

非法的生活、合法的生活

黑工的合法之路

一九九〇年六月，由東德政府代表貝格與越南政府重新簽署的協議載明，前越南契約工若不願自願回國，可合法在德國留至合約到期。以陶光榮爲例，他的合約自一九八七年開始，儘管他在一九九一年六月遭裁員，按照五年期合約，仍可合法居留至一九九二年。

但居留證一旦到期，要如何繼續合法待在德國，是許多前越南契約工的共同難題。德國法律規定，沒有合法居留權利，必須離境，但基於人道理由無法將其驅逐出境的人，將發給短期的「容忍居留（Duldung）」身分。[16]但持此身分隨時有可能會被驅逐出境，且無法合法工作，許多人爲了塡飽肚子因而淪爲黑工。

沒有合法居留權的陶光榮，不願返回共產黨掌權的越南，這段期間他白天在馬燦區一處市場擺攤賣衣服，像許多越南契約工一樣做點小買賣，維持溫飽。

只是每隔一段時間他就得到柏林外事局（Ausländerbehörde）門口排隊報到，更新效期僅幾個禮拜的「容忍居留」身分。他的居留許可曾一度逾期，但因故無法展延，因此在牢裡被拘留了一週，直到取得下一次短期許可。

凡妮莎的爸媽也曾是契約工，爲了養大三個孩子，兩人身兼好幾份黑工。她回憶，爸媽當時「像是餐廳、咖啡店、倉庫理貨、在麵包店做麵包、醃黃瓜工廠的包裝工作、溫室裡修剪花朵……什麼都做。」

這樣的灰色地帶終於在一九九三年出現轉圜，德國內政部於五月十四日開會決議，針對越南契約工的居留權，只要自一九九〇年六月十三日前即抵達前東德，這段期間持續居住在當地，從未間斷，並能提出在職證明、無犯罪紀錄，且未申請過任何形式的社會福利補助，符合上述條件的前越南契約工，將核發兩年效期的居留證，可延長三次，每次兩年效期。

這項史無前例的新規範，如同向這些契約工敞開了大門，當時仍留在德國的越南契約工，終於得以合法工作。由於語言隔閡，以及缺乏職訓等因素，多數的人選擇自行開店，像是餐廳、花店、蔬果雜貨店、服飾修改店等，而非像西德接收的越南難民多進入德國公司就業。

陶光榮也趁這一波改制，當上一家越南餐館的廚師，最後甚至自己開了餐館。

不只能合法工作，符合規範的前契約工也能申請家庭團聚，將留在越南的孩子接過來。更重要的是，他們像其他外國人一樣，未來在德國住滿八年後得以申請永久居留。

唯一不同的是，先前在東德工作的日子並不納入計算，只採納自一九九〇年起在德國居住的時間。

一九九五年七月，德國政府針對境內越南裔非法移民，與越南政府簽署《再入境協定》，凡不符合居留資格（沒有穩定、合法來源收入）、「容忍居留」身分已於一九九四年四月十七日過期，或有犯罪紀錄的越南移民，皆須在西元兩千年前被遣返回國，總數粗估約四萬人。

但這項協定實際執行起來其實相當困難，直到一九九五年底前，僅三千名越南人遭德國政府遣返，而非雙方約定好的一萬三千五百人。窒礙難行的原因與當時越南政府的態度息息相關。

身爲社會主義國家，越南政府百般不願意接收已身歷過實行社會主義失敗的國家——也就是東德——的國民。且據統計，越南契約工每年每人約寄送回家一千馬克，這些人一旦回國，對越南政府而言，就少了一大筆外匯金援。

前東德契約工的居留權法規，於一九九七年再次出現決定性的改變。七月四日德國《移民法》修法，目前有合法工作、且無犯罪紀錄的越南、古巴、安哥拉、莫三比克前契約工，均可申請永久居留許可。最重要的是，他們住在前東德的時間全數採計，自在前東德工作的時間算起，在德國居住超過八年的越南移民終於得以申請永居。

此外，在這項法規生效前，這群契約工遭限制僅能於當初所屬的前東德地方邦工作，例如，過去在布蘭登堡邦的工廠上班，就只能留在該邦工作。

換言之，儘管東西德早在一九九〇年統一，但地理上的分界在一九九七年前仍存在於前契約工的世界，頒布這項修法後，這些前契約工謀職終於不受地理限制，也終止了前契約工們多年來苦無長期居留權的夢魘，得以在德國安居樂業，開展新的人生。

契約工變難民，難民變公民

除了始終待在德國的前越南契約工，也有一部分的人回去越南後，因爲家鄉經濟狀況仍不佳、事業發展不順，或不適應越南做事風格，又想盡辦法回到德國，遞出難民申請。

杜芳卽是一例。一九九〇年，她與在肯尼茨當契約工的第一任丈夫相識結婚，一同回到越南。隔年丈夫變卦，決定先行返回德國。

一九九二年，二十五歲的杜芳隻身踏上偷渡之路。她先透過前往捷克參加貿易展的名義，取得商務簽證，只帶著一個裝著衣服的小包包，和其他四名越南偷渡客徒步走到德捷邊界，由一名住在捷克的越南蛇頭接應，順利穿過邊境。

談到這場旁人看來驚心動魄的偷渡之旅，她一如以往，笑意盈盈地說，「我覺得自己很幸運，別人覺得穿越邊境很危險，但我當時沒想太多，一路上沒有發生任何事，甚至在德國邊境的那名蛇頭，還直接帶我到我東德的朋友家。」

杜芳的朋友在圍牆倒塌後仍留在東德，她教杜芳如何申請難民資格，就這樣替她的人生解了套。

「我在漢諾威申請難民庇護，之後被移送到柏林，在波茲坦（Potsdam）的難民營住了三個月。之後再被調到另一個難民營，因爲那時已經懷有身孕，我住單人房，在難民營裡生下大兒子。」

杜芳的人生，彷彿是德國對越南移民勤奮印象的縮影。

「我先生那時住在費希塔，取得難民資格後，我跟著搬來這裡。先生剛好辭了工作，可以在家帶孩子。我每天早上五點起床，六點到十二點在一家洗衣店工作，中午十二點到晚上十一點在餐館工作，一直到三個月後，丈夫找到工作，我才辭掉洗衣店，在同一家餐廳工作整整十年。」

二〇〇二年，杜芳一個朋友要開旅行社，找了她來幫忙，平日她在旅行社上班，週末則繼續在餐廳工作，幾乎全年無休。直到二〇一〇年，她對旅行業已瞭若指掌，決定成立自己的旅行社，辦公室就位在費希塔市中心，是附近唯一一家由越南人開的旅行社。

旅行社不只獲得當地五百多名越南人支持，透過口耳相傳的好口碑，客戶甚至遠從慕尼黑、杜塞道夫來面交票券。杜芳一直在市中心的辦公室工作到她的小兒子出生，後來才改到家裡辦公。家中客廳一隅改造成辦公空間，印表機、傳眞機、電腦一應俱全。採訪中，我們數度因客戶打來詢問票券而暫停。她笑說，平常就是這麼忙，有很多不知道如何使用手機的老人，會大老遠跑到她家取票，或是直接以現金付款。多了和客戶見面的機會，彼此更建立起深厚情感。

在言談中，杜芳對德國抱著滿滿的感激，越南的家因爲她定期寄錢回去，經濟狀況改善許多，自己也因爲在這裡住了數十年，早已脫胎換骨。

「德國給我很多機會，當年越南還是很封閉的國家，但因爲我能來德國工作，看見不一樣的世界，打開眼界，從不同角度看事情。」

「對我來說，我覺得自己屬於這個社會，不覺得自己是外來者，在德國住了這麼多年，我反而覺得跟德國人相處容易多了，講話直接，不像越南人講話很迂迴（笑）。」

柏林也有河內

包括杜芳、陶光榮在內，當移民原先晦暗不明的法律身分，終於獲得德國政府的承認，他們才有了留下來的正當機會。從非法走向合法，從地下轉爲地上，逐漸成爲德國社會的一部分。

在東柏林一處郊區，是前越南契約工如今最大的聚集地，甚至有「小河內」的稱號。以文化上來說，彷彿是德國首都一塊屬於越南的飛地，也映照出當初未針對契約工實施融合政策的後果。

柏林越南移民聚落的大本營利希滕伯格區，有座占地廣達十六萬五千平方公尺的市場，名為「Dong Xuan Center」——同春市場，刻意與越南河內面積最大的室內批發市場（Chợ Đồng Xuân〔同春市場〕）同名。

二〇〇三年一名越南移民阮文賢（Nguyen Van Hien）收購原本一片荒地的市場現址，並成立同春市場，許多前契約工因此將原本散落柏林各地的攤位，陸續搬遷至市場內，租賃一爿店面，自此不須在街頭風吹雨淋，至今已開業近二十年。

如今的同春市場，擁有八棟長型室內市場，外觀看來就像巨型鐵皮倉庫，每棟長達兩百公尺，共超過兩百家店鋪、逾兩千名店員，包括約一千五百名越南移民，以及少數巴基斯坦人、印度人、中國人、德國人等。

市場裡多販售廉價成衣、日用品雜貨與亞洲食品，並開設數家手機店、美甲店、理髮店等；販賣區內外更有多家越南餐廳，不只亞洲人會來這裡吃，也吸引想一嚐道地越南菜的德國人，在柏林念書的越南學生也會來此兼職當服務生。

染著酒紅色頭髮的黎氏花（Le Thi Hoa），是其中一家成衣店的老闆，一九八七年她從越南來到柏林當契約工，在擁有百年歷史的「蕊瓦鐵克士洗衣工廠」（VEB REWATEX），負責清洗旅館的換洗床單等衣物。

當年她因父親在戰爭中過世，取得來德國當契約工的資格，離開家鄉時才二十歲，現在已是三個孩子的媽。

「在這裡做生意偶爾也會有瓶頸，但頭上有遮風避雨的地方，好過在街頭擺攤。」二〇〇五年黎氏花和丈夫將店面搬來現址，先前已經換了幾次營業地點，兩人也在路邊賣過成衣，辛苦自不在話下。

如今的店相當寬敞，目測至少三十坪，店內掛滿設計簡單平實的衣褲，皆遠從越南胡志明市直接船運來德國，生意好時幾週就進貨一次。

她透露，當初承租這裡的店面，還是靠著市場裡認識的前越南契約工們，大家互相幫忙湊足了錢，繳了首期租金，之後賺了錢才慢慢歸還，「我們的感情都很好，即使有些人已經離開去外頭開餐廳、花店，或到德國公司上班，需要幫忙還是一通電話就找得到人。」不只室內環境舒適，四周店鋪多是越南同鄉，彼此互相照應，同春市場有負責的管理團隊，平時水電若出現問題，也是通報一聲就會派人來修。令她感動的是，自從承租以來，店租從沒漲過，始終維持每月一千四百歐元。「如果是在外頭開店，這絕對不可能。」

在另一棟市場賣人造花的黃氏良（Hoang Thi Luom），是同春市場開業元老之一，原本她和男友在柏林其他地點擺攤賣人造花，聽說同春市場開門了，遂租下一處店面營業至今。

她的店鋪約十坪大，擺滿各種仿造地唯妙唯肖的花朵與盆栽，充滿熱帶風情，一般顧客以批發商爲主，一次購買大量花材，過去生意極好。

無奈德國二〇二〇年三月爆發新冠肺炎疫情，同春市場在該年三月二十一日暫停營業，關閉一個多月。德國政府雖補助每間店家三個月店租，協助度過災情，但買氣明顯比過去更加慘淡。

黃氏良的花店生意卽受到疫情極大打擊。她自己因爲生活圈裡有認識的人染疫，三月十七日就提早歇業。直到市場在四月中恢復營業，來的客人也不見以往熱絡，「生意掉到剩一半。」

她無奈地說，原本店面是現在的兩倍大，爲了要在疫情裡繼續生存下去，只好頂讓一半店面，店租因此只需月繳一千歐元，再加上市場負責人主動降租百分之十，勉強能繼續生存。

德國裡的越南「泡泡」

東柏林同春市場的存在，有如它的名字，複製了越南移民的源頭，第一代的越南移民在異鄉仿製了一處自己的家鄉，但眞正的文化融合，卻仍被阻隔在外。

儘管同春市場讓數以千計的越南移民找到養家餬口的工作，但工作環境封閉，不論顧客、往來店家，幾乎都是越南人，或像黎氏花一樣，貨源來自越南，少有機會與當地社會接觸，自成一處聚落，外界形容這裡如同一個「泡泡」，裡頭的移民可能整天都不需說一句德語，更難以融入德國社會。

不僅如此，近年同春市場更被揭發被越南人口販運集團作爲藏匿地點，德國多家媒體於二〇一九年紛紛報導聯邦刑事警察局（BKA）查獲多起越南籍未成年兒童或青少年，被同胞以到歐洲工作之名誘騙，最後被迫在妓院賣淫、在按摩店或美甲沙龍店非法工作等。販運路徑橫跨多國，由越南先到達俄國，再偷渡通過波蘭抵達德國，或再轉往西歐其他國家。

ＢＫＡ在同春市場發現多位未成年受害者，交由兒童福利局（Jungenamt）安置後，卻無端失蹤，不知去向。自二〇一二年至二〇一九年，已有四百七十名越南兒少失蹤，[17]據推測背後有國際兒童販運網絡主導。柏林警方因而視同春市場爲越南人口販運集團的關鍵轉運站。同春市場也因此蒙上一層不光彩的陰影。

這樣的事情也說明了同春市場在柏林的「獨特性」，裡頭龐大的組織與越南契約工鮮少與德國當局來往的低調特性，更容易遭越南人口販運集團利用。

話說回來，比較德國兩大越南移民群體，當初獲西德政府收容的越南船民，他們的德語程度普遍較好，大多任職德國公司，平均收入也較高，相較之下，越南契約工們則囿於當初雙方政府毫無融合政策，如今仍多與越南社群來往，自成一國。

如前文提到的，因著過去政治背景的不同，多數來自北越的越南契約工，與南越的船民們歧見極深，南北越的隔閡，飄洋過海到了德國，仍根深柢固。而能模糊、跨越這條界線的，也許能寄望下一代。自七〇年代末首批越南船民踏上德國國土，四十個年頭已經過去了，如今越南移民第二代、甚至第三代成爲土生土長的新一代德國人。

不同於德國社會普遍認爲越南移民安靜無聲的印象，年輕一輩，如同黎氏花的三個孩子，說得一口流利德語、上了大學，在德國公司上班，生活圈並不局限於越南社群。許多人更從小擔任爸媽的德文翻譯，成爲父母與德國社會溝通的重要橋樑。

此外，傳承儒家思想注重教育的觀念，越南移民家庭的孩子教育水準普遍偏高，這點倒是與家庭背景來自北越或南越差異不大。在生活圈裡遇見背景不同的第二代，少了父執輩的政治包袱，反倒因同在越南、德國雙重文化下成長，更容易成爲朋友，彼此跨越這條界線的可能，就此萌生。

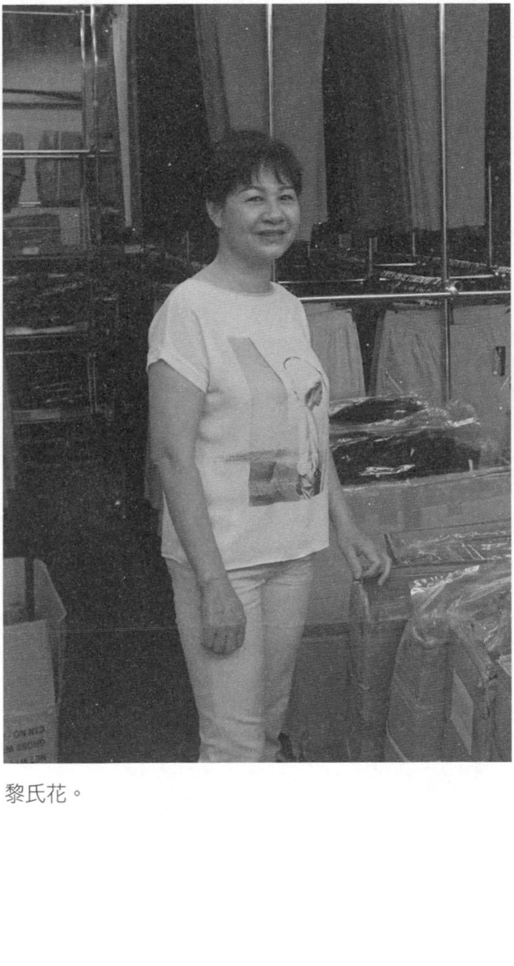

黎氏花。

第二部

前往中華民國

1975 — 1987

CHAPTER

03

坐船來臺的越南華僑

前言

前兩章的故事背景在德國，接下來的兩章，主角將聚焦在越南華僑這個特殊族群，尤其是來到臺灣的越南華僑。

誠如第一章提到，在越戰結束前後，許多越南華僑由於政治迫害、國內經濟衰敗等因素，被逼得渡海逃離越南，成爲船民。

中華民國政府同時在七〇年代到九〇年代，以拯救難僑爲名，分別派遣多艘軍艦、專機，將落難的僑胞護送來臺。

以一九七八年，最大波的越南船民逃難潮爲分界點，除了許多北越華人選擇遷至中國，大部分華僑則瞄準鄰近東南亞國家，像是馬來西亞、泰國等，逃到當地之後，申請難民庇護，等待聯合國分發至願意收容的第三國。除了透過這個途徑獲得西德在內的西方國家收容外，另一小部分船民透過海路或空路來到臺灣。

然而，不論遠赴德國，或因軍艦救援來到臺灣，相同的是，這些船民都沒有選擇落腳處的權利。而他們身爲華人的身分認同，始終深藏在心中。帶著這樣的文化認同，他們在新的國家找到自己的立足地，開枝散葉。

在臺灣的越南華僑，或許因爲僑胞的身分，往往被忽略了他們也是難民，有一段被迫逃亡的過去，曾歷經融入新社會的辛苦過程。

在第三章、第四章，我將依循這群在臺越南華僑當初不同的來臺脈絡，分別講述這群歸僑的故事。

在深究他們的境遇前，得先回溯越南華人的起源，他們在何時、又是爲了什麼因素離開中國？再進而爬梳世世代代這群華人在越南的處境，與當地社會、當朝政治勢力的關係。

越南華僑是怎麼來的？

越南是一個多民族的國家，全國有五十四個民族，其中京族占百分之八十七；而越南華人，也就是我們常說的越南華僑，是當地少數民族之一。雖一度是南越最重要的經濟勢力，但在兩越統一後，執政者刻意排華政策下，人數大幅減少，如今僅占全國人口約百分之一。

就地理位置來看，越南國土北方與中國接壤，中國南方的數個省分因地利之便，自古就有許多居民透過陸路或海路南遷，移民到越南定居。

而華人最早是什麼時候來到越南的？根據十五世紀的越南文獻，漢朝在西元前一一一年正式將住在如今河內附近、紅河三角洲的越人與非越人納入帝國版圖，自此展開長達一千年的統治，數以千計的中國移民在這段殖民時期遷入當地，中國文字與儒家思想隨之流入越南。[1]

一直到明朝、清朝，以及較爲近代的法國殖民時期，大量華人仍不斷遷入越南，華裔族群逐漸擴展生根。多數聚集於南方，特別是堤岸一帶，昔日曾爲商業重鎮，今日仍是越南最大的華人聚落。

一九三二年，西貢與堤岸合併爲「西貢堤岸聯區特別市」，後成爲越南共和國的首都。西堤聯區共十一郡，居民約兩百萬人，其中華人就占了約三分之一，[2]主要分布在西堤聯區主要的中心區第五郡，以及第六、第七、第八、第十與第十一郡。從人口占比，可以想見昔日堤岸範圍之大與華人人口之稠密。

因在堤岸的當地華人祖籍多來自廣東，又有「小廣東」之稱，當時買賣或華人彼此之間日常生活的主要用語也以廣東話爲主。在南越的華人依照祖籍，主要分成廣東、潮州、福建、客家、海南等五幫，廣東幫人數最多。各幫之間涇渭分明，各自成立醫院、學校，彼此共榮共存於越南社會，興盛時期甚至競相成立華校。

一九五四年七月《日內瓦協定》簽署後，越南以北緯十七度分界，南、北越分治，根據協定，兩地百姓在三百天限期內（一九五五年五月以前）能自由遷徙，許多北越居民因此大舉南撤，其中包含四萬五千名華人，當中許多持有中華民國護照的越南華僑，就是在此時選擇遷往臺灣。[3]

南越吳廷琰的華僑政策

在南北越分裂後，越南阮朝末任君主保大帝任命吳廷琰爲越南國總理，孰料吳廷琰卻密謀推翻保大的皇位，自行成立越南共和國，並自任總統。吳廷琰上任後，針對華人實施一系列越化政策，一九五五年先是頒布《國籍法》，隔年八月再頒布第四十八號諭令，其中明定：「凡在越南出生之子女，其父母均爲中國人者，均一律係越南籍。」這道強迫轉籍的法令，引來越南僑界巨大反彈，尤其該諭令追溯既往，在地土生華僑依法也得轉爲越籍，否則就得離開越南。又由於初期轉籍效果不彰，南越政府再祭出多項政策，包括限制華僑青年赴臺升學，「土生華僑需先入籍、再以越南留學生身分赴臺就讀。如不願入籍，則以後不得重返越南」。[4]

此外，根據第五十二號諭令，擁有越南國籍的嬰兒，出生呈報時，僅能使用越語拼寫的姓名。[5]換句話說，假設父母皆爲華人也不能爲下一代取漢名。不僅如此，吳廷琰再加碼宣布國內十一項特定行業，禁止外僑經營，包括魚肉類、雜貨、汽油等零售、柴炭、平民當鋪、一萬碼以下的絲綢棉紗、廢銅鐵、碾米、五穀、水陸運輸、經紀，[6]偏偏這些行業在南越多由華人經營，當時《美聯社》即撰文評論，一針見血地指出：「此一措施係針對遲遲不願接受越南國籍之華人而發。」7

在南越從事這些行業的華人若要保有他們的生意，唯有三種管道：直接入越南籍；娶越籍妻子，將營業執照轉為妻子名字；或與越南人合作經營，由其向當局申請營業執照，但華人最多只能占資本額的百分之四十九。

不論是上述何種手段，都對華人不甚公平，為了求生路，許多華人在無可奈何情況下只好轉越籍，或與越南女子通婚，下一代也因此成為越南籍。

這些改變對於華裔族群越化程度影響深遠，例如兵役問題。入了越籍，越籍華裔男丁同樣得為越南長年的征戰上戰場，不想無辜捲入戰役為國捐軀，只能選擇逃跑。這也是七〇、八〇年代，許多越南華人逃離越南的主因之一。

同樣切身關乎性命的是，一九七五年四月正值南越存亡之際，中華民國外交部與駐越大使館正商討是否啟動撤僑，計畫先救出在越僑領、忠貞僑胞，但囿於許多人已入了越籍、或有在越南出生的子女，越南公民仍受限於南越政府管制，無法輕易離境。因此入越籍形同上了無形的鐐銬，最後許多反共立場鮮明的僑領，當地中文媒體工作者、華校教職員，都在越南赤化後遭到迫害，這部分下一章會花更多篇幅談論當時情形。

中華民國政府派艦救僑胞

南越時期的臺越友好

讓我們再回頭談談南越時期與臺灣的交流與當時的國際外交情勢。一九五五年十月，吳廷琰建立越南共和國，中華民國隨卽承認該國，雙方建立外交關係並互換使節。由於共同擁有反共立場，彼此的關係相較中華民國與其他東南亞國家的關係，更爲親近。這點可由兩國領導高層彼此多次互訪看出，例如，一九六〇年，南越總統吳廷琰抵臺，會晤中華民國總統蔣中正；一九七一年，阮文紹當選總統，中華民國副總統嚴家淦飛往西貢參加就職典禮。

卽使數個月後，中華民國被迫退出聯合國，中華人民共和國取代其在聯合國的席次。隔年十二個邦交國與我國斷交，種種重創臺灣國際地位的打擊紛至沓來，仍未動搖臺灣與南越之間的緊密關係，兩國仍保持友好邦交。

不只是政治關係，雙方民間交流也相當頻繁。當時住在南越的越南華僑對於臺灣不僅不陌生，甚至視臺灣爲自由祖國，每年國慶、蔣公誕辰皆有大批華僑前往中華民國駐越大使館參加慶典。

兩國在教育與貿易方面也保持密切合作關係。本書許多受訪者皆提及，當時讀的華校」課本是由中華民國政府提供、正中書局出版的海外版教科書，除了科目稍有不同，例如越南多了「尺牘」一科，書本內容則與臺灣同步。每年並統一於越南華校高中舉行大學入學資格考試，華僑子弟通過考試後，便可向臺灣的大學申請入學，不少目前住在臺灣的越僑即透過此管道來臺。

民間文化交流更爲普遍，〈臺灣小調〉、〈康定情歌〉等膾炙人口的歌曲，以及瓊瑤小說、早期知名影星柯俊雄與甄珍主演的電影等，在越華社會蔚爲風潮。老家在越南頭頓的華僑鄭德志還記得，由瓊瑤同名小說改編而成的《彩雲飛》，臺灣在一九七三年中旬上映，越南上映時間晚了一些，「這部片看完沒多久（南越）就淪陷了。」

出於上述種種因素，加上華校的教育薰陶，許多越南華僑對於中華民國懷有祖國夢，南越淪陷後，在七〇至九〇年代間，透過海漂或申請搭乘專機來臺，落腳在他們心目中的祖國。

搶救！中啟艦、中邦艦

一九七四年，越戰結束前夕，少數與美軍有接觸的人已經嗅到南越政府即將垮臺的危機，越共步步南進、南越軍隊卻潰不成軍。重要都市相繼失守，居民與軍隊節節南撤。

隔年農曆年間，住在中越的人們紛紛來到海港頭頓，拜託有船的人載他們出海逃難，住在頭頓邊芾村的鄭德志目睹大批逃難民衆，知道是該走的時候了。

「那時候有消息說，越南要失守了，要撤僑了。」他回憶。

鄭德志的消息不無正確，該年三月底大批越籍華裔人潮湧至中華民國駐越大使館，館內外擠滿搶著申請華裔證明書的民衆。他們同樣是聽到要撤僑的消息，紛紛奔相走告，以爲憑著此一證明書即可登船逃難。人數甚至多到南越政府高層派人來商談，以避免影響越方士氣民心爲由，要求使館暫停受理申請。最後統計一共發出約四千三百份華裔證明書。[8]

三月二十五日，時任中華民國駐越大使許紹昌急電外交部，稱越南戰況突有變化，自廣治、順化奔至峴港的難民逾三十萬人，南越政府因而約見中華民國、美、韓、菲使節，盼友邦伸出援手，協助安置這些難民。

許紹昌建議，出於政治與人道立場，我國皆不應置之不理，建議政府應緊急派遣登陸艇或運輸船艦來越援救僑民。兩天後外交部正面回應，即刻派艦前往救援。

一九七五年三月二十八日，身負撤僑重任的「同濟演習」正式啟動，中華民國政府派出中萬艦、中邦艦從左營出發，駛往越南西貢河口的頭頓港，雖對外宣稱是協助越南

i　華校：中文學校。

撤退難民，實際是搶在南越淪陷前趕緊撤僑。四月九日兩艦順利停靠西貢的新港碼頭。

當時西貢尚未失守，眼見外國軍艦已趕來撤僑，南越政府頗有微詞。海軍軍艦與南越政府斡旋後，答應對方開出的條件，先載上大量白米，駛向越南西南部、與柬埔寨交界處的富國島。當地原本是收押北越戰俘的集中營，當時湧入從北方南逃的上萬名難民。

中萬艦、中邦艦開抵富國島後，此時第二梯次撤僑派出的中建艦、中啟艦也已到達，各艦將船上物資送進難民營後，十七日於頭頓外海待命。[9]

不料，當時許多難民搭直升機逃出越南，但中建艦與中萬艦的甲板未經過改裝，無法讓直升機升降，海軍高層因此決定先讓兩艦返航，未盡原本預設的救人任務，最終僅載離僑胞十人；四月二十八日，西貢淪陷前兩天，許多載著難民的漁船駛出西貢河口與頭頓外海，中啟艦與中邦艦趕緊放下繩網，讓難民攀爬登船。[10]

鄭德志的爸爸在頭頓是漁民，自己有艘小船，四月二十九日當天載著全家與其他人往外海開。據鄭德志回憶，船隻航行一、兩天後就遇到臺灣軍艦。當天颳風打雷又下雨，氣候極其惡劣，船上有個人是持臺灣護照的僑民，趕緊打開準備好的國旗不停揮舞，軍艦在遠處看見了，便閃著燈，讓鄭家的船停靠，全船的人順利獲救。

五月一日上午，兩艦搭救最後一艘漁船，總計共救起一千五百七十四人。船艦跟隨美軍艦隊駛向菲律賓，五日進入蘇比克灣海軍基地，非華裔的難民在此先行下艦，留在菲國，[11]尋求美國在內的西方國家收容。

鄭德志回憶，「當時他們讓我們選擇，願意回臺灣可以，不願意也可以在菲律賓下船。」他搭的那艘軍艦艦長向船上僑民喊話：「我們中國人一起回去好了。」這句話成了一注強心針，鄭家一家八口，因此決定來臺定居。

高雄九曲堂

像鄭德志一樣坐軍艦來臺的難胞，都先被安置在高雄九曲堂，暫借住海軍陸戰隊營區。根據統計，自一九七五年四月二十三日至七月三十一日，九曲堂營區共登記收容越南難民三千九百三十九人，包含同濟支艦隊載運、在五月八日抵達營區的八百二十三人。[12]

鄭德志來臺時二十一歲，他還清楚記得，九曲堂營區對於難民照顧有加，每個家庭都有負責的專屬海軍陸戰隊「阿兵哥」。這些難民們口中的「專員」，照料協助大小事，舉凡孩子生病、吃飯開桌，或是發放慰問品，例如可口奶滋餅乾、黑瓜跟魚罐頭等，他們都在旁幫忙打點。

照顧鄭家的專員是鳳山人，鄭德志直誇他：「很有心！」對方退伍後還特地到臺北探望鄭德志一家人，看他們過得好不好。

九曲堂營區伙食也很豐盛，吃飯一桌坐十個人，他舉例，早上準備饅頭、豆漿、稀飯，桌上還擺了香蕉、西瓜；晚上有豐盛的烤雞跟煎魚，「吃得白白胖胖。」現在身材魁梧的他笑道，剛來時還很瘦，被營區伙食養太好，專員到他們家，看到他忍不住驚呼：「哇，現在你胖很多。」

在營區裡，越南華僑與越南人分住不同區，後者也是暫時安置，在此等候被轉送到美國關島難民營。鄭家在九曲堂僅待一個多月，即將離營時，比照其他難民，每人獲發一千元，作爲零用金。這在當時一份雞腿飯八元的臺灣，無疑是一大筆錢。

鄭德志一家離開九曲堂後，最初分住四個不同地方，爸媽到高雄養雞、他與二弟在臺北就業輔導中心受訓、大妹在基隆路的紡織工廠上班；七歲的小妹與五歲大的小弟則被帶往新莊「芥菜種會愛心育幼院」。

當時跟著家人來臺、未滿十三歲以下的兒童，經過家長同意，即由中國大陸災胞救濟總會[ii]（下稱救總）安排，由所屬的兒童福利中心收容教養，人數總計共五百二十二人；學齡孩童同時安排至附近國小就讀。[13]

那時許多過去在越南捕魚的華僑們，包括鄭家的許多親戚，都聚集在澳底居住，重拾捕魚舊業。鄭德志因此先將爸媽接到澳底，和親戚住在一起。爸媽再擔保弟妹離開育幼院。

直到一、兩年後，鄭家在桃園龍崗里向退輔會租了房子，一家八口終於團聚，在臺灣有了第一個家。

土城慶利街

根據鄭德志的敍述，當初住過九曲堂的越南華僑們，在僑委會的安排下，有的被分到新店、臺中太平，老一輩的也有人被分到屏東養老院居住；住在澳底的越南華僑則跟僑委會多次反映，當地生活條件不佳，幾個家庭合住一棟房子只有一間廁所，極不方便，他們希望能搬到附近工廠多的地方，未來好找工作。

僑委會在選址華僑落腳地的過程中，先是選定汐止。澳底居民派了幾名代表現場勘查，覺得地點不妥；僑委會再推薦土城慶利街，雖然有點偏僻，但距離土城工業區不遠，就此拍板定案。

慶利街公寓一九七八年開始動工，彼時土城不若現在高樓林立，附近一大片都是地瓜田，零星錯落幾間矮房子，還有一塊墓地；一九八一年三棟緊鄰的樓房完工，曾住過澳底的五十戶越南華僑，共五百多人搬進慶利街的聚落。

ii　二〇〇〇年改名為中華救助總會，簡稱救總。

這裡至今沒有寫著「某某國宅」的招牌，平凡的五層樓公寓，外觀是灰撲撲的水泥牆面，隱身在土城非繁華地段的角落。原本附近開著三家越南小吃店，可能還透露出一絲絲越南味，但目前僅剩公寓旁，一家賣著越南火腿、法國麵包的早餐店，老闆的媽媽跟鄭德志的媽媽是結拜姊妹。當初一起搬來的老人家們，最愛在公寓前一處矮棚，三三兩兩聚在一起講家鄉廣東話。

如同被分發到其他城市的越南華僑，僑委會同樣提供慶利街的華僑們低廉房價優惠，但按照規定，已婚的人才有資格申請，透過抽籤決定樓層，除了一樓較貴，其他樓層坪數跟房價都相同。

鄭德志當時仍未婚，鄭家僅由爸爸申請了一戶，以四十五萬買下一層公寓。爲了籌出自備款兩萬，爸爸不僅向親戚借了黃金換成現金，再跟任職的工廠借調一萬元支票，之後連續五個月每月從薪水扣兩千還款。就這樣，一家人終於有了安身立命的地方。

採訪當天，鄭德志近九十高齡的老父正坐在矮棚下和同鄉閒聊，當年買下的公寓，如今由小弟跟父親同住；鄭德志則就近在距離公寓走路五分鐘的電梯大廈買了一層住房，和同爲越南華僑的妻子一起養大三個孩子。這彷彿成爲一種常態，許多有了自己家庭的年輕一輩，因爲原本慶利街公寓不敷使用，陸續搬進同區的大廈，擴大聚落。

我在鄭德志的邀請下，從慶利街公寓，拐個彎走進他家，聽他娓娓道來落腳土城前後的人生。

當初搭軍艦來臺的越南華僑難民，政府並無協助安排工作，但凡十八歲至四十歲，都可參加救總職業訓練所的職訓，並輔導就業。鄭德志的求職之路初期有些顛簸。他跟二弟先學了三個月車床、再三個月學鉗工銲接，並到桃園龜山的龍華工專（現改制為龍華科技大學）實習、現場操作機器，畢業後被分派至三陽公司操作沖床，[iii]但他害怕一不留神被截掉手指，沒多久就不做了；後來短暫到臺中化工廠負責製作農藥巴拉刈，但同樣擔心對健康有害，幾個月後就辭職了。

來臺兩年後，鄭德志拿到身分證，二十四歲那年到金門當兩年兵，期間慶利街的公寓已經完工。退伍後他辦了人生第一本護照，和住在大華新村同為華僑的好友一同到日本打工，一天工作十二小時，月薪合算臺幣約三萬八千多元，兩年後因遲遲無法取得合法工作身分而選擇回臺。

這一次，他選擇離家近的土城工業區，在臺硝化工擔任技術員，工作終於穩定下來。雖然是三班制、得輪夜班，工作又粗重，公司後來甚至遷廠到桃園，他得每天風雨無阻

iii 沖床：以壓力衝壓金屬，使其產生形變的機器。

從土城騎到竹圍漁港附近的工廠，有了年歲後，還得綁上護膝才能繼續幹活，但他仍甘之如飴，毫無怨言。

不僅如此，他一口流利的越南話也爲他帶來新的機遇。臺硝化工近年陸續引進印尼、泰國、越南勞工，公司看重鄭德志會說越南話，讓他帶領越南移工，成爲領班。鄭德志六十三歲那年，在董事長親自感謝下，做滿三十三年退休。如今，他的三個孩子都已大學畢業，月退俸月領兩萬九，和老婆、小女兒住在土城的家，安居自在。偶爾和同爲越南華僑的好友們敍敍舊，也到過澳洲探望移居海外的親友，但採訪時他重複強調：「還是臺灣比較好。」

當被問到覺得生活終於安定了嗎？他露出招牌燦爛笑容，帶著來臺多年仍濃厚的廣東口音，以中文夾帶著臺語說道：「夠啦！滿足了啦！我沒什麼好怨嘆了。」

海漂來臺

群元二號

繼一九七五年七月高雄九曲堂難民接待站結束階段性任務後，一九七七年起，南中國海上的逃難情勢愈漸緊張，臺灣則意外在國際社會收容越南船民的歷史裡留下一頁。

該年六月中旬兩批越南難民共六十四人，無預警先後漂流到小琉球海域。基於人道立場，救總與各單位協調後，於澎湖縣西嶼鄉竹篙灣成立「越南難民臨時接待所」，成爲首座爲了海漂來臺的越南船民而建的難民營，但隨著臺灣漁船救起的越南船民人數愈來愈多，很快就不敷使用。

中華民國政府因而成立專案小組安置這些海上漂流來的船民，並於隔年十二月委託救總成立「中國大陸災胞救濟總會中南半島難民接待中心」，借用澎湖白沙鄉講美村營區作爲收容營舍，即爲講美難民營。

根據救總統計，一共收容四十五艘難民船。値得一提的是，其中三十艘船都有懷著身孕、臨盆在卽的孕婦，最後在收容中心共產下一百零六名新生兒。有些感念臺灣救命之恩的難民，直接將他們的孩子取名爲「臺灣」，像是陳臺灣、黃氏臺灣，[14]卽使後來離臺，仍對這段經歷不會忘懷。

直到一九八八年底逃難情勢逐漸平緩，該中心在該年十一月中功成身退，結束任務，並已於二〇〇三年拆除，期間一共收容兩千零九十八名越南船民。[15]

這其中有一艘臺籍遠洋漁船「群元二號」，在一九七八年出海捕魚，卻因故遭越南政府扣留於頭頓港，十七名原住民船員與來自高雄的船長，已離家一百多天，既著急自己的命運未卜，更心繫在家鄉的老婆、孩子。

當時正值越南政府刻意開放越南華人偷渡離境，這艘來自臺灣的船正巧派上用場，也意外改變一群越南華僑的命運。

該年七月底，因主謀逃亡失敗的李啟福，與父親被關在勞改營已四個多月。他和鄭德志一樣，父子都是頭頓漁民，一年有三百三十天都在船上，原本想自行駕船逃難，卻遭越共抓包，被逮了回來。

在營裡的日子苦不堪言，兩人數次遭到越共毆打，其他同營囚犯甚至因犯錯遭罰關在鐵桶裡，刻意丟在大太陽底下狠狠曝晒。眾人苦不堪言，卻找不到機會脫逃，沒想到有一天，機會竟自己找上門來。

「那天營區首長叫我出去，（他說）今天有船，把你們父子倆都放了。」原來，越南政府與

鄭德志（左）、李啟福（右）。

「群元二號」船長談妥釋放條件，想走沒問題，但得額外載一群越南華僑離開越南。

越南政府刻意利用李啟福父子在當地的名聲，四處宣傳大半輩子以海爲家的李父將擔任這艘船的船長、李啟福做領航員，取信想搭船逃難的居民，再從中收取船費。想搭船的大人一人須付八兩黃金、小孩五兩。

那天晚上七點多，兩個人拿槍抵著李啟福，大聲喝斥：「收拾你的行李！」他便趕緊將幾件破衣服收一收，被硬押著坐上九人座巴士，心中仍狐疑著越共是否會遵守諾言放他們走。直到巴士開到頭頓海邊，車子閃了兩次燈，暗處湧出來一大群人，他才放下心中的大石，「今晚眞的可以搭船走了。」

這些人遠從西貢與其他省分來到頭頓搭船，因爲繳了錢有特權坐在船艙；頭頓當地人則最後上船，只能站在舢舨上。偷渡船停在碼頭，直到半夜才把所有四百多人接齊，當中包括李啟福一家十一口，他與許多同鄉直到天亮才知道彼此都在船上。

同在這艘船上的，還有年方十八的黃光慧，她是頭頓團結中小學（華僑學校育民中學前身）的一名老師，原本一家人在南北分治時舉家南遷，但南越易幟後又回到頭頓。

由於黃光慧的父親曾任前朝軍校教職，爲了避免家人遭受牽連，她刻意積極參加共產黨組織，博取越共信任，才十幾歲就當上共青團團書記，掌管教師會、婦女會、青年會、少年先鋒隊、兒童隊等旗下組織，身負重任。但當時家人並不明白她的苦心，以爲她被共黨洗腦了，甚至叫她「共產婆」。

黃家在越南改朝換代後，日子過得更淸苦，歷經兩次換幣後，全家僅剩一塊解放盾，一度連米都沒得吃。爲了塡飽肚子，黃光慧的爸媽搬到鄉下種田維生，她則以一個月三十六塊月薪養活三個弟妹。

一日，學校校長託人找她，忽然拋出一個問題：「如果有機會我讓妳離開越南，妳願意嗎？」黃光慧緊張地心臟猛跳，彷彿要從嘴巴跳出來了。

到底要說眞話，還是假話？

這個問題是測試她對黨的忠心，還是眞的有離開的機會？

黃光慧最後選擇小心回答。

「如果要逃，一九七五年我就逃了，現在生活更苦，哪有可能丟下弟妹？」

沒想到對方竟大方允諾，准許她全家一起逃難，還不收半毛錢。黃光慧聽了，愣了好一會才回神，趕緊託人傳話給爸媽，要他們快快拋下即將收成的大豆卽刻返回頭頓。

■整個人只剩呼吸

「群元二號」在七月三十一號那天啟航，風浪很大，船速高達六百海里，三天兩夜船就開到了新加坡，但對方拒收難民，僅補給了油水糧食；船上的人「吐到膽汁都出來，整個人只剩呼吸。」iv

當時船隻故意開得很慢，減少耗油，備好的糧食也僅僅堪用，船上每天煮一大鍋粥，一天分配兩餐，每人就吃兩、三湯匙粥水。李家最小的孩子才三歲，正是成長的年紀，卻得挨餓，李啟福當時懷孕六個月的老婆，更是吐到連一口飯都吃不下。

幸虧李啟福經歷過勞改，具備險境求生的本領。上船前他帶了一些米，蒐集船上瓶瓶罐罐，張開洗乾淨的塑膠帆布，一人拉一角接雨水，空罐頭用刀子敲幾個洞、燒塑膠袋，倒水下去，每天煮一點點米，全家人分著吃幾口，就這樣勉強度日。

船隻接著經過泰國海域，遇到一艘漁船，好心的船員給了一點吃的、砂糖跟油，提醒他們趕快走，否則恐怕遇到海盜；第七天，他們到了馬來西亞，再次被拒絕上岸，漁船只好停在附近的島嶼，海警拿著長槍故意瞄準船的四周開槍，威嚇他們不許亂來。

iv 引用自黃光慧受訪時的話。

船上的老弱婦孺，受不了這番折騰，病的病、吐的吐。

黃光慧有一天聽到船艙底下有人拿著一疊百元美金要脅利誘船長，猛喊著：「快將船開往澳洲！」但船員已經離家數月，只想趕快回家和家人團聚，兩派人馬便在船上吵了起來。最後船長拒收那疊現鈔，決定依照原定計畫駛向臺灣，後來在八月十六日終於抵達高雄，一行人整整在海上待了十六天。

根據救總記載，該船搭載了四百四十四人來臺，當中有六名孕婦，抵臺不久後順利誕下孩子，包括李啟福的大女兒李麗芬。[16]

李啟福與黃光慧搭乘的群元二號抵達高雄後，隨即駛往澎湖，船民們被安置於西嶼鄉的難民營裡。和九曲堂一樣，華僑與越南人分開居住，頭頓人則全住在同一營區。

當時收容的難民，每人每個月可領四百元零用金，小孩也有兩百元；不需工作，每天供應三餐，早餐饅頭豆漿、水煮蛋配稀飯，午餐跟晚餐都四菜一湯、飯無限量供應，和鄭德志形容的一樣，「每個人都吃得白白胖胖。」李啟福笑說。

在澎湖難民營的日子，黃光慧閒來無事常往軍中的福利社跑。遇到來買東西的越南籍難民，因爲口音重或語言不通無法跟本地阿兵哥溝通，個性直率、樂於助人的她常常自告奮勇，以流利的越南話替雙方翻譯，久而久之，這些長她幾歲的「大哥哥」都將她當妹妹疼愛。

不久後，她在澎湖望安村找到一份工作，在一家「葉大姊」開的冰果室當店員，冬天賣紅豆湯圓、夏天賣剉冰、兼賣檳榔，她笑稱自己是難民營裡第一個「檳榔西施」。

吃人肉的清風號

就在「群元二號」的船民逐漸適應了營裡的日子，不久後，又有另一艘船抵達馬公港。然而，這艘船上的人命運淒慘多舛，啟航時載有一百四十六人，最後順利存活下來的，卻僅有寥寥三十四人。

這艘船，即是當時轟動全臺的「清風號」。

一九七八年十月一日，「清風號」從西貢碼頭啟程，原本預定載五十五人，結果大幅超載，三天後，船隻不堪負荷發生故障，只能隨著海流飄蕩，無法控制方向。十月八日，船撞上南海一處珊瑚礁，就此擱淺。

擱淺時，船上糧食早已用盡，船民靠著簡陋的器具撬開附近能找到的貝類、牡蠣果腹。隨著一天一天過去，由於擱淺處位置隱密、不易被尋獲，遲遲等不到其他船隻救援，多名年幼的孩子因不耐多日食用生牡蠣腹瀉不止，身體日漸孱弱，最後成爲一具具來不及長大的屍體。

在彈盡援絕的情況下，幾名船民爲了保命，只能靠著食用人肉勉強存活，但也有人因爲過不去心裡這關，寧願選擇挨餓，最後慘遭活活餓死。

待在珊瑚礁上與惡劣情勢搏鬥長達四十二天後，十一月八日，高雄籍漁船「財富號」因被強風吹離航道，意外發現被困在珊瑚礁中的船民們，這才將倖存的六十四人救上船。但禍不單行，船隻返回高雄期間，由於糧食與醫藥不足，再加上海象不佳，又拖長了返航時間，其中船上的三十人不堪長期饑病，不幸在船上斷氣，屍體只能葬入大海。直到十二月五日，船隻抵達馬公，一行人的血淚故事才曝光。[17]

黃光慧仍清晰記得初次見到這群船民的模樣：「我第一眼看到他們的時候，很轟動，吃人肉的故事傳遍了，他們頭上的蝨子很大，跟狗壁蝨一樣大，（地上）滿滿的頭髮，整個都剃光，女生也剃光。」

面黃肌瘦、虛弱得連走路都沒氣力的「清風號」難民，一下船便被直送澎湖海軍醫院，病房裡盡是排泄物的味道，惡臭難聞。黃光慧當時正好在醫院照顧肝炎發病的弟弟，看見許多阿兵哥帶著補品進到病房探望這群船民，她便再度自告奮勇協助翻譯。甚至之後等他們稍稍恢復體力了，再載著女難民們去馬公市區買假髮，遮住稀疏的頭頂。如今想來，她仍爲這群難民的命運唏噓不已。

越棉寮歸僑

像鄭德志、李啟福一樣，搭著軍艦或船隻破浪避凶來到臺灣的越南華僑，正好遇上臺灣經濟建設的黃金期，北中南東大型交通建設紛紛動工，部分年輕力壯的歸僑遂成為臺灣經濟起飛的重要勞動力。

十大建設的幫手

李啟福跟黃光慧兩家人在難民營住了八個多月，終於等到可以來臺灣的機會，他們加上另外兩戶共三十七人，獲安置先住進臺北僑光堂（現在的臺大鹿鳴堂），三個月後拿到臺灣身分證。黃光慧的爸爸考量子女們得以就近就讀華僑中學，選擇落腳板橋；李家則先將戶口寄在土城的親戚家，一九七九年才舉家從桃園搬遷來土城。李啟福與鄭德志過去同住頭頓邊荊村，兩家近到走路只要一分鐘，兩人相繼來臺後，更加熟識，結為莫逆之交。

臺灣在七〇年代經濟逐漸起飛，政府推動興建十大建設，包括南北高速公路、北迴鐵路、鐵路電氣化等，當時國軍退除役官兵輔導委員會（簡稱退輔會）輔導退伍軍人，以及像鄭、李這樣的越棉寮歸國華僑就業，胼手胝足共同打造臺灣重大基礎建設。

來臺頭一年，李啟福在桃園一家電子工廠當技術員，月薪四千元，但光房租就要兩千元，儘管夫妻倆都在工作，仍入不敷出。後經朋友介紹，李啟福到華中橋新店溪下游開鐵殼船採砂石。這項工作對從小跟著爸爸出海捕魚的他而言並不困難，但過程相當勞累，凌晨四、五點就得出門排班。採砂石也得看天吃飯，有時下雨天沖刷大量砂石，算是好的；有時砂石量不足只能提早回港，一天平均下來賺不了幾百塊。三年後他便辭了工作，向榮工處[v]報到，加入退輔會安排的歸僑就業行列。

一九八二年，李啟福被安排到新店安坑施工所，負責開火車運出炸碎的石塊。這項工程屬於翡翠水庫興建工程一環，目的是建造一座引水隧道到秀朗橋頭。

該項工程結束後，他再被調到主壩建造現場，運送主壩體的混凝土，直到一九八六年底翡翠水庫主要工程底定，隔年六月正式竣工。

當時南迴鐵路隧道工程已開工一段時間，李啟福接到人事命令調往臺東太麻里，加入工程行列，在當地一住就是三年多。由於地處偏鄉，除了本薪兩萬餘元，還可以領偏遠津貼六千元，以當時物價來算，一家人生活綽綽有餘。

細數任職榮工處期間，李啟福還曾支援過一九八六年底中興大橋斷裂補修、木柵隧道工程等，直到九〇年代榮工處改制爲官股公營的榮民工程公司，內部推動一波優惠遣散，李啟福領到一百多萬元的遣散費，才結束這段工程生涯。二十多年後，他談起過往參與過的十大交通建設工程，仍深感與有榮焉。

大華新村

除了聚居在土城慶利街一帶的越南華僑，同時期還有一批自寮國來到臺灣的僑胞，被分配到臺北市內湖區成功路二段一一五巷內的「大華新村」。這裡同樣沒有明顯的眷村招牌，只有巷口轉角處豎立著「大華社區」的告示牌，透露出蛛絲馬跡。

大華新村是政府於一九七五年興建的國民住宅，成排的四層樓公寓，位在高速公路成功交流道旁，地處偏僻，彷彿是被遺忘的角落。

根據《臺北市大華新村國民住宅興建紀要》記載：「除依協定撥給高速公路工程局國宅三十戶，以安置原大華新村拆遷眷戶作爲抵償地價外，其餘九十戶以一般國宅出售予較低收支市民、及軍、公、教人員家庭居住。」

較鮮爲人知的是，這裡曾住有近百戶的寮僑與少數越僑。「大華新村」於一九七六年中完工後，政府以低廉房價出售給這些躲避戰亂來臺的華僑，每戶十六點四八坪，總

v 榮工處全名為「榮民工程事業管理處」，於一九五六年成立，隸屬「行政院國軍退除役官兵輔導委員會」，現為榮民工程股份有限公司。

售價介於新臺幣十三萬與十八萬元不等。

目前獨居在大華新村家中的曾先生（基於某些顧慮，他只願提供真實姓氏），受訪時已屆六十歲。[vi]他指著眼前的公寓說，多數人成家立業後都搬走了，大多移民到澳洲、法國或美國，投靠當地的親戚；或將房子出租給本地人，自己則搬到別處。

曾先生和鄭德志的背景相仿，同樣在一九七五年淪陷前搭上海軍撤僑軍艦，當時他才十來歲，跟著爺爺、奶奶、爸媽與五名手足，以及叔叔全家，一家十幾口人一同來臺。

他回憶，在逃來臺灣前，家住在堤岸最熱鬧的第五郡，原本家裡經商，不愁吃穿，但就在來臺前不久，家裡三層樓的房子與囤著的幾十包米都被政府沒收了。那時他初中還沒畢業，爸媽擔心等到淪陷後越共掌權，整個局勢會劇烈轉變，毅然決定放棄在越南的一切，逃到臺灣重新開始。

最初他們先住在板橋親戚家，等到大華新村蓋好後，他的爸爸向僑委會申請十五年貸款買了其中一戶公寓。曾先生來臺後就讀華僑中學初中部，直升高中部畢業後未再升學。他無奈地說，由於學歷不高，多年來四處打零工維生，家裡唯有他仍未婚娶，因此還住在這裡，姊姊跟妹妹都已出嫁搬到他處。

我們走訪當天，曾先生正吃完午餐，趿著拖鞋在住家附近散步。他指出，如今的「大華新村」附近有四家越南小吃店，最出名的當屬「越南粉捲」與美璟越南美食。

前者是現今高齡逾八十歲的寮僑黃玉英，率先在村裡開的首家越南小吃，傳統手法以糯米做成的粉皮，沾上魚露，是許多老饕專程前去品嘗的招牌菜。儘管年事已高，店面已傳承給下一代經營，她仍堅持每天到店裡幫忙女兒，小小的店面撐起了一家人來臺後的生計，如今仍有許多越南移民會特地上門光顧。

在臺灣的越南華僑人數已經不多，但這批寮僑相對而言，更是少數中的少數。搭著軍艦或漁船來到臺灣的這群歸僑，與所謂的船民無異。他們將性命交付給大海，最後因著命運，來到語言與文化相似的島嶼，一切仍得從頭再來。

與下一章將探討的仁德專案僑民不同，上述船民多趕在越共接手南越前，即倉皇出海，眼前是一片的未知，甚至與海漂到臺灣近海的越南難民同住澎湖難民營。但，他們也憑著最初敢與大海搏鬥的勇氣，在臺灣拚出自己的未來，不再是過去無法掌握自己命運隨波逐流的難民。

曾先生。

vi 二〇一九年十月於大華新村住宅前受訪。

1976 — 1991

CHAPTER

04

中華民國政府的仁德專案

前言

許多人也許不知道，在臺灣，有一群被外界稱爲越南華僑、實則有一段逃難過去的人。他們之所以會在臺灣落地生根，是因爲在越戰結束之後，中華民國政府安排專機，以接運難僑爲名義，將他們從共產體制的越南，接送來臺。

這樣的專機每年班次不定，審核資格曠日廢時，有人足足等了八年才等到一紙通行令。許多人一家老小飛來人生地不熟的臺灣，被安排住在臺北木柵曾有「貧民窟」之稱的安康社區。從不到十五坪的小公寓作爲起點，靠著在附近市場販賣東南亞雜貨、開越南餐館維持生計，如今散落木柵周邊地區，成爲臺灣社會的一分子。

這章將探詢這群人豐富的生命史，他們在越南華人聚落出生長大、歷經越戰與南北越統一。在越共掌權的越南，這些人並不受歡迎，在主動逃離與被動等待間，他們在生活裡掙扎，經過數年的等待，終於盼到一架將他們載往臺灣的飛機，平安降落到新的未來。

從啟航到降落

仁德專機

在越共共產極權統治下的越南華人，多數慘遭清算、迫害、沒收財產或抄家等懲罰手段，有能力的人紛紛想盡辦法出逃。

和派出軍艦撤僑的原因相同，除了人道救援理由，中華民國政府也藉此宣示自身的正統性。自一九四九年以來，共產黨掌權的中國與對岸的中華民國，各據海峽一隅，各闢戰場，爭取僑民認同。因此，爲爭取離散的華僑支持，儘管大多數越南華僑持越南國籍，中華民國政府仍視其爲海外僑民，歡迎他們「回歸祖國」。

中華民國政府爲了協助難僑能循合法途徑逃難，遂透過日內瓦國際紅十字會協助，在西貢包專機撤運難僑到泰國，政府再派專機將這些人接送來臺。

首批接運專案的難僑於一九七六年八月十三日抵臺，起初並無正式名稱，也無持續性的計畫。是由早一步來臺的越南華僑所組成的「越南歸僑協會」發起連署，政府才正式成立「仁德專案」，載運難民的專機則稱爲「仁德專機」。這項專案持續整整十六年，直至一九九一年，最後一架專機降落，才宣告結束。

前救總中南半島難民接待中心副主任黃瑾瑜，在卸任前所編撰的《救助中南半島難民》當中，詳細統計至一九九〇年四月止，這項空運專案共接運四十四梯次，人數共六千四百九十七人。[1]

仔細看上面記載的每年來臺人數與班機批次會發現，這項專案並沒有固定執行頻率，多則一年九個班次，少則一年僅一班次，接運人數最多一批兩百六十四人，最少僅二十三人。

這些數據與本書受訪者說法相符，許多人在訪談時都強調，要透過仁德專案來臺相當不容易，因爲「臺灣不會輕易接人來。」接運對象以過去在南越擔任僑領、曾在僑校任教或僑報工作的人優先，換句話說，當初政府的做法，是先撤離與臺灣關係密切的「忠貞僑胞」，並非具華僑身分者都能坐上專案專機。

此外，因爲撤僑消息並未全面開放，並非所有僑胞都知道仁德專案的存在，另一方面，在臺灣還得有親友協助申請辦理繁複手續。層層疊疊，更增加搭上專機的難度。至於機票費用的部分，從越南到泰國這段航程一律由難民自行負擔，後半段從泰國來臺的費用，若僑民經濟情況困難，可提出申請補助，由政府包辦。

安康社區

相比前一章乘坐船艦來臺的華僑，政府爲他們興建平價住宅，住戶可以較低價格自購住屋，擁有自己的家；透過仁德專機來臺的華僑則獲安置於當時甫落成的木柵安康社區。這裡如同土城慶利街、內湖大華新村的廉價國宅，坪數不大，租金極為低廉。但不同的是，這裡只租不賣。

安康社區又稱安康平宅，位於興隆路四段、木柵路二段交叉口，政府遷徙當地大片公墓後，於一九七二年興建。原本規劃只提供給低收入戶入住，最終落成一千零二十四戶，成為臺北市規模最大的平價住宅。

首批住民在一九七五年入住後，搭乘專機來臺的越南華僑才陸續遷入，單戶雖僅八坪到十四坪不等，但平宅低收入戶不需繳納房租，每月僅需繳交數百元的維護費。

政府興建此平宅的立意雖良好，希望讓社會較弱勢的群體，能有穩定居住的處所。但由於居民組成複雜，再加上惡性貧窮循環下，該社區長期有住民賭博、酗酒、毒品、精神疾病等棘手問題，「臺北市最大貧民窟」之名聲，更讓周邊居民避之唯恐不及。

緊鄰該社區的明道國小，校內學生三分之一來自其中，部分孩子會遭到家暴或被師長認定難以管教。一名老師即坦白表示，受到安康社區的名聲影響，許多家長紛紛讓自己的孩子越區就讀他校。這也看得出安康社區在臺北文山區當地的邊緣化。

從安康社區落成至今，四十個年頭過去了，這裡多了許多變化。許多原住戶在子女成家立業後，因空間不敷使用，已陸續搬出。由於建物老舊、部分公寓殘破不堪，臺北市政府近年逐步將其改建為興隆公營住宅。

目前首期兩棟建物已完成招租，十九層高的新大樓與周邊安康社區低矮建物形成強烈對比。雖當初規劃安康平宅原住戶能優先申請入住新建大樓，且社會局提供前三年租金補助，但部分低收入戶居民仍因負擔不起房租而無力或反對搬遷。這使得如今的安康社區形成新舊並陳的面貌，狹窄的巷弄與破敗殘垣的公寓仍看得出過去的痕跡，巷子的另一端則是嶄新的大樓，象徵著將近有半世紀歷史的安康國宅，不久也將翻過歷史的新頁。

木柵的越南家鄉味：蘇英葉與阿荷的雜貨店

一九七〇年代，初來乍到安康社區的越南華僑，最初為了餬口，許多人在附近擺攤做生意，成了流動攤販。後來由於攤數愈來愈多，四周居民頗有微詞，因而被迫遷入一九八五年成立的安康市場，裡頭一度多達十多家越南攤商，經營小吃店、雜貨店、金飾店、機票旅行業務代辦等，被外界稱為「越南街」。

然而好景不常，由於長期營運不善，二〇〇六年安康市場走入歷史，店家們分別遷入附近的木柵、木新與興隆市場。其中一間歷史悠久的店，即是位於木柵市場開元街上的文如食品，據稱是臺北市首家越南商店。老闆蘇英葉是柬埔寨華僑，二十歲那年因家鄉內戰逃到越南，認識丈夫羅定華，兩人在一九九一年一同來到臺灣。

蘇英葉先是在新店電子工廠上班，但工作過度勞累，視力逐漸衰退，最後只能辭去工作。一九九六年她選擇在安康市場開店，販賣越南家鄉味、調味料、各種香草等，吸引許多越南配偶前來購買，直到市場歇業關閉，才將店家遷到現址。

像這樣店面不大、品項卻琳琅滿目的越南食品雜貨店，木柵地區還有好幾家，像是指南路上的越南商店，第二代老闆陳正成，同樣是透過仁德專案來臺。不只是越南移民，近來包括印尼看護工、新住民，在口耳相傳下，都是這些東南亞雜貨店的常客。

其中較知名的，還有木新市場內部與巷口轉角，各據一方的越南雜貨店。巷口這家的招牌上寫著「蓮之鄉東南亞食品專賣店」，老闆「阿荷（化名）」[i]是一九八八年搭乘「仁德專機」來的越南華僑；市場內「鳳容食品」的老闆黃鳳琼則晚了十年，憑著依親，一九九八年來臺投靠嫁給臺灣人的姊姊，在這裡認識同是越南華僑的老公王文強。

「蓮之鄉」的店面規模較「鳳容」寬闊許多，店裡泰國、越南、馬來西亞與印尼的

i 受訪者因私人顧慮，不希望本名曝光，故在書裡使用化名。

雜貨都有賣，採訪途中不時有被雇主帶著來採買日用品的印尼外傭，或已熟門熟路的新住民前來光顧。阿荷說，木柵附近住著許多印傭，若僅販賣越南雜貨競爭太大，因此進了許多東南亞食品，拓展更多客源。

阿荷的故事

▪海上漂著很多罐頭

儘管兩家店的老闆是同鄉，但她們在越南的境遇完全不同。阿荷很早就歷經戰亂、兄弟姊妹四散；黃鳳琼則恰巧出生在南北越統一那年十月，完全沒經歷過越戰。

阿荷是大叻人（Da Lat），童年都在這座越南中部涼爽的高原上度過。她的爸媽前半生顛沛流離，先從廣西逃到北越海防市，六〇年代再搭船到大叻。當時兩人還不滿二十歲，阿荷的爸爸做苦工、媽媽賣鹽維生，「聽我媽講，剛開始窮到只有一條褲子，白天穿，晚上洗好、晾乾，隔天再穿。」

靠著辛勤工作，阿荷爸媽攢了點錢，開了一間五金行，當時許多人蓋房子都需要建材，生意很好，家中經濟情況也因此漸漸好轉。在生意上軌道後，阿荷的爸爸眼見當地沒有華校，便拿出積蓄辦了兩間學校，讓華人子弟可以學中文，從幼稚園一路讀到初中。校內老師大多來自西貢，也有遠從臺灣聘來的老師。

除了辦學，由於當地休閒娛樂少，阿荷爸爸接著開了家電影院，生意相當興隆。「我們看電影不用錢，小學還招待過全班同學進戲院看戲。」

談到兒時的富裕生活，阿荷笑開了。他們家是當地唯一的四層樓房，但爸媽不炫富，買了電視機後，搬到門口，招待整條街的鄰居一起看；過年更是熱鬧，除了拜大年糕，阿荷媽媽還會親手包四十多條越南粽，有窮苦人家特地來到家門前，就包給他們紅包、豬肉跟米，讓他們過個好年。

可惜好景不常，無憂無慮的童年因戰爭襲來，倏地畫下句點。西貢淪陷前半年，爸媽聽廣播收到消息，越共軍隊已快接近大叻，附近鄰居已紛紛撤退，他們也趕緊動身。

從大叻到西貢車程就要九個小時，阿荷爸爸將五金行的貨物分成兩車，讓年紀較大的孩子先走陸路隨車南下，再走水路坐船到西貢。「他們看到海裡漂很多罐頭，可能是其他人翻船，他們很餓還撈來吃。」阿荷轉述哥哥姊姊的親身經歷。

才八歲的阿荷，隨著爸媽搭飛機，只花半小時就到西貢，投靠已出嫁的大姊。但那裡也已陷入戰亂，「在姊姊家的陽臺，每天都看到戰機轟炸，每天都聽到轟炸聲。」

在西貢住了幾個月後，越共攻進西貢，越南共和國宣布無條件投降，戰火不再，阿荷爸媽判定局勢已穩，決定舉家回大叻，孰不知一切早已人事全非。

▪戰後的八年等待

大叻的家空了，宵小以爲阿荷一家人不再回來，趁火打劫將家裡搬個精光。他們的雙店面一半遭大火燒毀，更慘的是，兩間華校不僅被查封，阿荷的爸爸還因辦校被越共列入黑名單，只能選擇逃亡。即使後來阿荷家另起爐灶，花錢再買新店面，五金行重新開張，試圖從戰火灰燼裡重生，但電影院和新店面只撐了幾年，便接連遭政府沒收。

爲了保命，阿荷家從此各分東西，除了大哥、大姊與最小的弟弟留在西貢，其他姊姊們躲在富國島準備偷渡，足足等了三年，終於輪到她們的時候，船卻遭越共查獲，多年辛苦毀於一旦。

阿荷的爸爸那時四處躲藏，爲了不牽連家人，故意隱匿行蹤，沒人知道他的下落。但公安並沒有這麼輕易就放過阿荷一家，有時故意挑在他們吃飯，或是深夜時刻，突然「砰砰砰」地大聲敲門，衝進家裡突襲檢查。那些公安們全副武裝，槍枝上膛，拿著手電筒強照他們的臉，逼問父親的下落，讓他們活得心驚膽跳。還有幾次阿荷放學回家看不到媽媽，聽鄰居講才知道又被公安抓走，只能到警察局去找媽媽。

阿荷回憶，那時就連學校上課也冷冷清清，附近鄰居能逃的都逃了，家家戶戶門窗緊緊關著，像座空城。「因爲戰亂大家都不想留下來。（逃走的人）有些成功，有些就死掉，我們家對面賣中藥的，那個同學到現在都沒有消息。」

這樣的日子過了兩、三年，阿荷跟媽媽決定搬到西貢去，那裡的警察不清楚她爸爸的底細，等到一切看似已風平浪靜，她爸爸才安心現身。雖然一家團圓，但家裡的積蓄早已所剩不多，大半都花在打點偷渡，全家人只能勒緊褲帶過日，「每天吃的米有摻石頭，吃飯都要先把石頭挑出來。」

這時，阿荷爸爸一名舊識逃到臺灣後聯繫他們，願意替阿荷一家申請仁德專案。他們喜出望外，以爲好日子終於要來了，但等啊等啊等，每次看到郵差都以爲是捎來好消息，卻次次落空，徒增失望。中途，阿荷的手足嘗試再次偷渡，卻依舊沒有成功。

等到第八年，家中存款見底，幾乎要撐不下去時，總算傳來好消息，審核終於通過了。一家十二口，除了已婚嫁的大哥與大姊，統統獲准來臺。那年，阿荷十八歲。

▪開店契機

來到臺灣前，阿荷看了很多瓊瑤小說，愛上臺灣民歌裡描述的小島，「覺得臺灣是個很美麗的地方，人情味很濃厚，像是《小城故事》，都很有感情。」她讀到瓊瑤筆下的陽明山，幻想自己有天也能在臺灣的大學校園裡念書，擁有截然不同的人生。

這個夢後來真的實現了，她以僑生身分考上銘傳女子商業專科學校（銘傳大學前身），並在一次就業活動裡認識現在的先生。

阿荷一家來臺後，先在外頭租房子，兩年後才申請到安康社區，十二坪大的兩房公寓，每個月房租只要兩百塊。平常僅九弟跟十妹和爸媽同住，只有週末才可能一家團聚。每逢週末阿荷從學校宿舍返家，總喜歡待在明亮的家裡，吹著涼涼的風，不時還會去頂樓採摘自家栽種的香菜，煮熟悉的越南菜餚，全家人一邊吃一邊話家常。她還常在返家前，先在士林買媽媽最喜歡吃的餅乾，看媽媽臉上漾出笑容，是她最快樂的時刻。

一直到她自己結了婚，歷經幾番波折，最後決定和身爲馬來西亞華僑的老公定居臺灣，兩人先後租過通化街、安坑、中和的房子，後來才搬回木柵，買了屬於自己的家。

談到開這家雜貨店的契機，她說，是因爲二〇〇四年去了一趟美國，驚訝發現當地亞洲超市的越南食材很齊全，在家下廚，很輕易就能複製出記憶裡的越南菜餚。但反觀臺灣當時不僅越南餐廳並不普遍，食材跟調味料也很難取得，才萌生不如自己開店進貨的念頭。這個決定看似大膽，但並非全然空穴來風，雖然她在臺灣只當過幾年上班族，但從小看著爸媽經營五金行，熟知與客人應對進退之道，當起老闆娘也駕輕就熟。

她最初選擇在景美女中對面開店，當時女兒才三歲大，平時自己一個人顧店、理貨，也方便一邊帶孩子。雖是新手，但第二年起就做得有聲有色，補足前一年的虧損還開始賺錢。到了第三年，媽媽突然罹患淋巴癌，阿荷才將店址遷到木新市場旁，請妹妹顧店，自己則專心照顧母親。又因爲附近請印尼看護工的人愈來愈多，店裡也開始賣印尼食品雜貨。

直到母親逝世，女兒也已上了高中，阿荷才重新接掌店務。她坦承，因爲販賣東南亞雜貨的同行店家削價競爭，這一行已不見過去榮景，如今生意大不如前。受訪當時，[ii]正值阿荷先生中年失業，這家店反而成爲撐起他們一家三口的經濟來源，儘管收入不豐，但和當初來臺一樣，只要一家人仍生活在一起，就是她最大的幸福。

依親來臺

黃鳳琼夫婦的故事

走入木新市場大門，最深處的角落，是一家寬度僅能容身兩人的越南商店「鳳容食品」。約三坪大的店面，擠滿琳琅滿目的食材，逢年過節還有應景的越南粽飄香。

老闆娘黃鳳琼個子小小，臉上掛滿笑容，和老公王文強一起打理這家店，已走過

ii 二〇一九年十一月於阿荷店內採訪。

十五個年頭。店裡進貨、理貨，都由鳳琼一手包辦，頗有當仁不讓的女強人之風。

黃鳳琼最初會來臺灣，算是仁德專案牽起的緣分。她的姊夫一家都是搭乘仁德專機來臺，一次回越南探親，認識鳳琼的姊姊，兩人後來結爲連理，姊姊先透過依親來臺，再擔保鳳琼過來。由於申請時程冗長，拖了三年終於過關，當時她已二十二歲。如今鳳琼一家八個兄弟姊妹，有五人都住在臺灣。

鳳琼家跟阿荷家一樣開五金行，經濟狀況還可以，但鳳琼只讀完國一就自己決定輟學，十二歲那年到姊姊經營的五金行幫忙顧攤，嘗到做生意的樂趣，奠下未來開店的想法。

她剛來臺灣時，遇到經濟正景氣，工作好找，只花一週就找到加工工廠的缺，但運氣不佳，上工沒多久老闆竟然跑路，全廠都被積欠工資。後來的工作也做不長久，加上接連兩個孩子出世，她便專心在家帶孩子。直到老二上幼稚園小班，一名先前在安康市場開雜貨店的舊識要出租目前的店面，鳳琼和老公商量過後，決定圓兒時夢想，開一家屬於自己的店。

王文強來臺的路則崎嶇許多，過去他家在胡志明市，父母親是海南人。南越易幟後，日子愈來愈難過，他們決定偷渡出海，卻次次都以失敗告終。就連一九七八年，越南開放華人公開偷渡，他們也沒能如願。當時，王文強的爸爸因爲過去常到頭頓跑船打魚，很熟悉當地環境，便在頭頓組織了一艘偷渡船，帶上全家八個孩子。那年王文強十一歲，人都在船上了，該打點的錢全都繳了，但突然官方一聲令下，不准放行，只得全船當地解散，那些辛苦攢的船費也都放水流了。

後來幸虧住在美國、曾是臺灣留學生的叔叔，透過老同學打聽到仁德專案的消息，替他們一家申請來臺，才成功離開越南。據他的說法，因爲爸爸在越南「有入黨」，是國民黨黨員，因此很快就取得來臺資格。

他還記得，一九八八年全家來臺，抵達那天已是凌晨四、五點，救總的人將他們帶到辦公室待了一晚，隔天特地回臺的叔叔來接他們，一家人被安置在安康社區。

令人欽佩的是，王文強來臺時已二十一歲，但因爲還不太會說國語，決定重拾書本，透過政府安排的鑑定考，從國小開始念。平日他在插頭代工廠上班，晚上念書，一路讀完木柵國小、景文國中夜校，如今國語已難不倒他。

王文強畢業後換過幾次工作，也曾遠赴叔叔在美國舊金山的公司幫忙整修屋頂。如今則跟老婆一起經營「鳳容食品」，每天準時騎著機車來接鳳琼下班，對於老婆的夢想，他全力支持。

▪我們也是番薯团

最初「鳳容食品」只賣泰國雜貨，後來臺灣開放越南勞工，店裡也開始進口越南食材，挑選品項的過程也是夫妻同心。

鳳琼笑說，每次和老公在外頭吃泰越料理，兩人會一起研究裡頭的食材與香料，自己翻食譜比對，老公再開車載她到桃園進口商倉庫看貨；同時也透過在越南認識的臺灣人，批發越南食材來臺，「每次進貨一點點，試看看市場反應。」

在市場開店多年，夫婦兩人與附近攤商都互相熟識。但她坦承，最初很多人不知道什麼是越南華僑，誤以爲她是外籍配偶，也遇過有人跑來店裡對著她就是一頓臭罵，字句間充滿歧視越南人的字眼。她苦笑，「我就不想回他，不要理他就好了。」

鳳琼頻頻強調，在臺灣的生活「很好了」，在這裡沒有戰亂，安全無虞，可以安心過日子。老公也在一旁附和，「我們也算番薯囝，[iii]只是先來後到，也算是臺灣人，是晚來而已，算是新移民啊！」

同爲越南華僑，阿荷對自己是臺灣人的身分認同更加強烈，她說，「我們華僑從小就覺得臺灣是我們的國家。」對她而言，家鄉在越南，但自己的國家在臺灣，這點無庸置疑。

過去她就讀的華校，校園裡飄揚著中華民國國旗，教室裡懸掛著國父孫中山的照片，但這樣的景象在共產黨接手越南後不復存在。她感性地說道：

「很多臺灣人不知道，我們失去過，以前我們常看到中華民國國旗，後來就看不到了。」

「當你來到臺灣再看到國旗，你會流眼淚會哭。回來的時候心情就是這樣子，回到臺灣就好像回到家，會有歸屬感，不會覺得到了一個不屬於你的地方。」

阿荷的話，也是許多在臺越南華僑的心聲。

雖說有許多臺灣人至今仍對越南華僑的歷史認識不深，分不清華僑與越南新住民的差異，但這兩個族群的成長與文化背景大相逕庭，這群越南華僑的過去其實與臺灣有很深的淵源，情感的認同從他們尚未踏上這塊土地前就已生根了。

差點來臺留學的張婉貞

在臺灣的越南華僑以肉身化作一座橋梁，將過去的記憶、文化與語言，帶到這座島嶼。儘管過去的苦痛可能不忍回首，卻在新的落腳處結出意想不到的果。

iii　臺語，臺灣人的自稱。

張婉貞一家就是最好的例子。一九七八年，她的哥哥張華憑著過去在臺留學取得的臺灣護照，申請出境順利抵臺後，再透過「仁德專案」申請三個妹妹來臺灣，三年後終於通過審核。

一九八一年十二月，張婉貞與二姊、小妹一同來臺，救總的人來接機，每人發了一條薄薄的秋被。隔天，張華將三姊妹接到永和竹林路的租屋處，與住在附近的堂哥互相照應，這裡成了她們在臺灣的起點。

張家在越南堤岸是富裕人家，住在第五郡的他們經營雜貨生意，更是臺灣漁網的總代理，住的樓房有九層樓高，睥睨整條街巷，家裡人口眾多，甚至請了總鋪師，餐餐開飯都坐滿三桌。

但這樣的富裕日子，卻始終籠罩在戰亂陰影中，自她有印象以來，越共常常以游擊戰方式攻打南越，學校不時因戰火襲擊而停課。當時她就讀的鳴遠中學，聘請了許多臺灣老師，常常在課堂裡提起臺灣的好，「臺灣是我的夢，我就很想來臺灣讀書。」

越南共和國時期，中華民國政府持續接受越華

張華。

學生申請來臺讀書，也成爲越南華僑躲避兵役的管道，每年統一於越南華校高中舉行大學入學資格考試，通過考試後，便可向臺灣的大學申請入學。哥哥張華也是循此管道，考上成功大學建築系。

照他的說法，越僑學生考上臺灣的大學後，得自己想辦法前往臺灣，向學校報到。「到不了，學校也不會管你。」當初他已屆役男年齡被阻攔出境，只好偷渡取道柬埔寨，在一九六六年抵達臺灣，趕上開學。

張婉貞本來也抱著同樣的夢想，中學畢業後，她順利考上臺灣師範大學，但南越還在打仗，禁止年輕人出國。她後來找到來臺門路，「當時有個老太婆要去臺灣醫病，我（打算）假扮她孫女陪她去，我就留下來。」什麼都談定了，眼看夢想成眞只差一步，張婉貞的媽媽卻因捨不得女兒遠行，日夜淚流不停，哭到她心軟忍痛放棄。這個決定成了她終身的遺憾。如今年過七旬，談起往事，她仍深感後悔。

▪遭越共清算，珠寶藏身

決定留在越南後，她開始教職工作，在一所國中教課。西貢淪陷後，原本越共有意要換掉校內所有老師，後來因師資不足才作罷。但她描述，儘管校務運作依舊，一切卻都變了。老師們被迫集體接受政治思想改造，拋去舊時代的思想，彼此批評、發表言論，牴觸共產制度的人隨即遭開除。

這批舊制度下的老師遭到嚴格監控，她指稱，包括校長、教務主任都是間諜，「我還記得我們教務主任別號叫東風，就跟電影一樣間諜是有外號的。」當時人心惶惶，校內老師互相防備，怕不小心說了越共的壞話遭到檢舉，也怕被惡意栽贓或誣賴，枉受牢獄之災。

不僅如此，共產黨接管學校後，刻意採不同工同酬，校長、主任、老師、警衛，全都領一樣的薪水。她描述，發餉當天只給微薄薪水，其餘以豬肉、米、糖或香菸相抵，「不是免費的，但以便宜的價錢賣給你，當時物資缺乏，買到已經不錯了。」但以老師身分，提著一塊豬肉走回家，與以往高高在上、受人景仰的形象大相逕庭，讓她深感挫折又丟臉。

不僅工作受挫，張家在淪陷後遭到越共清算，全家人被趕到同一樓層居住，其餘八層樓全遭軍隊霸占。更誇張的是，除了張婉貞因爲擔任老師，以「幹部」身分得以自由出入，其餘家人在軍隊搜刮家裡的時間竟遭到軟禁。

爲了不讓父親辛苦攢下的家當被搜刮一空，張婉貞想方設法，將家中金銀珠寶偷渡出去。每天出門去學校時，就是最好的時機。

採訪時，張婉貞在身上四處比劃：「在鞋底挖洞，兩隻鞋藏二兩黃金；頭上戴帽子、肚子圈很多條金鍊、手臂也是，在布鈕扣放鑽石，（有）很多技巧啦。」

爲了不讓人起疑，她牽著腳踏車經過在家門口站崗的士兵時，會刻意跟他們聊上幾句，掩飾發抖的雙腳。就這樣一天天將珠寶偷偷運出，寄放住在鄉下的窮親戚家，等風頭過了再悉數領回。回想這段驚險過程，她也佩服自己當年膽識過人。

▪ 不會臺語，就是外星人

張婉貞在受訪時，多次以「好膽」來形容自己的個性，不論是當初面對侵占家產的越共，或是來臺後人生地不熟、人生得全數重來的境遇。

她細數剛來臺灣的第一份收入是到臺視當越語配音員，五分鐘的臺詞，換得六百塊臺幣輕鬆入袋。後來她做過保險業務員、秘書，更曾替一家電腦工廠拉到數百萬元國外訂單，這在當時可是筆大數目，讓她一吐最初被人看不起的怨氣。

就連學臺語，她也全憑膽識。張家是潮州人，在家說潮州話，在學校說國語與廣東話，「我是來臺灣才學臺語。」張婉貞的夫家是臺中人，新婚不久就碰上農曆新年，親朋好友來家裡作客，「當初臺語都不會，第一個先陪笑，再奉茶坐下來聽他們聊天。」她意識到，嫁給臺灣家庭，不會臺語就是外星人。張婉貞靠著多聽、多問、多講，慢慢臺語變得流利，受訪時更不時來幾句臺語，道地的腔調全不見生澀。

她笑說，剛來臺灣有人知道她不懂臺語，會故意以臺語捉弄她，甚至衝著她喊：

「越南婆子。」但她同事誇讚她臺語腔調好聽，鼓勵她多講，「敢講最重要。」不只語言，在越南家，有總鋪師會準備三餐，她原本十指不沾陽春水，也是嫁進臺灣家庭才開始下廚學煮菜，最後獲得婆婆稱讚好廚藝。

如今，張婉貞在永和、文山社區大學、金甌女中等校教授越南語，說起來，這算是小兒子蔡宇傑牽起的緣分。她的兩個兒子小時候並沒有刻意學越南文，一直到大兒子上國中，央求媽媽教他越語，才從簡單的數字一到十開始學。

有趣的是，當初是大兒子起的興頭，小兒子蔡宇傑後來也隨著哥哥腳步，考進政大後，被拉去一起上越南語，最後更青出於藍，大三就學成出師，獲推薦到高中擔任越南語老師，之後更開拓版圖在國內多所社大、高中教書，成爲國內少數能教授越語的新二代。

某一次，蔡宇傑沒空去樹林高中教課，向學校推薦媽媽可以勝任，但由於來臺時張婉貞僅帶了越南明德大學英文專科的文憑，該校在臺立案卻只是中學。就文件上來看，

張婉貞（左）、蔡宇傑（右）。

她連正式高中學歷都沒有，因而遭到學校拒絕。張婉貞再度發揮不服輸的精神，跟兒子要了學校的聯絡電話，親自打給教務主任彭聖佐，以誠意與專業說服對方，取得授課資格，自此打開她在臺灣教課的第一步，之後越南語開課邀約不斷。不僅如此，她多年來在樹林三所國小指導越南新二代，投入「華語補救教學」，教這些剛來臺灣的越南孩子學習華語，也藉此關懷這些新住民家庭。

前幾年，張婉貞完成了最大的心願。當初張家分批離開越南時，張婉貞的大哥留守到最後一刻，家裡的樓房「自願」捐獻給政府才終於能出境。家沒了的殘酷事實，讓她多年來始終不敢回鄉。好多年後，念高中的大兒子替她「返家」，拍了影片給她看，張婉貞才鼓起勇氣，終於回越南探望闊別三十年的家鄉，原本無處安放的思鄉之情，才終於有了歸處。

轉眼間，張婉貞已屆七十高齡。來臺多年，她的兩個孩子都已拉拔長大，在她心裡，雖然家鄉仍是她思念的所在，但臺灣的份量早已不可言喻。張婉貞在這裡度過人生的大半歲月，這裡就是她最安心的歸屬。

越南歸僑協會

被迫使用假身分的陳欽興

協助許多越南華僑來臺的「仁德專案」，當初能順利開展，一部分功勞得歸功於越南歸僑協會。該協會前身爲越南歸僑聯誼會，由時任僑選立委阮樂化等人於一九七六年初向內政部申請成立，一九八八年改制爲越南歸僑協會，首兩屆理事長即由在越戰時期帶領「海燕特區」反共的阮樂化擔任。[iv]

由於初期中華民國政府透過空運撤僑，尚無特定執行管道，歸僑協會遂連署籲請政府從寬核定難僑申請來臺定居，「仁德專案」因而順利成立，協助許多僑領、在臺越南華僑的家屬等，能透過此方案來臺團聚。

一九七八年八月來臺的越南華僑黃寶芝，清楚記得，當初抵臺不久後，在歸僑協會辦公室加入連署，自己是連署名單裡最後一個簽名的人。

但審核來臺難僑的眞實身分並非易事，彼時許多越棉寮華僑匆促來臺，身分證明文件不齊全或已遺失，甚或根本不敢將文件帶在身上；還有一種也很普遍的情況是，爲了躲避兵役，許多家庭會故意晚報孩子的正確出生日期，導致出生證明與事實不符。

更殘酷的是，在戰亂時代，持假身分有時出於無可奈何，可能是活命的一線生機，卻更增加來臺華僑身分核實的困難度。

爲了能判斷難僑的眞實身分，僑委會特准由越棉寮僑領各自成立顧問小組，專門負責審核已來臺的華僑身分。

曾於二〇一七年至二〇一九年擔任越南歸僑協會理事的陳欽興，即是不得已持假身分來臺的例子。

陳家在陳欽興眞實年齡十六歲時，就花錢做假證件，將他的年齡改小，也換了新名字，正因爲如此，他的所有文件都被迫作廢，過去的畢業證書全成了廢紙。雖然並非合法途徑，但爲了保命，只能頂著假名活下去。

一九六八年他十七歲，爲了能緩徵兵役四年選擇報考越南國立音專大學，一百多人應考只錄取十五名，他是三名華人之一。可惜才讀不到半年，戰火就燒到家鄉，「打到我家對面巷子，那邊房子全被轟炸被燒」，陳欽興只能輟學，趕緊逃難保命。

iv 阮樂化原是名天主教神父，於一九五九年帶領一支隸屬於中華民國國軍的游擊隊，在越南南端由當時越南共和國所管轄的金甌半島，成立「海燕自治特區」，對抗越共。這支反共義務軍最多曾至兩千餘人。「海燕特區」於一九七五年解散，阮樂化也於同年來臺，並曾任首屆僑選立委。

陳欽興在家排行老三，上頭兩個哥哥當時都已成婚，父母暗忖「全家一定要有一人在外面」，因此趕緊安排花錢做了假證件，要讓陳欽興逃離越南。但證件都做好了，最後因家中出事而作罷。

直到一九七三年，陳家再花了一百萬越南盾，塞錢給仲介打點來臺事項、爲陳欽興做假證件，買通海關，靠錢打通中間層層關卡。

那年他考上文化大學，以越僑身分，持假護照順利抵達臺灣。他坦承，「護照只有相片一樣，其他（資料）都不是我的。」

當時的規定相當寬鬆，來臺的越南華僑，下飛機後在機場蓋入境章，之後憑章卽能申請歸化。然而陳欽興因爲持假身分證件來臺，歸化的過程繞了一大圈，先是顧問小組要求他提供眞實資料，接著還要等這些資料翻譯成中文，再經由審核並核發證明，最後才終於順利還原眞實身分。

以他人名義生活了好長一段時間的陳欽興，在臺灣做回了自己，也拿到了中華民國身分證。不需再躲藏掩蓋自己眞實的身分。他的爸媽與最小的妹妹，隨後也透過仁德專案來臺團聚。

媒體人黃寶芝

■ 妳的國家叫妳回去

南越雖然長年處在戰火中，但民間文化活動始終活躍，前些章節提到中華民國政府於南越實行的僑教政策，其實兩地媒體在越南共和國時期也互有交流。

南越的華文報刊本就頭角崢嶸，六〇、七〇年代初期，華報如雨後春筍，紛紛成立，例如《新越晚報》、《成功日報》、《海光日報》等，都在此時相繼創刊。2

一九六六年來臺就讀大學的黃友佳回憶，當初堤岸有十幾家華文報紙，他家旁邊就是亞洲日報、建國日報、遠東日報、成功日報，相當蓬勃發展。

目前住在臺北的黃寶芝，曾任南越《海光日報》與《新論壇報》編輯，並曾在持反共立場的《自由之聲》電臺工作。

她回憶，「華人都愛看報」，再加上南越時期一份報紙才十幾塊錢，相當便宜，像她爸爸一天都買好幾家報紙來看，《新論壇報》單日發行量甚至能到一萬多份。

黃寶芝於一九七八年獲得擔保來臺後，進入《聯合報》工作，成為少數見證兩地報業榮景的媒體人。

她回憶，當時在越南報館工作時，從未想過南越戰事升高後，華人報紙竟成為攻擊目標，有幾家報館因而遭到轟炸，裡頭員工無辜受牽連。她和同事們鎮日戰戰兢兢，「我們生活在恐懼中，隨時都有手榴彈爆炸。」

雖非第一線記者，黃寶芝卻一度收到死亡威脅信，威脅她立即離開報社。她心生恐懼，向報館如實稟告，老闆則好言安撫，「妳不要理它，我們一天到晚都收（威脅信）。」

直到南越易幟隔日，全數華報被迫停刊，從此走入歷史。全越南僅剩《西貢解放日報》一家華文日報，因爲該報是越南共產黨政府的專屬黨媒。《新論壇報》則被查封，記者遭秋後算帳，黃寶芝的同事有些被抓，進了勞改營，下場淒慘，甚至被誣陷有反動思想，最後不幸在獄中過世。

黃寶芝。

黃寶芝的爸媽有先見之明，早在淪陷前就先把位在市區的房子賣了，遠離華人聚集的西貢，也就遠離是非，一家人遷到郊區。黃寶芝擔心在反共媒體工作的過去會被翻出，牽連自己也連累家人，因此即使搬了家，也絕口不提以往經歷。有一次在路上被熟人認出，也裝作不認識快步離去。

她嘆口氣說，生在動盪的時代，命運無法自己決定，那段日子常聽到認識的人自殺了，被抓去禁制區，或逃難出海沒有下文，種種令人心驚膽跳的消息，不知道自己還有沒有明天。

這樣苦悶驚怕的日子，最後是靠著在臺灣的二姊，才終於有重見光明的一天。

黃家與臺灣緣分極深，家中九個孩子，黃寶芝排行第八。吳廷琰剛上任，強迫華人入越籍時，中華民國政府接受在越華僑請願，並於一九五七年執行撤僑，其中以越南土生的華僑青年優先。黃寶芝的爸爸抓住這個機會，將次女送來臺灣。

這批撤僑一共五百三十二人，成員多是初中學歷的孩子，中華民國政府遂成立國立道南中學，[v]讓他們得以繼續升學。寶芝的二姊從道南中學畢業後，接著就讀護理專校，最後與一名中將結爲連理，多年來一直住在臺灣。一得知南越變天，她立即申請擔保寶芝和媽媽來臺團聚，但越南剛統一的前兩年仍動盪不安，遲遲沒有下文。

黃家的其他孩子，長男從小就被送到法國念書、長女在美國，老七原本在柬埔寨開店做生意，赤柬時期遭柬共要求疏散到越柬邊界，結果就此失蹤至今，下落不明。

黃寶芝的四哥與五哥早在十四、十五歲就來臺留學，同樣躲過役男得上戰場打仗的命運；九弟在淪陷前靠著家裡花了一百多萬越南盾辦的假護照輾轉來臺。這些早一步抵

v 道南中學僅存在六年，民國五十二年六月，最後一屆學生畢業即奉令停辦。原校址陸續改為國立僑大先修班、國立臺北藝術學院，現為國立空中大學。

達臺灣的家人，都在等著寶芝跟爸媽能順利逃出越南。黃寶芝在越南苦等三年，期間爸爸因病不幸逝世，沒能等到安靖之年。

一九七八年的某一日，一名越共來到她家，大聲喝斥：「妳的國家叫妳回去，要不要回去？」她趕緊點頭答應，那人再下令：「那妳把越南所有一切紙張文件全部都銷毀，以中華民國國民身分回去。」

就這樣，那年八月，黃寶芝和媽媽終於獲准離境，在越南新山一機場她掉下淚來，懷裡緊緊揣著爸爸的骨灰一起搭機，一家人轉了個彎，在臺灣團聚。

▪揮別砲彈聲中的生活

黃寶芝來臺後的際遇，與她在越南的報業背景息息相關，一九七三年「世界中文報業年會」在西貢舉行，《聯合報》創始人王惕吾受邀出席。當時黃寶芝在《新論壇報》擔任副刊編輯，雖非記者身分，但身為記者公會理事，她仍共同與會，並碰巧在會議期間和王惕吾搭上話。

她笑稱，當時年紀輕，「小女生口無遮攔」，將從《聯合報》駐越南特派員那裡聽來的消息現學現賣，王惕吾稱讚她「黃寶芝妳滿機靈的，應該要去臺灣發展」。他更進一步承諾，「如果妳到臺灣，來《聯合報》大樓參觀，包妳點頭從樓下點到九樓」，回臺之後，他也眞的將聘書寄給黃寶芝。

黃寶芝來臺後，想起王惕吾這番話，主動打了名片上的電話，對方爽快允諾「來參觀啊！」抵達當時仍位於臺北忠孝東路上的《聯合報》大樓後，不僅由秘書帶她四處參觀，王惕吾進一步問：「如果妳還沒找到工作，就來我這邊吧。」就這樣開啟了黃寶芝與《聯合報》二十七年的緣分。

黃寶芝先是進了編譯組，但自認能力不足，遂請調轉任資料室。當時《聯合報》正籌備資訊中心，她因而成了創始元老，負責「聯合知識庫」的籌建。從無到有，跟著同事一同摸索，不斷嘗試、犯錯，做了許多白工後，才建立起目前知識庫的原型，即蒐羅聯合報系各報新聞全文與圖片的資料庫。

她直言，「從東南亞來，大家會小看你」，曾有同事刻意測試她的工作能力，讓她更想爲自己爭一口氣，最後果然繳出好表現，同事佩服之餘，更讚她「不是猛龍不過江」。在臺灣有了穩定工作，她對融入新的社會更有自信，凡遇到挫折，即告訴自己要爭氣，不能讓別人小看。就這樣一點一點往前邁進，在報社裡日日兢兢業業，也見證臺灣報業最輝煌的時期。

她不是家裡唯一與《聯合報》結下緣分的人。黃寶芝的九弟來臺後，考上政大西語系，出社會後在《聯合報》基隆版擔任編輯，兩姊弟都爲同一家報社打拚江山，傳爲佳話。

二〇〇三年，她從《聯合報》編輯部資訊中心退休，如今在家含飴弄孫，終於有時間提筆寫作，空暇時間寫下一部以越戰爲背景的小說，並出版多本生活隨筆。

採訪時，她帶了幾本隨筆相送，翻開書頁，裡頭多是與家人在臺灣的生活痕跡，尤其是兩個兒子與可愛的小孫女。如今在臺灣的家，根扎得堅實穩固，她感性地說，「我很愛臺灣，我來臺灣有歸屬感，所以我很愛這個地方。」

她解釋，如果以前有個家，對新家可能不會很融入，但正因爲她對過去越南政府相當反感，「太腐敗，帶給我們苦難，我們在砲彈聲中生活。」她對故鄉複雜的情感，讓她長達三十八年都不敢回去越南，害怕面對心裡的苦痛與過往回憶。直到二〇一七年，才在先生陪伴下，首度舊地重遊。

揮別過去砲聲隆隆的驚懼，直到來到臺灣，才找到眞正的歸屬，不僅成家立業更將孩子養大，「這裡才是我的家，我在這裡立足很平安。」她說到這裡，原就笑瞇瞇的眼睛彎成一座橋，自從回去過越南後，長年的心結已然解開。過去的不堪回首就此放下，今後，她只專注在生活裡的天倫喜樂。

航向自由的人生

不論是黃寶芝還是阿荷這批等了數年才脫離越共掌控，透過「仁德專案」來臺的華僑，或是將命運交給大海，勇敢航向未知彼岸的越南船民們，他們身上都有著一股無論生活多艱難都要撐下去的堅毅，來到德國或臺灣這個從未謀面的地方，不畏艱難，自尋出路。

相較之下，西德政府出於對難民的人道救援，給予船民們較妥善的安置措施，具體提供住房、求職、語言課程、職業訓練、社會融入的協助；而中華民國政府則以華僑的血脈爲聯繫，在與中國共產黨爭奪「祖國」正統性爲背景下，將人接來臺灣。

但嚴格來講，僑民們抵臺後的人生，多靠自己打拚出一條路，多數人從政府得到的幫助，僅停留在抵臺那晚，救總給予的那條薄被。

或因亂世命運並不由人，或因華僑的身分曾飽受欺凌，被迫走上逃難之路，來到安穩的國度後，他們選擇將命運緊緊攢在手裡，認眞爲自己與家人的未來打拚，安靜踏實的過日子。因爲他們曉得失去一切的痛苦，也曉得自己有多幸運，比逃難途中不幸葬身大海的人們，或是遭越共迫害喪生的華僑，至少，他們已經抵達了彼岸。

正如同德國下薩克森邦總理阿爾布雷希特，對著那群「海鴻號」歷劫歸來的船民說的：「你們已經到了一個能自由生活的國家，不會再受任何人欺壓。你們不需感到害怕，儘管帶著勇氣與樂觀開始新的生活。」

第三部

抵達

CHAPTER

05

越南移民第二代

離鄉是為下一代創造另一個故鄉。

——阮金銘，《漂泊者的故鄉》

前言

德文有一個字，「ankommen」，原意是抵達。德國媒體常用以形容移民們已經「抵達」了新的國度，指的不只是人已經踩在地球的另一端，而是遠從其他國家來的人，已經實實在在地融入當地社會。這才算是眞正地抵達了。

這本書的前兩部，分別講述了在德國與在臺灣的越南移民，最初離鄉背井來到異鄉的境遇。不論是船民、契約工，或是坐著船艦、專機離開越南的難僑，算算日子，他們都已在新的土地上，居住了三、四十年。

本書的最後一部，便是以「抵達」爲題，第五章將目光轉向這些越南移民的下一代，尤其是在德國出生的子女，以及孩提時代跟著家人逃難，或在一九九〇年後靠著家庭團聚來到德國的所謂「一點五代移民」（1.5 Generation）。

他們共同的特徵是黑頭髮、黃皮膚，與周遭金髮藍眼的德國人大不相同。許多人在青少年時期因爲外表和文化背景與同儕差異甚大、找不到與這個社會的連結，始終覺得自己是德國社會的外來者。

這群在九〇年代左右出生的移民第二代，彼時成長背景並不如現在多元文化，許多受訪者都提及曾遭受種族歧視、霸凌，以及深陷自我認同困惑的過去。

與他們遭受戰亂或經濟衰敗的父執輩相比，新一代受惠於德國政局相對穩定，免於被迫流離遷徙的命運。而相對第一代越南移民安靜噤聲，子女們從小受德國教育，擁有流利的德語能力，不願再做社會裡隱形的移民。

此外，在德國出生或成長的下一代，身處東西方兩種截然不同文化的夾縫，多數爸媽仍受儒家思想影響，要求兒女成績頂尖。這些與德國同儕截然不同的管教方式，對他們造成哪些潛移默化的影響？他們又如何看待自身的文化認同？

自我認同的糾結

你到底從哪裡來？

根據德國聯邦統計局，截至二〇一八年十二月三十一日，全德約有七萬名第二代、甚至第三代越南裔移民。

德國政府是這樣算的，凡雙方父母在血統上有一方不是德國人，則視其爲具有「移民背景」。其中，眞正經歷過遷徙過程來到德國的第一代移民，則是擁有「移民經驗」的人。

越南移民在德國出生的後代，並不具移民經驗。他們自三歲進入幼稚園開始學習德語，與在家用越南語交談的父母，自此出現文化與語言的分歧，甚至如高牆般的隔閡。從外觀來看，他們的亞洲臉孔，在同儕裡顯得與衆不同。又因爲家庭背景的緣故，從小就夾雜在兩種文化、語言與東西方不同的價值觀之間。

這些在文化夾縫中成長的孩子，等到年紀稍微大了一些，便開始反思：「我到底是誰？」

在這個章節，我採訪了十多位越南移民子女，他們在年少時代幾乎都曾困惑過：爲什麼自己與身邊的人這麼不同？我到底來自哪裡？而這些問題並不容易找到答案。

在德國社會裡尋找自己的定位，彷彿是每個越南移民後代不可避免的課題。黑頭髮黃皮膚的顯著不同，面對「你來自哪裡」這樣看似無意的問題，背後的好奇可能觸發被問者的矛盾情緒，或隱忍多時的情緒風暴。

「我很恨他們假設我不來自這裡」，陳艷在受訪時恨恨地說。在第一章曾提及，她的父母分別是越南船民與契約工。她認爲，若從第一批越南船民來到德國算起，已經超過四十個年頭，在這裡繁衍下一代也實屬正常。但問她「妳來自哪裡？」的人們，卻似乎從沒這麼想過。

她抨擊：「他們應該要有自覺，這樣的問題會讓回答的人覺得他們不屬於這裡，而是他們國家的一個客人。」

她的好友鄭秋草（Thu Thao Trinh）則認爲這個問題沒有非黑即白的答案。她的爸媽都是前契約工，之前她會回答自己來自越南，但有一次被同事糾正，來自越南的是她的父母。

她笑說：「我花了一點時間才想通這件事。對啊，我爸媽來自越南，而我在這裡出生長大。」自此之後，她一律回答她來自德國，但內心仍有一部分覺得自己是越南人，那是屬於她的根、她的文化、她爸媽的語言。

面對「妳來自哪裡」這個被問過不下數百次的問題，陳艷有自己的回答原則。如果別人毫無頭緒、劈頭就問，她會理所當然回答，自己來自柏林，若再追問，則接著回答，自己出生於紐倫堡或巴伐利亞邦。

鄭秋草。

但更常見的情況是（這個情況也發生在許多我採訪的第二代越南後裔），對方鍥而不捨問她：「原本」來自哪裡、或她「究竟」來自哪裡？彷彿對上述答案都不滿意。她遇到這種情形才會回答，爸媽來自越南。但這不代表她是越南人，她反倒始終認爲自己是土生土長的德國人。

這些移民後代，在尋找自己定位的過程中，也免不了思考自身與越南的連結。

爸媽都曾在薩克森邦小鎮弗賴塔（Freital）擔任契約工的黎玉中（Le Ngoc Trung）認爲：「即使我在（德國）這裡出生，我沒有忘記我的根在哪，用越南話形容就是飲水思源。」

從小爸媽就強調他是越南人，規定子女在家只能說越南話，餐桌上天天都是越南菜，晚餐後家人的娛樂便是一起收看越南連續劇或歌唱秀，這樣的潛移默化下，他根深柢固認爲自己來自越南。

受訪時仍在柏林就讀大學的他，至今已去過越南多達六次，祭拜過祖先，親身感受到越南家人與他的連結。「對我來說，越南是我第二個家，那是我的身分，我的根。」

我想變成白人

但不是每個越南移民後代，都能這麼順遂地找到自己在德國社會的定位。

以第二章曾提及的武・凡妮莎爲例，她的爸媽都曾是契約工，她則趕上一九九一年的嬰兒潮出生。[i]見面採訪時，她一身勁裝，全身黑衣黑褲，腳踩黑色皮靴，眼線細細勾勒出的雙眼眼神銳利，嘴唇塗上暗黑色口紅，散發出一種冷豔色調，與她一向在媒體曝光的穿著形象完全相符。彷彿黑色是她的保護色，她想透過這樣強大的氣場告訴外界：她不是好惹的。

若再深聊一些，了解她的成長背景，便能完全理解她爲何選擇武裝自己。

凡妮莎一家五口住在德國南方巴伐利亞邦，一個

凡妮莎／武紅雲。（Vanessa Vu ／提供）

i　兩德統一後，越南契約工無需再顧慮懷孕會被遣返，一九九一年因而爆發一波越南移民嬰兒潮，也因此多數第二代目前約三十一歲上下。

叫做瓦爾德基爾興（Waldkirchen）的小城鎮。那裡是她的爸媽選擇申請難民庇護後，被分發到的難民營所在。她則在一處專門提供給難民的集合宿舍，一直住到六歲。

多年後，她撰文[1]揭露在難民營長大的童年，讀來讓人忍不住倒抽一口氣：

當黑夜來臨，蟑螂們會從櫃子後方爬出來找食物碎屑。但牠們不會這麼輕易得逞。許多蟑螂都死在我們用牙籤或膠帶做出來的陷阱裡。早上起來我會四處搜尋牠們的屍體。

在這家收容了一百名難民的宿舍裡，只有三間淋浴間、四間廁所，男人貪圖方便就直接尿在走廊的牆上，他們的兒子也是，老是笑著將黃色尿柱噴灑在柱子上。廁所也糟透了，一名女人甚至在廁所裡了結生命，從狹窄的窗戶往下跳、落在外頭的人行道上。聽大人們說她是蒙古來的，很少人知道她的來歷。

凡妮莎如此不尋常的童年，即使在全家搬進新公寓後，並未變得比較輕鬆。在家裡她排行老大，弟弟妹妹比她晚幾年出生，由於爸媽沒日沒夜拚命工作，她從很小的時候就得姊代母職。「我要煮飯給他們吃、陪他們寫功課。我只是個孩子，卻得扮演大人的角色。」

等到開始上學了，更是一段在荊棘裡漫長摸索自我認同的路。

瓦爾德基爾興是座保守的天主教小鎮，鎮裡住著約一萬兩千名羅馬天主教徒，僅有寥寥幾戶越南家庭。在凡妮莎讀的文理高中（Gymnasium），[ii]她是唯一的有色人種。從小就因爲長相、膚色、髮色和四周的人不同，「總是被霸凌、被別人推倒、被打、被嘲笑，他們在一旁還唱和著 Ching Chang Chong（對黃種人的侮辱性稱呼）。」

有次和班上女生發生口角，對方甚至罵她：「妳應該被毒氣毒死。」暗指她下場就該像那些命喪集中營的猶太人一樣。這般惡毒的言論，她永遠記在心裡。

那時她年紀還小，還不懂得什麼是種族歧視，「我沒有反擊，因爲我覺得都是我的問題，我才是那個和所有人都不同的人。」

孩提時代的凡妮莎，留著一頭烏黑長髮，但每次畫自畫像，她都會把自己畫成金髮、白皮膚。「我討厭自己的黑髮、細細長長的眼睛，這些特徵讓我深信自己有問題，爲什麼我不能跟其他孩子一樣？」

和同儕不一樣的，還有爸媽取的越文名字。凡妮莎的本名是武紅雲（Vũ Hồng Vân），[iii]

ii 德國學制多數在小學四年級結束後，進入分流，未來要念大學的選擇文理高中，技職體系的又分為實科中學（Realschule）、綜合中學（Gesamtschule）、主幹學校（Hauptschule）。包括柏林在內的少數邦則在小學六年級結束後才分流。

每次開學，新來的老師總要她在全班同學面前唸出自己名字的發音，或者要求她說一段越南話。德國人發不出正確的音，全班便笑成一團，連老師也跟著笑，讓她覺得渾身不舒服。

事隔多年她回想這段求學生涯，直言：「老師們也是霸凌者之一，他們並沒有盡到保護我的責任。」

凡妮莎坦言，青春期的她很孤單，非常討厭自己。爲了不落實外人對移民小孩的刻板印象，她在班上的德文成績始終比其他德國孩子好，對德國歷史、文學、藝術瞭若指掌，「我做這些努力只是想證明我自己，我想變成白人。」

撕不去的「越南人」標籤

對於成天工作總是不在家的爸媽，她也曾心有怨懟，「我因爲爸媽不會說德語覺得很丟臉。那時我還不明白他們是眞的沒有機會學德文，當時沒有免費德語課，他們得賺錢養家，我媽甚至一人做三份工作。」

當時她不明白，爲何爸媽無法像白人父母一樣，以流利德語侃侃而談。這樣的羞愧轉爲憤怒，這股憤怒深深的埋進她心裡。身爲孩子，她能做到最大的反叛僅是不告訴別人她父母來自哪裡。她捏造自己的來歷，或是堅稱自己是德國人、不是越南人。當受到別人霸凌，她不允許自己哭，更不能在幼小的弟妹或是忙碌的父母面前表露出來，只能將難過的事寫在日記裡。

一直到年紀稍長，她交了第一個德國男友，才開始反省這個過去從未深究的問題：「我是誰？」

那時的凡妮莎在校表現優異，一口流利德語完全沒有口音。但男友的媽媽僅因爲凡妮莎的亞裔背景便反對兩人在一起，理由是彼此來自不同文化，不會有好結果。

凡妮莎聽到這樣的武斷說法，又驚又氣。「我深信自己非常融入德國社會，我德文非常好、在校成績很好，一點都不覺得自己是越南人。」

她提高音量強調，「我那時越南話講得很差、很少跟父母互動，我認爲自己就是個德國人，我眞的非常希望自己是德國人。」

直到被男友媽媽以種族背景爲由否決，她才明瞭，原來自己做再多都不會被認同爲德國人。這張越南人的標籤，會一輩子黏在身上怎樣也撕不去。

於是她開始大量閱讀，深究內心深處身爲越南人的羞恥，反省過去爲了想成爲德國人付出的種種努力，也刻意參加有色人種的聚會，與同樣具有移民背景的人，討論自己的成長經驗。

---

iii 十八歲成年後，她選擇將名字正式改為凡妮莎（Vanessa），但保留原本的姓氏武（Vu）。

反擊，以越南人的身分

猶太裔哲學家漢娜．鄂蘭（Hannah Arendt）當年為了逃離納粹德國的魔掌逃亡到美國。她曾說過一段話：「如果因為身為猶太人而遭到攻擊，那你就應該以一個猶太人的身分反擊。」[iv]

這是凡妮莎最喜歡的一段話，她反思，貼在自己身上的「越南人」標籤，既然擺脫不掉，她可以用越南人的身分主動反擊。當外界已經習慣越南移民的安靜無聲，彷彿是德國社會一個隱形的群體時，她想突破這個既定印象，把描述自己族群的話語權從外人手中拿回來。

她想了解，生活在德國的越南人究竟是一個怎麼樣的群體？

二〇一八年，凡妮莎和同為越南契約工後代的記者陳明秋（Minh Thu Tran），因此共同成立 Podcast 節目：「Rice and Shine」。[v]每個月邀請同樣具有越南移民背景的來賓，談論屬於自己族群的議題，像是政治、文化領域，或是熱門時事。例如：新冠肺炎時期許多過去在紡織廠工作的前契約工，又重拾舊業，縫製布口罩送人或販售等。她們請這些人上節目，說自己的故事、自己的觀點，聽他們的聲音。

凡妮莎說，成立這個 Podcast 並非為了建立一座連結德國與越南移民的橋梁，而是透過這些訪談，「問我們自己是誰？我們想要成為什麼？我們想從人生裡獲得什麼？」

一般而言，德國媒體較常報導越南船民的故事，但越南契約工的觀點，卻鮮少獲得相同的關注。這個節目則彌補了這一塊空白。

節目開播後，陸續收到廣大聽衆迴響，字裡行間充滿了澎湃的情感與感謝。兩位主持人收到好幾封長達數頁的電子郵件，傾訴過去從未受到德國媒體重視，但節目替他們說出了心聲，並讚賞節目內容並不帶有過往對於越南移民的刻板印象。

「我因此知道我們正在做的事非常具有威力，因爲以前沒有這種東西，我們總是被他者以某種特定的名詞描述，這是我目前爲止知道，由我們自己形成的論述。」凡妮莎說。

絕不噤聲

採訪中，凡妮莎提到一段人生中的小小勝利，也是她人生中首度敢於正面迎擊種族歧視，卻帶給她更多的反思。

四、五年前的某一晚，她和妹妹去跳舞，從舞廳走出來正要去買薯條吃。前方來了三名金髮男孩，對著她們大喊她再熟悉不過的「Ching Chang Chong」，一反以往總把

iv 原文是「If one is attacked as a Jew, one must defend oneself as a Jew.」

v 取自英文 Rise and shine 的諧音，原意是該起床了，迎接元氣滿滿的一天。

情緒往肚裡吞，她轉過身對著他們說：「你說的到底是哪國語言？這根本不是語言，你明白這是什麼意思嗎？」

對方聞言只是哈哈大笑，凡妮莎再試圖曉以大義，最後被妹妹拉著離開現場。事後她回想這段經歷，心中百感交集。

> 一方面我替自己感到驕傲，人生中第一次終於反擊回去，但另一方面對我來說，那是個毀滅性的時刻，別人根本不需要恰當的語言就能羞辱你。我以一個花了這麼多努力學習的語言來反擊，組織出一個清楚有條理、有邏輯的論述，但他們只是繼續以聲音來回應，這讓我覺得非常無助，因為我根本無能為力，即使是那個語言也無法保護我。

她坦言，反擊回去是很累人的，她也不覺得自己能從中獲得力量。就像她身爲記者，長期以來總會收到讀者寄電子郵件或透過推特，要她「滾回妳的國家！」但她並不因此噤聲停筆，因爲唯有透過發聲才有可能達到社會的理解與尊重。

她也和陳艷一樣，很排斥剛認識的人不斷探問「妳到底來自哪裡？」在她看來，這個看似無害的問題，其實是想探究她的家族歷史與傳統背景，這對她而言是很私人的問題，不應該被強迫公開。

她在這樣的問法裡看見的是一種殖民歷史的連貫性，「在大部分的文化裡，擁有較多權力的人，能問那些沒權沒勢的人問題。」她舉例，像是殖民者、傳道士、人類學家到了殖民地，追問當地人私密的問題，強迫他們回答，當地人知道若不合作恐怕會惹上麻煩。而這樣的思維也呈現在當德國人隨意探問她的家族史，展現的是一種上對下的特權。

對此，她的做法是明白告知對方她的感受。問話的人也許沒有察覺這個問題背後代表的含義，但透過對話，或許能讓對方更同理與尊重非優勢白人族群的想法，這樣就促成了所謂社會融合的第一步。

亞洲人都超醜

在德國社會被視爲局外人、外來者（Outsider），是許多越南移民後代曾遭遇過的挫折，甚至在學校、職場，還會因外界對於亞洲人的刻板印象，遭受不同待遇，或覺得不被理解。

年僅十九歲的安娜（Anna，本名 Phuong Thao Thai Do，杜泰芳草），是本書第二章提到的夫妻蔡與仙的小女兒。她留著一頭長髮，長相清秀，卻從小就厭惡自己的亞洲臉孔，甚至曾動念想走上絕路。

「我以前眞的很討厭自己的長相，看到所有亞洲人都討厭，根本沒有漂亮的亞洲人，每個亞洲人都超醜，因爲我們長得不像西方人。」

儘管在德國出生、母語也是德語，但她坦言，「我一直覺得自己是外來者。」安娜一家四口在薩克森－安哈特邦的蔡茨，住到她小學四年級。當時全校只有她和另一個女生是越南移民後代。搬到斯圖加特後，全校六百多人僅五位亞裔學生，「我的年級只有我一個亞洲人。」

成長的路途上，她的身邊極少亞洲臉孔，看著四周的德國同學，總覺得和這個世界少了某種連結，但這種疏離的感覺，她也不知道可以跟誰述說。安娜不諱言，在十七歲之前，人生有很長一段黑暗期，極度厭惡自己。

「當時我一直想長得像電視上的西方明星，我很討厭我自己、我的外表，我想去動整型手術、染髮，那時長期心情低落，覺得沒有人眞的喜歡我，甚至還想過要自殺。」

對於自己外觀的憎恨，來自對於自身種族背景的矛盾。她很怕被別人貼上亞洲人的標籤，因此極度避免在公開場合被看到在吃亞洲菜，就怕落人口實。當德國朋友來家裡玩，看見安娜爸媽以極大音量講電話，覺得有趣極了。她只覺得好丟臉，好羨慕德國家庭的安靜優雅。

永遠的局外人

這點也反映在陳艷的成長經驗中，高中時她跟著媽媽搬到柏林史潘道區，該區距離市中心甚遠，住戶也很少亞洲人，陳艷就讀的學校全校一千兩百五十人，僅她一人是越南裔。

有時候我會覺得自己像個局外人，不是因為周遭人的緣故，而是我望向四周，沒有人長得像我一樣。讓我覺得更像外人的原因是，在我成長的過程中，很少看到與自己背景有連結的事物，這讓我覺得很不安、無法被理解。

這樣的境遇也出現在職場上。大學畢業後，陳艷在柏林一家大型公關公司工作超過六年，她覺得自己被貼上「亞洲人」的標籤。例如，當同事看到她進辦公室，會刻意聊起跟亞洲相關的話題；看到她午餐用筷子、沾醬油，頻追問越南人是不是吃什麼都配醬油？

她很不滿，「我對這種事很敏感，他們可以跟其他同事聊昨天的新聞，為什麼只跟我聊越南政治局勢？」

陳艷直言告訴同事，這是日常的種族歧視，他們對於移民或外國人想融入同樣話題這件事不夠敏感，只想把話題簡略成自己了解的程度。「我跟他們說，你跟我聊天的內容，加入了許多自己的刻板印象。」

她好氣又好笑地說，像是有些同事硬要找話題聊，問她越戰的情形、對美國人參戰的想法，或聊起先前去越南旅行的情形。「但我對越戰歷史其實很不熟，也很少去越南，結果對方懂得比我還多。」而這樣的刻意對待，只讓她覺得更像局外人。

明明自我認同是德國人，卻不被視爲德國社會的一分子，對於這巨大矛盾她也仍然無解。

而凡妮莎已經想開，過去她極度想成爲白人，她一直想成爲「他們」其中的一員。但在街上、在排隊時，人們會突然問她：「妳究竟來自哪裡？」不論她多努力都只會被視爲外國人，只能坦然接受這樣的標籤。不再「削足適履」，只爲了融入一個不屬於自己的團體。

心念一轉，她反而珍惜起自己外來者的角色，記者生涯至今，「移民議題」始終是她關注的重點，因爲她覺得自己更能感同身受對方的境遇，而非一般白人看待第三世界的固有觀點。具有亞裔背景的獨特身分反而成了加分。

記者生涯以來，她屢次獲得國內新聞獎項，二〇一八年被選爲德國未滿三十歲的最佳三十名記者之一[vi]；「Rice and Shine」也因對移民族群的深刻關注，節目獲獎連連。這些都是她肯正視自身背景後，才看見當中如同閃亮寶石般無可取代的特質。

亞洲來的家庭關係

模範學生、模範人生

除了前述提到的，在學校或職場往往不被理解，從小受德國教育的越南移民第二代，他們的父母往往仍受儒家思想影響，嚴格要求孩子們的學業成績，強調唯有讀書高，管教方式不脫亞洲父母傳統思維。

這樣普遍嚴格的要求，反映在越南移民後代的學業成就。

根據德國聯邦統計局統計，來自越南家庭的後代就讀文理高中的比例高達近六成，相比之下，德國學生就讀高中的比例僅百分之四十二。[2]也因爲如此，媒體往往將他們譽爲「模範學生」。

這背後的驅動力，除了父母望子成龍、望女成鳳的盼望，往更深一層探討，還有融入德國社會的壓力與外界期待。

和大多數在德國的越南家庭一樣，凡妮莎從小就被父母要求功課頂尖，「他們很注

---

vi 德國《媒介雜誌》（*Medium Magazin*）二〇一八年選出 Top 30 bis 30。Vanessa Vu 為其中一名獲選記者。

重外在形象，很怕被視爲骯髒、懶惰、不聰明勤奮，他們把這些責任都交付在我身上，由我代表這個家的良好形象。」

凡妮莎的這番話，說出了許多移民小孩的心聲。本書多位受訪的越南移民後代也有同樣想法。包括七〇、八〇年代越南船民的下一代，一直到近期二〇一五年百萬中東難民潮，那些尚在學齡階段的孩子們。他們在學校學習標準德語，與德國同儕並肩求學，卻往往被拿著放大鏡檢視在校的學業表現，作爲是否成功融入德國社會的指標。

雙親都是越南船民的黎玲（Linh Lê），正符合德國社會對於越南移民新一代的刻板印象，她從小到大成績名列前茅，是學校裡的模範學生。但講起父母親的嚴格管教，她和多數第二代受訪者同樣有滿腹苦水：

我爸媽總是不斷強調讀書才是最重要的事。我一定要拿到好成績、高中禁止交男友，他們非常非常嚴格，我不能像其他朋友一樣在晚上出門，我一直活在他們的控制裡，包括我去哪裡、跟誰出門，他們一定會追問：「男的女的？」回家一定看到他們坐在門前等我回家，如果晚一點我就遭殃了。

黎玲的父母是虔誠天主教徒，自她有記憶以來，每週的禮拜天都得跟著父母上教堂，教友們幾乎都來自南越，彼此常私下比較子女的成績、工作薪水。

大學時，她瞞著父母交了德國男友，因爲家裡三令五申希望她跟同爲天主教徒的南越後代結婚，她只好不斷編織謊言。有一次父母來訪宿舍，質疑爲何房內是雙人床，她只能謊稱自己需要大一點的床才睡得舒適。

> 我爸媽仍有根深柢固的傳統觀念，認為女人就應該結婚、生子，但我在教堂裡，看見其他越南女人懷裡抱著嬰兒，婚後成為家庭主婦，我在那幅景象裡看不見我自己。我不想將自己局限在這些框架裡。

安娜也有類似的成長經歷，她的爸媽在蔡茨經營亞洲雜貨店，每天早出晚歸，但對兩個孩子的功課一點也不馬虎。安娜小學三年級時，爸媽特地租了一間公寓，請越南老師每週六遠從萊比錫（Leipzig）來教她和附近越南家庭的孩子閱讀與書寫。一班二十人、學生年齡

黎玲。

介於六歲到十六歲，讓她從小打好越南文的基礎。

從我小學一年級到四年級，我父母給我極大的壓力，他們無法接受我哪一科拿到一．二五分，[vii]即使我已經是班上最好的，他們還是覺得我不夠好，他們會問我：「妳知道自己哪裡做錯了嗎？」

他們對我有極高的期待，所以我的成績很好，但我覺得很不公平，為什麼爸媽對我這麼嚴，其他德國朋友的爸媽卻對他們這麼好？我覺得我爸媽是所有越南家庭爸媽中最嚴格的，但我在班上的成績最好。我必須是最好的。直到現在我還是完美主義者，因為我父母的關係，我對自己有超高的要求。

這股來自家裡的壓力，與亞洲傳統的管教方式，常逼得孩子喘不過氣來。

陳艷的家庭也是如此，小她三歲的妹妹在九歲罹癌，雖然最後痊癒了，但在她的印象裡，媽媽總是對妹妹百般呵護，對她卻嚴格要求，禁止她在大學畢業前談戀愛、不許她到同學家過夜。

「我學校的朋友總不能理解爲什麼我要常打電話向我媽報備，或者我媽爲什麼那麼常打給我？他們跟父母講話的態度就像朋友，這對我而言實在太瘋狂了。」

她認爲，亞洲移民普遍在子女身上施加許多壓力，相對而言，德國父母比較能包容理解，小孩不可能事事都拿第一：

> 我爸媽常問我：「妳在班上排名第幾？妳的成績是班上最好的嗎？」我最不明白的是，他們常把我跟其他小孩比較，然後其他人總會有某部分表現比我好，他們就會問：「為什麼妳的成績沒辦法比他們好？」

凡妮莎也有過相同感受，求學時期彷彿得透過自己的學業表現，以資證明全家爲模範移民，甚至證明父母雖身爲移民，在教養孩子方面，並未怠惰。

在成長過程中，她常感受到外界的眼光如影隨形，成了媽媽肩頭看不見的重擔。

「小時候去圖書館，我媽永遠只挑最厚、沒有圖片的大部頭書（來看），怕被認爲外國人都很笨。」甚至在懷著凡妮莎的小弟時，她媽媽仍挺著孕肚站在梯子上，辛勤刷洗別人家的窗戶，直到臨盆前最後一刻才趕去醫院，就怕別人以爲外國人都很懶。

---

vii 德國成績評量採五分制，一分最好，四分及格，五分即不及格。

凡妮莎還記得，每天傍晚媽媽總會奮力刷洗他們三姊弟的身軀，直到他們都喊痛了才停手，媽媽告訴她必須要這麼做：「否則別人會覺得外國人都很髒。」3

你怎麼會這麼笨！

越南移民與下一代的衝突，除了父母管教方式嚴格，雙方成長文化背景不同，語言也是造成隔閡的重要因素之一。

安娜在受訪時，坦承自己無法掌握艱深越南詞彙的挫折。她自陳，雖然許多親戚常稱讚她說得一口流利越南話，但那些僅是在日常生活與爸媽溝通的常用句。

「像在學校遭遇什麼心煩的事，或是最近社會新聞話題，這些需要很繁複的描述，我沒有那些詞彙可以表達。不是我不願意跟爸媽分享，而是我不知道要怎麼用越南話說。」

不僅是語言能力本身的貧乏，越南傳統文化

黎玉中。（攝影：Giang）

表達愛的迂迴，對於在德國文化下成長、習慣有話直說的新一代，並不容易參透明白。

黎玉中描述，在越南文化裡，父子關係較有距離，他花了許多年才理解，當爸爸罵他「你好笨！」其實是在說「我愛你。」

一開始聽到我爸說我笨，我很生氣，跟他辯論，我也許做錯了，但我不笨。我爸說，我根本什麼都不了解，所以他才要解釋給我聽。

我媽跟我解釋，雖然我爸說我笨、說我做得不好、說我是輸家（loser），但其實「他是在說他愛你。」

在他記憶中，自己不曾獲得父親稱讚，即使考到好成績，也只會得到一句淡淡地「很好」而已。他現在已經二十五歲了，仍覺得無法和父母討論事情，一旦違背他們的意見，便會被責罵：「你什麼都不懂，要聽爸媽的意見，沒得討論。」

和德國文化相違背的是，黎家對孩子採取打罵教育。據他描述，即使爸媽明知在德國體罰小孩是違法的，但只要沒有外人在場，他們照打小孩，「我一直到十五歲還被爸媽搧耳光。」

他原本以爲在家被打是理所當然的事，直到他中學十年級和班上同學提起，對方大感驚訝，他才知道原來不是每個小孩在家裡都會挨揍。後來在課堂上學到在德國打小孩是犯法的，他又驚又怒，原來自己被錯誤對待了這麼多年，卻始終逆來順受。

「當下我很生氣，想了很久，問我媽：『爲什麼德國小孩不會被父母打？爲什麼我要被你們打？』」

他媽只回答：「在越南就是這樣，我以前也是這樣被打大的。」父母從小受到的教育方式，完整複製到下一代，並未隨著新國家的文化因地制宜。

這樣的打罵教育，或是小孩不乖就得用棍棒教訓的傳統觀念，至今仍未絕跡。本身也是越南移民後代的阮氏瓊（Thi Quynh Nguyen），目前在柏林兒童福利局專任越南移民家庭的兒童保護社工。

她指出，越南移民兩代之間產生激烈衝突，多因雙方長期溝通不良引起，像是父母不擅德語、孩子的越南話也不夠好，再加上爸媽高壓管教，長期壓迫的結果，便造成孩子罹患憂鬱症，甚至會發生青少年輕生的憾事，上了新聞版面。

她也經手過幾個案例，是越南移民父母體罰孩子，遭學校或鄰居檢舉，兒童福利局因而介入。由越南話流利的她向誤觸法的父母解釋，體罰在德國是犯法的行爲，再犯或情節嚴重者可能會失去孩子的撫養權。「父母都很愛孩子，只是用錯了方法，知道體罰可能會失去小孩，就不敢再犯了。」

黎玉中一直等到他成年了，搬離原生家庭、隻身來柏林念大學，體會到原來要維持生計並不簡單、得學習扛起許多責任，這才漸漸釋懷當初父母的處境。「不是說我未來會這樣對我的小孩，只是能夠理解這樣（的管教方式）對他們而言很正常。」心中的疙瘩才逐漸放下。

爸媽的替身

儘管在越南移民的家庭裡，爸媽的地位明顯高於子女，但有一個情形完全例外。如同許多國家的移民處境，當年幼子女來到新的環境，往往年紀愈小的孩子愈能快速轉換、學習新的語言。尤其越南文與德文差異甚大，許多成年後才來德國的第一代越南移民，抓不到學德文的訣竅，加上忙於工作，更缺乏足夠的學習時間。

這樣的情形演變成一種普遍的狀況，不論是年幼就來德國的一點五代移民，或是在德國土生土長以德語爲母語的第二代，在沒有選擇的情況下，從小就得擔任爸媽的「德文代理人」。

他們的責任重大，得處理公家機關或銀行寄來的專業文件、陪同爸媽看病，擔任與醫生之間的溝通橋梁，或者需要德文的任何場合；一方面他們得兼顧課業，對外更得扮演模範移民的角色，內外夾攻、背負多重壓力。而這些負擔，他們的德國同學不曾經歷，也無從體會。

安娜的成長經驗就是典型的例子。她在家排行老二，但大她七歲的哥哥很早就離家去外地求學，只有週末才回家。從七歲開始，安娜就擔下爸媽所有需要用到德文的任務，久而久之，爸媽連日常生活小事也相當依賴她。

她隨手拈來就是一例，「像是我們去逛超市，我爸媽會叫我去問：刀子在哪？這種單字他們會，但他們就是要我去問。我知道這沒什麼大不了，但有時就是會覺得很煩。」

這種無奈的心情，陳艷也很了解。她從九歲開始替爸媽處理文書工作，像是回覆銀行、保險等文件。她苦笑著回憶，「小時候很多字都不認識，而且那時還沒有網路、沒有電腦也沒有印表機，所以我得手寫所有文件。」

直到大學畢業、搬出家中，爸媽也早已離婚，她仍將這項任務攬在身上，「我去探望我爸的時候，還是會幫他處理德文文件。」

對許多第一代移民而言，德文像是一道將他們隔閡在德國社會之外的牆，定居在此數十載，仍不得其門而入。

陳世偉的媽媽今年五十三歲，每週固定一天在利希滕伯格的家附近上德文課，但生活圈子仍大多與越南同胞來往，練習說德文的機會不多，進步得也慢。

陳世偉的外祖父是裁縫，妻子一連生了四個兒子，皆因家貧中斷學業。第五個孩子，也就是陳世偉的媽媽。十七歲高中畢業時，她選擇加入軍隊，因爲天資聰穎被分配擔任摩斯密碼報務員，後來因爲在軍中工作表現傑出，獲得來德國當契約工的機會，並在兩德統一後選擇留了下來。

儘管年輕時工作能力優異，在德國定居後，陳世偉的媽媽卻屢屢因爲德文受挫，像被人裹了小腳。陳世偉很能體會媽媽的境遇，只嘆是造化弄人。

「我媽她其實很聰明，但不像我爸剛來就上了德文課，現在這年紀學德文很難記得住；她會覺得德文是她的障礙，她有很多話想說，但不知道怎麼說。」

這也是許多越南移民子女與爸媽關係的縮影，父母犧牲自己大半輩子的時間，埋頭辛苦工作，只爲了將孩子養大。只可惜隔在兩代人之中的，可能是無法精準使用而顯得破碎的語言，以及不甚明白父母成長文化的東西方思想差異。儘管如此，本書採訪的十多位第二代移民，雖對爸媽從小嚴厲管教多有怨懟，仍認命地當起爸媽與德國社會的溝通管道。

如同陳艷在採訪中說的，「我們的父母不只是爲了自己才選擇逃難，他們想給下一代更好的未來，甚至早在我們都還沒出生就先替我們著想了。」因此她對於父母雖偶有不滿，更多的是感謝他們的犧牲付出。

阮氏瓊：被丟來火星的孩子

「剛來（德國）的那四天，我整整四天沒有說過任何一句話，這就像有人在你毫無心理準備的情況下，把你丟到火星。」阮氏瓊淺淺地笑著回憶八歲那年被送來柏林，與三年不見的媽媽團聚，小小的世界彷彿天翻地覆。

與在德國出生的第二代移民不同，所謂的一點五代移民，在學齡階段被連根拔起，離開熟悉的原生環境，不顧他們原本對家鄉的情感。多半沒被問過意願，就被強迫帶來一個完全陌生的國家。

阮氏瓊的爸爸任職警察，在一次執勤的過程不幸中彈喪命，那年，阮氏瓊才三歲。作爲對於家屬的補償，她的媽媽獲得來德國當契約工的資格，一九八六年從家鄉海陽省（Hải Dương）來到東柏林的利希滕伯格。

媽媽不在身邊的這段日子，阮氏瓊被送到鄉下的祖父母家，那裡有廣袤的稻田與樹林，家裡養著一大群動物，有狗、雞、豬、貓和幾隻水牛，「對我來說那裡就像天堂一樣，我還幫牠們取了名字。」

阮氏瓊講起在北越的童年生活眉開眼笑，平常她和鄰居孩子們盡情地玩，在田野裡奔跑，餓了就直接從樹上摘下甜得像糖的水果吃；祖父母極寵愛身爲獨生女的她，「我在睡覺時，他們還會在一旁幫我搧風，我就像公主一樣。」

這樣自在快活的日子，卻因爲一項新頒布的法令，毫無預期地畫上句點。一九九一年，在德國的前契約工終於可以透過家庭團聚將被留在越南的孩子接過來，阮氏瓊在毫不知情的情況下坐上飛機，懵懵懂懂離開哭得肝腸寸斷的祖父母，來到東柏林的舍內費德機場。一下機，她嚇傻了，「好冷，那天雪好大，我在越南從來沒看過雪。」

從自由奔放的鄉村來到媽媽和繼父居住的兩房公寓，她極不適應。她坦言，媽媽對她而言就像陌生人，雖然偶爾會收到媽媽從德國寄來的包裹，像是腳踏車或鞋子，但她在祖父母無私的照顧下什麼都不缺。更慘的是，由於媽媽的餐館剛開張，成天都忙於工作，阮氏瓊只能從早到晚一個人待在公寓裡，「電視是我唯一的朋友。」她好懷念鄉下豐富有趣的生活。她想念家鄉的動物們，只想回到慈祥的祖父母身邊，每晚都哭著入睡，足足哭了三個月。

對小阮氏瓊來說，在德國的起點是各種驚嚇。越南鄉村習慣自海邊或湖邊取水，而在德國打開水龍頭就有自來水可用，實在太難以想像；她也從沒看過抽水馬桶，越南的家裡只有一條挖通的溝渠，而馬桶只要按下按鈕，就會跑出嘩啦啦的水，發出轟隆隆的聲音，把穢物往下沖到不知道哪裡去，讓她嚇到不敢去廁所。

好在，隔年春天她開始上學，被編入德國小學的二年級。原本在越南她已經是三年級學生，但當時普遍做法是讓毫無德文基礎的移民小孩降級一年直接入學，不像現在會提供學前德語課，有緩衝的學習時間。

阮氏瓊回憶，當初自己很幸運，班上有兩名德國同學正好分別住她家樓上、樓下，三人常放學後一起在後院玩，聽不懂的德文她們耐心教她，她的德文便在每天的玩耍中慢慢進步。

更幸運的是，班上還有另一名同樣剛來德國的越南女孩，兩人下課常一起聊天，排解鄉愁、抒發初來德國的不適應與爸媽之間的衝突，課業上不懂的也能互相砥礪，逐漸萌生革命情感。

即使兩年後因爲阮氏瓊的妹妹出世，他們全家搬到米特區（Mitte）的新家，越南同學仍每週末乘著地鐵來找她玩。而自從交到好友後，原本的種種問題都被拋到腦後，她們兩人也結伴到米鼓協會參加爲越南契約工子女舉辦的活動，結識更多年齡相仿的玩伴，原本小小的世界逐漸拓展開來。

八年後，家鄉成為異地

阮氏瓊的妹妹出生那年，她十二歲，在爸媽眼裡已可獨當一面。家中經營餐館事多如麻，媽媽除了產後第一年在家帶孩子，很快便重拾工作，照顧妹妹的重擔便落到她身上。

阮氏瓊本來總是一個人吃晚餐，每天放學後自己煮一鍋飯，再加熱媽媽準備的菜，簡單解決一餐；有了妹妹之後，除了每天接送她去幼稚園，放學後也得張羅大小事，除了晚餐，還包括帶妹妹看醫生，幼稚園的家長之夜也一向由她代表出席。

後來她回想這段成長經歷，當時面對的一切雖然很惱人，放學後不能立刻出去玩，總是得照顧年幼的妹妹，但對目前擔任兒保社工的她來說，這段經歷「對我的工作是很好的練習，我完全做足了準備。」

長大之後，她也了解爲什麼爸媽總是忙著工作不在家，因爲身爲外國人，如果工作或念書不如德國人，只會永遠被當成外國人。

她搖搖頭說，「我不想成爲這樣，我想像我爸媽一樣，凡事盡力做到最好。他們不想只當個伸手要錢的外國人，他們不是這樣的人，我很爲他們感到驕傲。」

離開越南多年，直到十六歲她才第一次返鄉，從小溺愛她的祖父母與外祖父母，其中一人在她遠赴德國的期間過世。她形容，彼此重逢的那一刻，「我們抱頭痛哭像哭了幾世紀一樣漫長，眼淚不停地掉，我好想念他們，甚至現在，只要想起他們，我就想哭。」

不僅家裡出現變化，越南在九〇年代進行了一連串改革，改到她連自己的家在哪都認不出，她嚇壞了。這些年來，家鄉到底發生什麼事？她不在的這八年，錯過了什麼？

阮氏瓊因此選擇就讀柏林洪堡大學的亞洲研究系，細細研讀那段歷史，成天都待在圖書館，追根究柢想找出原因與了解歷史背景，「我不是爲了成績念書，我是爲了自己。」她想藉由這些追索的過程，補回那段失去的時光，因爲移民與家鄉的連結不會因爲離開了原生土地就此拔根。

十七歲，談下書報攤生意

阮氏瓊的爸媽一共開了三家越南餐館，但次次失敗，甚至遭遇過無名火災，背上大筆債務，逼不得已只好轉作他途。碰巧當時柏林萊尼根多夫區（Reinickendorf）一處書報攤的老闆正想轉讓，才十七歲的阮氏瓊帶著媽媽去應徵，對方對她非常友善，仔細交代經營事項，阮氏瓊再翻譯給媽媽聽，成功接手店面。

就像前幾節提到的，越南移民子女在父母德文不流利的情況下，往往得肩負翻譯的角色。阮氏瓊從小學六年級開始就和爸媽跑遍各種行政機關，像是兒童福利局、工商局、看醫生、談保險等等，她說，「當他們要簽約時，其實我有點尷尬，因為我才十二歲卻跟著父母去幫忙翻譯。」

但她認為這其實並不完全是壞事，「因為那個人會可憐你，然後願意伸出援手。」書報攤的前任老闆就是一例。

就這樣，原本在餐館負責接單、德文字彙非常有限的媽媽，自從開始經營書報攤，開口的機會多了，和來買報紙的客人多聊幾句，不懂的字彙就傳訊息問女兒。不僅如此，她媽媽也很好奇為何顧客會對某些報紙標題感到驚訝或憤怒，顧店的時候，同時翻閱架上報紙細讀內容，德文因而愈來愈好、懂的字彙愈來愈多，成為頂下這家書報攤的意外收穫。

幾年後，靠著小攤的收入，阮家終於還清欠債，家裡經濟逐漸穩定，阮氏瓊的爸爸也在距離書報攤不遠處開了一家裁縫店（Schneiderei），幫人修改衣服。這樣的店鋪在柏林相當普遍，多由越南移民經營，靠著改短褲腳等數歐元的收入，將孩子拉拔長大的大有人在。

兩代人，拼圖般的理解

阮氏瓊大學畢業後，先是飛到英國讀研究所，回國後進入一家位於慕尼黑的旅行社工作，期間與同為越南移民後代的丈夫結婚，直到二〇一二年懷孕，才辭去工作。全家搬回柏林，就近有娘家可以照顧孩子。這個搬回柏林的決定，意外連結了她的過去與未來。

二〇一五年末，歐洲爆發難民潮，超過百萬名來自敍利亞、阿富汗、厄利垂亞等國的難民冒險渡海、徒步穿越邊境湧入德國，引起德國社會極大震盪。

阮氏瓊的第二個孩子在同年出生，她手中抱著嬰孩，看著新聞報導大批逃難的人們跨越國境，好幾家柏林的難民收容所遭縱火、極右派分子對著坐在公車上的難民丟石頭……。整個社會因為這波難民潮自此分裂成擁護與反對兩派，鎮日爭吵不休。

「這讓我聯想到九〇年代的越南移民，想著這就是我孩子的未來。我們在這裡，一開始也和父母經歷了很糟的過去，我不想同樣的事情再度發生，我想要做點什麼事。」

阮氏瓊將自己有意願幫忙難民的想法，貼在臉書上，米鼓協會的人看見她的貼文，主動邀約她來替難民上課。直到隔年，老二滿一歲、老大滿三歲，都上幼稚園了，阮氏瓊便赴任難民融合課的德文老師。

不僅如此，她同時在柏林兒童福利局擔任兒保社工，針對孩子可能在家裡遭遇的問題，親自家訪了解情況，給予父母建議，導正父母或孩子的不良行爲。而其中最常碰到的親子問題，卽是前一節提及的語言隔閡與文化差異導致的溝通不良。

她以自己的經驗分析，身爲所謂一點五代的移民後代，她曾在越南生活過，了解當地社會普遍管教小孩的方式，卽使媽媽會因爲她成績不佳大聲責罵，但她並不往心裡去，就能避免產生衝突；然而她妹妹是土生土長的第二代，從小受德國教育，懂得據理力爭，難以理解爸媽爲何管教嚴格，雙方便常常因此爆發爭吵。

> 大部分的第二代並不完全了解越南文化，他們在德國社會能得到的相關資訊，來自他們的爸媽或兄姊，像拼圖一樣，一塊一塊，無法看見全貌，便無法了解為何他們的爸媽會這樣想、這樣做，親子之間因此產生衝突。他們無法達到爸媽的期望，才會常常爭吵。

親子之間因世代差異引起衝突，或溝通不良，並不少見。但橫在越南移民父母與子女之間的，還有德越截然不同的文化差異。這鴻溝，也許短時間難以跨越，但唯有彼此試著互相理解，才有可能和解的一天。

當初嚇得彷彿被丟來火星的孩子，如今，阮氏瓊已是兩個國小生的母親，算來已是越南移民在德國繁衍的第三代。她與丈夫選擇在家與孩子說越南話，她明白自己的孩子總有一天也會像她一樣，面臨自我認同的困惑，但如果認識他們的根在哪裡，了解家族來自何方，那他們就不會迷失，可以在這片土地上，扎扎實實地站著，長出自己的方向。

阮氏瓊。

CHAPTER

06

北方的小鎮

「我人在哪裡，哪裡就是德國。」

——德國作家，托馬斯・曼

前言

走過接納越南船民的四十個年頭，當初西德政府從阿爾布雷希特的一個念頭開始，以海鴻號爲開端，各邦啟動前所未有大規模接收亞洲難民的安置程序。德國自此建立起收容難民的完整流程，影響之深遠，延續至二〇一五年的中東難民潮，甚至是二〇二二年初的烏克蘭難民。

回過頭來看，這波落腳西德的船民，以及他們在東德做工的同胞，甚或是在德國土生土長的下一代，出於不同的歷史因素，歷經了或深或淺的社會融合。

再往我們島內觀看，幾乎在同個時間點來到臺灣的越南華僑，同樣經過了一波融入臺灣社會的掙扎，如今散落在臺灣各處。

然而，得具備哪些條件才算是成功融入當地社會？有成功的方程式嗎？政府與民間要如何幫助移民，才能讓他們更融入當地社會？這些被接納的移民們，可能爲收容國帶來哪些助益或回饋？

上述這些問題，也許能從這一章將介紹的北德小鎮諾登（Norden）獲得最佳解答。

這座總面積僅一百零六平方公里的臨海市鎮，在一九七八年底迎來一批陌生的亞洲面孔，自此改變了當地的命運。靠著以包容思維出發的融合措施，這群難民與在地形成緊密

席維特保存的老照片，越南難民在拿撒勒之家前的空地遊戲。（席維特／提供，Giang／翻攝）

的網絡，如今越南船民成爲當地旅遊業不可或缺的力量，甚至坐擁鎮上多座旅館。越南移民們爲這座小鎮的付出，更贏得居民的普遍尊敬與肯定，諾登鎮無疑是德國近代移民史少見東西融合的成功實證。

他們是怎麼做到的？

拿撒勒之家

一九七八年十二月四日，德國北方一個叫諾登的小鎮，響起一陣電話鈴聲。

這通電話很不尋常，是從下薩克森邦總理辦公室打來的。當時才創立拿撒勒之家（Haus Nazareth）一年多的席維特（Roman Siewert），接到邦總理阿爾布雷希特親自來電詢問，「能不能撥出五十個空床位？」席維特和當地政府行政部門一番討論過後，慨允提供一百五十一個床位，給前一天剛落腳漢諾威機場的越南船民。

這批西德史上首度收容的越南船民，是西德政府隨後陸續接收四萬多名船民的開路先鋒，一共一百六十三人，其中包括七十二名孩童，都是「海鴻號」船難的生還者。

當時包括席維特本人都還不知道，拿撒勒之家——這座過去從未收容過難民的療養園區，未來將擔綱越南船民成功融入德國社會的關鍵角色之一。

羅曼爸爸

這群從亞熱帶國家來到西德的越南移民們，提著簡單的行囊，先被帶到位於下薩克森邦的弗里德蘭難民營——這座大型難民營直到一九八〇年代中期，總共約接待過四千五百名越南船民[1]——接著經過身分登記等行政手續，幾天後再被轉至拿撒勒之家。

這裡是他們在西德的第一個長期落腳處，也以此爲起點，開始認識關於德國的一點一滴。

拿撒勒之家全名是諾爾登堤岸拿撒勒社會服務組織(Norddeich Sozialwerke Nazareth)，原本是提供母子療養服務[i]（Mutter-Kind Kur）的院所，讓平時勞累的母親在此休養身心，以長達三週的時間，參與不同的休閒活動，孩子則有專人負責照料，相關費用皆由保險公司支付，是德國特殊的社會福利之一。

直到席維特答應阿爾布雷希特的請託，這座療養機構才搖身一變成為收容難民的中途機構。

自一九七八年十二月十一日，首批八十八名越南船民從弗里德蘭難民營乘著巴士來到拿撒勒之家，其後二十年間，拿撒勒之家收容了三千一百五十五名船民，超過下薩克森邦接收越南難民總數的一半，在西德推動越南移民融合的工作上，扮演極關鍵的角色。[2]

除了越南船民，一九七八年底至一九九八年間，拿撒勒之家同時收容共一千零八名其他國籍的難民庇護申請者，與一千三百二十二名身旁無成年人陪同的未成年難民(Unaccompanied minors)。

這座療養園區的大家長席維特，被越南船民們暱稱為「羅曼爸爸」，高大的身軀、和善的笑容，對住民與員工皆真誠流露關心，許多人即使已經離開多年還是會特地回來

i　德國針對母親與其子女提供的健康福利措施，為期二十一天，母親藉由機構提供的運動、放鬆、心理治療，獲得充分休息，同時提供子女教養與營養諮詢課程；孩子則由具有教育專業的人員照顧，並藉此治療疾病或健康失調，也能使用游泳池、戶外運動等設施。

探望、敍舊，或是寄照片、信件與他分享近況。

席維特更因創辦拿撒勒之家以來，長年對於越南船民與難民的付出，於一九八六年獲得德國聯邦政府頒發「德意志聯邦共和國功績勳章（Verdienstorden der Bundesrepublik Deutschland）」。這枚勳章用以表彰對於德國政治、經濟與社會文化方面，有重大貢獻的人，足見席維特在收容難民事務所獲得的肯定。

本書撰寫期間，我與席維特取得聯繫，當時距離該園區收容首批越南船民已逾四十年，我想了解當年來到拿撒勒之家的這些船民，身爲最早一批抵達西德的越南難民，他們後來在德國的境遇如何？

經過簡單交涉後，我們相約直接在園區裡會面，二〇一九年八月我便與攝影師一同前往諾登一探究竟。

席維特。（Giang／攝影）

位於德國西北部的下薩克森邦，西邊與荷蘭接壤，北邊臨海，諾登即是其中一座靠海的小市鎮，因緊鄰二〇〇九年被聯合國教科文組織列入世界遺產的瓦登海

（Wattenmeer），旅遊業相當盛行。其中從事旅遊業的業者與員工約四成都是越南裔，甚至持有當地數家旅館。

諾登如今有兩萬七千名居民，分爲十二個區，其中位於西北邊的諾爾登堤岸（Norddeich）即是拿撒勒之家的所在地。

在員工一路帶領之下，我到達位於頂樓、創辦人席維特的自宅兼辦公室。儘管兩年前他因屆高齡七十歲，已卸下負責人身分，每日仍如常關心拿撒勒之家的運作。一進辦公室，我們就看到一頭花白頭髮的席維特坐在沙發上，一派氣定神閒，精神奕奕。待聽了我們的來意後，他笑著說，一直以來他都和越南文化一起生活，「即使到現在我都還能用筷子喝湯。」ii

席維特收藏著許多相關歷史資料，並牢牢記著背後的故事。他隨手翻出一張老照片，一群越南移民父母與九個孩子笑著站在拿撒勒之家前合照。「這是一九七八年十二月下薩克森邦接收的難民，這些孩子有些現在已經當上醫生了。」

ii 編注：此句對應的語境是西方人喝湯是用湯匙。

他再抽出另一張照片，一群穿著白領藍衣、戴著護士帽、胸前別著紅色十字徽章的護理師，坐在巴士裡像是正準備要出任務。席維特指著左下角唯一的亞洲面孔說，「這是我的好朋友文萍（音譯），她就讀護理學校，是一名專業的護士。」

文萍是被拿撒勒之家收容的越南船民之一，靠著自己力爭上游，說著流利德文，最後成爲下薩克森邦威廉港醫院（Klinikum Wilhelmshaven）的專職護理師。

像她這樣的例子並不少見，拿撒勒之家擔綱起協助難民社會化的關鍵第一站，培養他們踏入德國社會求職或求學的基本技能，學習德國的價值觀，奠定這些難民成功融合的基礎。

最後呈現出的結果是，諾爾登堤岸區、諾登市，甚或擴大到下薩克森邦，皆有許多曾待過拿撒勒之家的難民，靠著自己的力量，達到某個專業領域的成就，像是當牙醫、從事觀光業，或是成爲像文萍一樣的護理專業人員等，不僅擺脫最初需要靠政府救濟的貧困，對德國社會而言更等於培養出一群技術人才。

席維特接著站起身來，引領我們走到寬闊的陽臺，從這裡俯瞰拿撒勒園區。園區正中央是一座教堂，當初難民居住的三十三間平房、數座提供給遊客的度假小屋、二十八間公寓，以及十三年前興建的老人住宅，則交錯散落在園區內。

如今園區內看來閒適的休閒氛圍，很難想像當初收容難民時，這裡的忙碌程度可是每天都像在打仗。席維特透露，他們一開始僅有三百二十個床位，在一九八一年高峰期，卻曾一度住了來自十八國的三百三十三名難民，全園區僅有八名員工，每天從早到晚忙個不停，難得有閒暇的時刻。後來組織逐漸上軌道，員工人數如今多達一百三十人。

我們回到有著寬敞沙發的辦公室內，席維特拿出一疊文件與書信，「這是當初政府給我的第一封信件，以及之後簽署的合約。」

由於當地政府也是第一次收容越南難民，和席維特同樣從摸索中學習，因此最初並未給予拿撒勒之家任何規範，讓席維特完全按照自己的意思放手去做。

一開始，雙方僅簽三個月合約，期滿再延長了三個月，陸續又延長半年、一年期限後，終於獲得五年合約，制度也逐漸完善。

他再遞給我一本塞得滿滿的資料夾，「這是當時住在這裡的越南難民名冊。」翻開一看，裡頭詳細記載住民的國籍、姓名、抵達日期，名冊裡也包括來自阿富汗、黎巴嫩、敍利亞、伊朗，以及前南斯拉夫、非洲、中美洲國家的難民。

席維特坦承，從接下這個任務到首批船民實際抵達拿撒勒之家，只有短短五天時間。最初他對越南的文化、宗教、社會關係，像是婚姻制度、越南人的食物喜好等，「一點頭緒都沒有。」

當時西德不如現在容易取得異國料理，亞洲食材並不普遍。席維特最初一視同仁，按照德國傳統飲食習慣，早餐跟晚餐提供冷麵包，唯有中餐才提供熱食，以馬鈴薯料理爲主食。

越南船民吃了整整兩週的冷麵包後，有一天席維特像是想通了什麼，特地煮了一大鍋熱騰騰的粥湯，向每週都會開著小貨車到鎮上兜售異國食材的荷蘭男子買了一瓶魚露。從那天開始，拿撒勒之家每天早晨都提供亞洲口味的熱食，漸漸撫慰了這群遠道而來、家鄉遠在千里之遙的船民，他們受凍的心靈彷彿也漸漸融化。

席維特微笑說著：「從那時候起，船民們覺得自己就像在家裡，之後一切便漸入佳境。」

就這樣，席維特逐漸摸索出與船民們相處的心得，受訪時他扳著手指數著，拿撒勒之家試著替這些離鄉背井的人做到的五件事：依照他們的文化提供食物，讓他們彷彿身處家鄉；尊重不同宗教與音樂；妥善照顧孩子，因爲只要小孩開心，父母也會跟著開心；尊重老人，保有他們的尊嚴。

這些原則看似簡單，但蘊含最重要的觀念，就是彼此尊重。讓來到新國家的人，即使被迫抽了根、離了土，還有保有自己原生文化的可能性，否則只怕淪爲失落的異鄉人。

而透過與越南船民的相處，他才體認到，並非如今德國右翼政黨另類選擇黨（Alternative für Deutschland, AfD）所聲稱的，外來移民必須得成爲德國人。相反的，是移民在德國仍得以保有他們自己的身分認同。

席維特再強調，離開家鄉的人會帶兩樣珍貴的東西：家人的照片與自己的信仰。儘管拿撒勒之家具有自身的宗教色彩，但住在這裡的人，仍保有宗教自由，這項基本權利並未被剝奪。

他指出，拿撒勒之家能夠運作順利的秘訣就是：來到這裡的難民看見，自己跟家人能如常祈禱，在這裡所有的文化皆獲得接納，他們便能安心住下。這也是爲何此處始終沒有警察駐守、不需戒備森嚴的守衛，更從未發生過右翼激進分子的抗議滋擾事件。

不僅如此，拿撒勒之家每週固定召開住民會議，同時聘請三到四種語言的即席口譯，包括越南語、英語、印尼語等，講述德國日常生活文化，像是學校教育的重要性、守時的觀念等，讓住民耳濡目染，了解德國社會運作的基本規則，爲未來離開拿撒勒之家、踏入社會做足準備。

建立在地網絡

人落腳了，心也逐漸安定下來，再來要處理的是更深層的問題。

席維特說，一開始人是接進來了，但要如何幫助一群飽受戰爭蹂躪、逃過海上劫難卻仍身心受創的難民，大家都沒有頭緒。

席維特本身具心理治療專業，一九七五年他與合夥人於法蘭克福共同成立一座提供給精障者的社會福利機構，[iii]但他對於創傷治療同樣毫無經驗。

他因此親赴法國巴黎取經，請來創傷治療專業的心理治療師，協助仍受戰爭夢魘所苦的難民。除了園區本有的協助外，更成立專屬諮詢中心，提供越南難民心理諮商服務。這項創舉溫柔善待仍困在創傷中的船民，透過一次次的談話與引導，將束縛在心上的過往，一一卸下，才有逐漸痊癒、敞開心胸展開新生活的可能。

不僅如此，席維特不想採取一般與世隔絕的難民收容所管理方式，他反其道而行，主動向左鄰右舍尋求連結，打造出綿密的在地網絡：首先，日常用品一律都在當地店家購買，增加商家收入；再來，與在地農家合作，請他們定期提供雞肉與豬肉；此外，凡園區增建修繕住宅建物，一律只聘請當地工匠。

如此一來，既有助本地經濟、創造當地工作機會，居民藉著上述互動能更加了解也認同拿撒勒之家的工作，對認同越南船民來到他們家鄉，也進而邁進了一大步。

席維特強調：「這裡是我的家，每樣東西都在當地購買，這點對我而言相當重要。」如此不僅能增進在地居民對於難民進駐的正面態度，反之，當地人從這些管道賺到錢，對他們的工作也會更加包容。

要維繫好這張友善且健全的在地網絡，難民本身的態度也很重要。住在拿撒勒之家的難民們，不得喝酒、賭博，得學習遵守德國的生活規範，例如規定晚上十點過後聽音樂要轉小聲、不得隨地亂丟垃圾。

有一次，一群越南移民偷偷從前門進來扛了一箱啤酒，席維特看到了，立刻走到陽臺對他們大喊：「帶著東西回去！(Zurück, damit!)」他們嚇壞了，趕忙從前門出去。席維特說起這段往事，促狹地說：「故事還沒完。他們後來試著從後門進來，被我當場抓包！」

他解釋，會規定園區內不能喝酒，是怕有人酒量差，若喝酒鬧事會打壞和鄰居的關係，毀了好不容易建立起來的信任。

在他擔任負責人的四十多年裡，拿撒勒之家一直是開放性的園區，不刻意以圍籬或

iii 一九七五年十二月，席維特與齊維克（Rolf Cilwik）在法蘭克福共同創立「美茵陶努斯社會工作組織」（Sozialwerk Main Taunus e.V.），這座機構提供精障患者住宿、醫療、心理治療等服務。席維特於一九九八年卸下擔任了二十三年的負責人一職。

高牆阻隔四周，住民們有機會接觸外界，而非只關在封閉環境裡，彷彿平行世界。

在少數幾次越南住民與周遭鄰居發生衝突或誤解時，拿撒勒之家也絕對是第一聯絡人，協助雙方釐清眞相、解決問題。「始終都試著在鄰居與難民之間搭起一座橋梁」，認眞看待與附近居民的關係，讓他們感到備受尊敬，是席維特在訪談間多次強調的重點。

拿撒勒之家內部甚至成立專屬基金，用於邀請周遭居民來園區與住民一同用餐的餐費，越南年輕女孩穿著傳統服飾，大家一起唱歌跳舞，回饋感謝德國民衆在這一波越南難民潮的捐款與幫助，也讓周遭居民有更多接觸這群新移民的機會。如此一來，「難民」或「船民」才不會僅是電視、報紙上的陌生名詞。

在媒體形象經營方面，拿撒勒之家仍然強調「在地優先」，認爲地方性的報紙才是最具影響力的傳媒。

席維特的原則是只接受當地媒體採訪，像是諾登或是園區所屬的奧里希（Aurich）行政區轄內媒體。德國知名電視新聞節目「每日新聞」（Tagesschau）、《明鏡週刊》等全國性主流媒體，都曾對拿撒勒之家的成功感到好奇，希望能前來專訪，但都被他一口回絕。

這是經過深思熟慮的決定。他神情嚴肅地說：「我沒有忘記我的德國人民，那些深陷貧窮、沒有正當工作、薪水不高，或是那些青春期即父母離異的人們。」

他直覺認爲，要穩固組織的運作，保障內部百來位員工的工作，最好保持低調、不要有過多公開曝光，如此才是上策。後來，德國發生一樁針對越南難民收容所的縱火案，證明了他的顧慮並非空穴來風。

拿撒勒之家開始接收難民後，席維特特地去拜訪諾登在地超過百年歷史的大報《東弗里西斯快遞報》（*Ostfriesischen Kurier*）總編輯索滔（Basse Soltau），詳細說明未來這座園區的經營計畫，讓對方對於拿撒勒之家的工作有一定了解，自此建立友好關係。

就在席維特初次拜訪索滔一年後，一九八〇年八月，漢堡發生一起德國右翼極端團體「德國行動組織」（Deutsche Aktionsgruppen）發動的縱火事件。三名新納粹分子選中某座住有兩百多名越南難民的宿舍，大喊著「外國人滾出去」，朝著窗戶扔擲燃燒彈，火勢很快蔓延開來，兩名熟睡中的年輕越南難民不幸因此傷重不治。

《東弗里西斯快遞報》報導諾登接收越南船民。

這兩人卽來自本書第一章提及，《時代週報》從比東島帶回的那批難民。他們逃過了越共、躲過了船難，卻沒有料到最後會喪生於所謂民主安全的國家。

縱火犯很快就落網，最後坦承是因爲讀了一篇關於難民收容所的報導因而心生怨恨，才針對越南船民下手。

席維特親自參加了這兩名船民的葬禮。他難過地思索著，儘管在當時如此激烈的種族攻擊仍算少數，但若處理不當，恐怕這股仇恨會渲染開來，不僅可能造成更多傷亡，對於他們推展社會融合工作恐怕更加困難。

他因此致電索滔，拜託她一定要審愼報導，「我告訴她，請動用她的影響力，讓《圖片報》[iv]不要來報導。」最後這波仇恨攻擊安靜落幕，所幸並未引起更多漣漪。

上述的事件僅是拿撒勒之家多年從事難民融合工作以來，諸多插曲中的一個波折，往後席維特因此更加小心，避免接受全國性電視採訪，成爲無辜的種族歧視攻擊目標。「因爲我知道有些處於劣勢的德國人，對接收難民這件事並不開心。」他說。

這裡沒有隔離的高牆

如同二〇一五年德國敞開大門，讓百萬名中東難民棲身，有人贊成也有人質疑。拿撒勒之家最初收容難民同樣遭到部分居民反彈。席維特說，「這是人性本質，對於不了解的，自然會感到害怕。」

面對外來種族截然不同的文化思想、語言背景、宗教習俗，甚或吃食等日常習慣都與在地人有極大差異，要做到兩個群體都相互認同，和平相處在同一塊土地，自然需要長時間的互動與溝通，才有可能改變或扭轉原先的誤解。

反觀近來這波難民潮，許多德國民眾平時沒有接觸中東難民的機會，缺乏了解與近距離互動接觸，若再加上右翼分子的刻意仇恨煽動與僅接收新聞的負面報導，那麼他們對「難民」的想像，便難以避免局限於僅有單一面向。這也是爲何席維特始終強調：將難民與外界隔離、沒有與其他種族接觸的機會，再加上語言隔閡，才是難民問題的根本主因。

換言之，隔離與劃清界線並不能解決問題，反而是在製造問題。

反其道而行的拿撒勒之家，因爲席維特的包容思維，不在園區外圍築起籬笆或圍牆，反倒努力不懈持續搭建起越南移民與當地居民的互動橋梁，我認爲這才是拿撒勒之家能作爲融合典範的關鍵要素。

iv 《圖片報》（*Bild*）是德國發行量最大的八卦報紙，內容以腥羶色為主。

隔離的高牆一旦被豎起，就得花上數倍的時間才可能將那擋在外來移民與在地居民的一磚一瓦拆下。拿撒勒之家的例子跳脫了族群融合是由政府政策主導的普遍思維，以一己之力證明了移民們在平等對待、適性發展、積極拉近與在地社群的距離等條件下，成功融入當地社會的可能性，進而對收容國的好處不可言喻。

船民會所

從越南到地中海

爲了更加了解當時越南船民與諾登居民實際相處的情形，我聯繫了持續協助越南船民募款興建「船民會所」（Forum Boatpeople）的提都費德文物館（Dokumentationsstätte Gnadenkirche Tidofeld）館長波納（Lennart Bohne）。

二〇一九年八月探訪漢諾威圓覺寺時，我意外發現一張籌募越南船民會所的宣傳單，上面是一張載滿船民的難民船黑白照片，搭配德文與越南文並陳的文字說明。簡單描述了船民們希望能有一個固定場所，常設展覽關於諾登自一九七八年來收容三千多名船民的珍貴歷史文物與口述記憶。簡章最後留的聯絡對象，即是提都費德文物館。

這座位於諾登的文物館也與當地接收難民的歷史有極深的淵源，這裡自一九四六年起曾負責收容二戰後來自德意志帝國前東部領土[v]、遭到蘇聯紅軍驅逐或自行撤退的德裔難民。如今則轉型成爲展覽這段歷史的文物館。

熱心的波納本身也是出身諾登，他很快替我聯繫了幾名仍住在諾登的前船民，並建議我一併拜訪曾在二〇一七年九月至二〇一八年四月展出特展「從越南到東弗里斯蘭」的東弗里斯蘭茶博物館（Ostfriesische Teemuseum）。

我們的諾登之旅於是從東弗里斯蘭茶博物館出發，這裡平時展出當地茶葉文化與相關茶具，不定期舉辦特展，主題並不局限。

時任館長史坦格（Matthias Stenger）二〇一一年上任，他和太太從科隆的家搬來，驚訝地發現諾登鎮上竟然住著許多越南人。「這是我跟這個族群的第一次接觸。」他坦言自己先前根本不熟悉船民。一九七六年出生的他，儘管曾在求學階段讀過越戰那段歷史，但「這些人的逃難經歷不存於教科書內。」

v 原文為 ehemalige deutsche Ostgebiete，指的是德國與波蘭邊界以東，曾獲國際公認為德國領土的省分與區域。二次世界大戰後，根據波茲坦協定，這些地區的主權不再歸德國所有。

二〇一五年他跟這個族群更近一步接觸，也間接激發船民會所計畫。

那年年初，因應敍利亞內戰衝突加劇，一波即將席捲歐洲多國的難民潮正向德國漸漸逼近，難民議題出現在德國媒體上的頻率也逐漸升高。史坦格當時想，身爲一座博物館，如何讓激烈的政治討論降溫，進而回歸到最初對人的關懷？

他想到諾登鎮上爲數衆多的越南移民，其實與近年冒險渡過地中海的中東難民有許多相似之處。他指出，兩者都有共同的名字：船民。

「他們都搭船而來，如果你朝著地中海拍一張照，將它轉成黑白照，不近看那些難民臉的顏色，（會發現）兩者非常類似。」

再來，越南船民是德國繼二戰後收容東歐難民以來，最大一波的難民融合。和中東難民一樣，他們與德國本地的文化背景、宗教信仰差異極大，兩者最初同樣一句德文都不會說、可能只會一點點英文。

德國社會普遍公認越南移民是德國史上最成功的移民融合例子，史坦格思索：有沒有可能，可以藉由了解當初越南人的融合過程，更進一步體會現今中東難民融入社會的難處？並在不同的時空背景之下，複製其中的成功經驗？

他因而發想一場以諾登當地越南船民爲主題的特展，大規模訪問當初的船民、船民的孩子、透過家庭團聚來德的家人、在拿撒勒之家工作的員工、天主教教堂的義工以及八〇年代從事難民融合工作的人們。

史坦格最後催生了二〇一七年九月起，於茶博物館展出爲期七個月的《從越南到東弗里斯蘭》特展，除了訪談內容，也展出船民逃難途中使用的器具，像是羅盤等，以及過往諾登相關的珍貴老照片。

他解釋，舉辦展覽的當下，德國社會氛圍非常反難民，但中東難民們最初徒步抵達德國時，有數千名德國民眾站在月臺邊鼓掌歡迎，當時溫馨包容的氣氛令人動容，整個社會與報章媒體也一致力挺難民。

回溯越南船民剛來西德時，也是類似的情景，「大家自願掏錢，幫助越南難民」，諾登當地組織甚至一舉掏出四萬馬克襄助。但到了八〇年代中期，西德卻出現一股反接收越

史坦格。（Giang／攝影）

東弗里斯蘭茶博物館。（Giang／攝影）

南船民的社會氛圍，不再是全國力挺讓這些亞洲子民來到德國。

從張開雙臂歡迎到反對，德國社會主流民意一百八十度的大轉變，也是這兩波難民潮的相似點之一。

產乳的牛得先被餵飽

儘管相似點這麼多，但爲何目前中東難民的融合程度似乎尙不如越南船民？史坦格認爲，這其實是人們的迷思，若單單將焦點放在國籍本身，認定因爲是越南人所以才會成功，是非常危險的解讀。「也許我們應該退一步看，他們都是難民，有堅強的，也有不堅強的。」

席維特也同意這個論點，他強調，外界普遍認爲越南船民是比中東難民更好的難民，但他強烈反對這項說法。

「這世界上沒有所謂的好難民或壞難民，不同的只有環境。」若擁有好的環境，即使不堅強的難民也能融入社會。

他譬喻道，「一頭產乳的牛得先被餵飽」，越南船民當初獲得充沛資源，這些資源扶持著他們長出自己的力量，如今才有能力回饋德國社會。

若將這兩波難民獲得的政治與社會資源攤開在檯面上比較，兩者最關鍵的差異在於，越南船民自一開始就獲得政府保證，不會被遣返母國。親自參與採訪諾登船民的史坦格指出，每個受訪的越南船民都提到：他們從抵達德國的第一天就知道，「無論發生什麼事，除非是自己想要，否則我不會再離開德國。」這帶給他們極大的安全感。

相比之下，二〇一五年底來的中東難民得先熬過漫長的文件審核，「真正摧毀他們的是長達數年的等待，(被迫) 待在德國等待未知的未來。」不知道能否留下來，也無法返回家鄉。原本滿心期待的新生活，僅剩不知期限的煎熬。

此外，當初家庭團聚規定寬鬆，越南船民能申請讓一家人來德團聚；但目前的難民政策緊縮，唯有未成年難民才能申請讓直系親屬來德國，而過程同樣曠日廢時。當親愛的家人還在砲火連天的家鄉，難民即便已身在安全的德國，仍心繫遠方，要他們在這樣的背景下著眼融合，談何容易？

在種種融合背景、條件差異極大的情況下，對比兩波難民如今在德國的表現並不公平。史坦格指出，難民人數也是十分現實的考量。西德政府當初在越南船民身上投入大筆金錢，但與如今的中東百萬難民人數相比僅是九牛一毛，也因此現在的德國政府無法拿過去用在越南船民上的政策如法炮製。

但即便如此，越南船民的例子仍證明了，難民融合的結果能締造雙贏的局面。例如，許多住在諾登的越南移民成爲自行開業的律師、醫生，不僅本身是專業人才，更在當地創造更多工作機會，德國社會反而從這些越南難民獲益。正如史坦格所說的：「一開始你得付出許多，但最後你會獲得雙倍回報。」

回答「我是誰？」的文物館

這場由東弗里斯蘭茶博物館舉辦的展覽在當地引起不小迴響，來看展的在地人發現訪談主角就是生活裡常遇見的越南鄰居，進而開始反思：

爲什麼之前我們沒想過去了解他們的故事？

部分的人甚至親身經歷過越南船民剛來諾登的時期，但未曾以更大的格局探討深思當時的法律與歷史背景。

來自諾登的波納，高中時期校內有多位同學就是與家人一同逃難來的越南人。「（看展）那時我問自己，爲什麼從沒問過他們（這些經歷）？因爲對我來說，這一切都很正常，我不知道這是特別的。」

他回憶，班上有名越南女同學，才十歲不到就隻身逃離家鄉，因「阿納穆爾角號」

而獲救前來德國。她原本住在施塔恩貝格（Starnberg）的寄宿家庭，直到五年後父母親來到諾登，她才必須離開寄宿家庭與原本的住處。

令人難過的是，這名越南女同學與她原生家庭的連結已因多年分散而斷裂，又早就失去越南語的記憶，反而說得一口流利德語。此外，她也恨父母當初送她單獨上船，因爲若不是幸運獲救，她很可能會死在海裡。

波納回憶，十五歲那年，這名女同學與親生父母徹底決裂，又無法回到寄宿家庭，無處可去之下，只好暫時住在他家長達九個月的時間，直到年滿十六歲得以自己獨居爲止。而這樣與越南同學的相處回憶，在他的成長歲月，再平凡不過。

波納在二〇一八年返鄉，接管提都費德文物館的教育推廣工作，透過茶博物館的展覽，他才進一步體認到越南難民在當地的特殊性，也認同這段歷史的確該被保留、流傳世人。包括波納在內，一群在地人與越南船民在展覽結束後，動手規劃一場更大的計畫。

「既然我們有提都費德文物館，討論德國四〇、五〇年代人們的逃難經歷、融合過程，也許我們可以做大一點，同樣的主題，但對象是這群越南船民。」波納解釋。

他們計畫在諾登當地蓋一座「船民會所」，長期展覽越南船民的歷史與文物，未來不僅有常設展，也會舉行特展，以當地的角度、下薩克森邦的角度以及德國的角度來詮釋這段移民歷史，以第一手口述記錄第一代船民的故事，流傳給後人。

「船民會所」工作小組目前約十人，黃俊傑（Tuan Kiet Hoang）是組員之一。他的父親曾在前南越軍官學校受訓，在北越即將拿下南越之際，在西貢拿槍射擊了一輛北越坦克，戰後因此被抓進再教育營。幸好因爲軍官受訓尚未完成，所以他只被關了一年多後獲釋，隔年一九七七年大兒子黃俊傑出生。

黃俊傑全家曾多次嘗試逃難都失敗，直到他四歲那年，終於成功從家鄉頭頓離開，船隻幸獲「阿納穆爾角號」救援，一家四口包括他弟弟在內，於一九八一年來到西德，在法蘭克福長大。

二〇〇五年，黃俊傑接到一通來自大學同學的電話，正好他工作的牙醫診所缺人，在對方熱情邀約下，便一口答應搬來奧里希郡，兩年後已可自行執業，如今擁有自己的牙醫診所。

他透露，先前從未去過諾爾登堤岸區，但他的大學同學恰巧是當地人。慢慢認識當地越南社區後，他才驚覺，包括他老婆在內，許多越南人都來自諾爾登堤岸。

「我那時心想，未來一定要在諾登這裡蓋一棟建築，當我兒子問我：『我是誰？我爲什麼和其他德國人不同』時，他可以透過這個計畫了解過去。」

阮陳娥（Nga Tran Nguyen）也是「船民會所」工作小組成員，她在五歲那年跟著祖母與兄姊一共六人逃離越南，最後落腳於西德什列斯威－霍爾斯坦邦小鎮普倫（Plön）。千禧年時她與越南裔丈夫相識，兩人結婚後，她便搬來丈夫的家鄉諾登。

阮陳娥是虔誠的天主教徒，她觀察，諾登很特別，這裡的思想很寬容，不論是對於外來移民或是不同宗教，一律平等看待且彼此尊重，「我們被視為（他們的）兄弟姊妹來歡迎，並非難民，也不是外國人。」

阮陳娥。（Giang／攝影）

她認為，可能是因為諾登是度假勝地，「在度假的時候，人們會比較放鬆」，當地人對於遊客、外國人的溫暖與禮貌對待，讓她有時忘了彼此外表差異，甚至會覺得自己就是德國人。

偶爾她會替當地政府機關擔任越南口譯，過程中從德國居民口中聽到對於越南移民的評價都是正面的肯定，讓她備感驕傲。正因為如此，她更想回饋當地人的善意，記錄這段諾登的過去。在協助進行採訪時，她更發現，許多曾遭受苦痛的船民不喜歡討論過去，反而長年壓抑、設法遺忘這段記憶。

受訪時，他們藉著這個契機彼此交流、討論過去的經歷，有人因為說出自己的故事而徹底崩潰，但和過去不同，這次他們能在同伴的鼓舞下，一起勇於面對傷痛，不再孤單舔拭自己的傷口。

一起挖掘記憶、回顧過去，透過展覽、採訪等方式重述歷史的同時，似乎也建立了屬於移民個人與群體的療傷場域，也透過重新梳理，更敢直面過去。

自己的歷史

而建造一座船民會所，動機也在於能從船民口中，聽到那些曾發生在他們身上的親身經歷，得以重述屬於他們的歷史。

波納指出，社會普遍認為越南船民代表著成功的融合故事。但「我們很疑惑，為何在德國沒有公開的場所可以讓人學習他們的經驗、第一手聽到他們的經歷？」

目前德國有兩處紀念船民的地點。第一個是「阿納穆爾角號」發起人諾伊德克生前住處，北威邦的特羅斯多夫（Troisdorf），當地豎立著一座刻著諾伊德克肖像的紀念碑，還有一艘於一九八四年被「阿納穆爾角號」救起的小木船，當時這艘船乘載著五十二名船民；第二個是位於漢堡港「阿納穆爾角號」停靠讓船民上岸之處，設有一座紀念碑。

這兩處都僅能供後人緬懷，無法讓人產生對話、引起討論，也缺乏內容與細節，難以讓人深入了解事件始末。

不僅如此，這些紀念碑無法講述完整的故事。這些第一代船民親身經歷的慘劇，不只應講給下一代聽，也應提醒世人，不應讓同樣的事重演。

我在二〇一九年拜訪諾登時，船民會所的募款工作剛滿一年，最初預估建築物與展覽共需經費一百八十萬歐元，預計再等上一年即可達標。但隔年不巧遇上新冠肺炎疫情影響，進度被迫耽擱，直至本書截稿前，募款仍持續進行中。工作小組這段時間也持續向下薩克森邦政府、德國儲蓄銀行基金會（Sparkasse Stiftung）等處積極募款，同時持續蒐集相關文物、進行與船民以及船民後代的採訪。

雖然仍有漫長的路要走，但期望眞正能讓難民「親口說」、記載他們眞實經歷的船民會所，能夠在未來歷史之中，點亮一盞燈。

蔡英文：在寄養家庭的十四歲少年

這趟諾登之旅，我們拜訪了數位曾在拿撒勒之家生活過的越南船民。其中一位身分特殊，隻身來到西德時，他才十四歲，是前面章節曾提到的無成年人陪同的未成年難民。

一九七五年四月三十日，南越易幟，越戰正式落幕。但在越南國境內，與柬埔寨的紛爭才剛開始。

該年五月三日，赤柬波布政權派軍侵占越南富國島，一週後往南入侵土珠群島，殺害五百多名平民，埋下柬越戰爭的導火線。一九七八年底，雙方正式開戰。越南打著解放柬埔寨的口號，派出大量兵力，連十幾歲的孩子都得上場打仗，更造成許多平民無辜傷亡。

一九八六年三月，與爸爸以及家中四名手足住在越南平陽省首都土龍木市（Thủ Dầu Một）的蔡英文（Anh Van Thai），正面臨一道人生難題。

那年他剛滿十四歲，已符合被軍隊徵召的年紀。蔡英文的爸爸曾在南越軍隊服役，戰後被送入再教育營。換句話說，這個家庭的「成分」並不好，按照新政府的規定，如此背景的孩子不被允許上大學。

蔡英文的媽媽在他六歲那年過世，他是家中的長子，上頭有兩個姊姊，底下有兩個弟弟。爸爸擔心他隨時可能被徵召，又希望他能有更好的未來，因此建議他，逃難吧。

在別無選擇的情況下，蔡英文接受了這項提議，跟著其他大人搭上逃難船，最後幸運獲得「阿納穆爾角號II」搭救，隨後在菲律賓巴拉望島難民營待了半年，同年九月抵達西德。

與許多從東南亞難民營，透過聯合國配額機制被分配到西德的越南船民相同，蔡英文先飛抵法蘭克福機場，之後獲西德政府安排飛到漢諾威、再被送至弗里德蘭難民營，十天後，落腳在拿撒勒之家。

在拿撒勒之家，有許多跟蔡英文一樣，自己一個人搭上逃難船的孩子，大多於十歲到十七歲之間。平日除了學校的德文課，園方也另聘老師教他們德文；假日則安排戶外活動，像是由社工陪同去看電影或足球賽。

蔡英文在拿撒勒之家待了五個月後，主動向「羅曼爸爸」提起自己想要有個寄宿家庭。當時他還在等待家人來西德團聚，但長途漫漫，不知何時才能獲得批准。「我想有個寄養家庭照顧我、幫助我學習。」他解釋。

席維特因此在《東弗里西斯快遞報》刊登一則徵求寄養家庭的啟示：「有一名難民小孩，在找適合的寄養家庭。」並留下拿撒勒之家的聯絡資料。不久，一對住在恩格哈佛（Engerhafe）的父母主動聯繫席維特。這個小鎮距離諾登不到半小時車程，他們挑了一個週末，親自來到拿撒勒之家探望蔡英文。為求謹慎，席維特安排蔡英文先到對方家，與他們共度四、五個週末，最後在雙方都同意的情況下，才安排他搬進新家。

採訪過程中，蔡英文連連稱讚這對夫婦待他如己出。寄養家庭的爸爸是醫生、媽媽是老師，家中原本就有一名男孩，只大他六個月。「我們在家裡得到的待遇一模一樣，他有的，我都有。」當時，寄養家庭的媽媽不但每天帶他去學校學德文，每年全家更一同前往國外旅行，足跡踏遍葡萄牙、法國等國。

據他描述，這對夫妻是因爲無法生育第二胎，因此決定擔任寄養家庭，這並非他們首次幫助外國人。寄養家庭的媽媽熱心公益，每半年會前往柬埔寨的歌德學院，擔任當地孩子的老師。

住在寄養家庭的這段時間，蔡英文固定與在越南的爸爸通信，農曆新年也寄禮物回家。一九八九年，蔡家除了已成婚的大姊，其他家人全順利透過家庭團聚來到西德。隔年，蔡英文從學校畢業，這才搬出寄養家庭的住處，和原生家庭一塊搬到奧里希同住。

不只是物質、居所上的協助，拿撒勒之家的照料也包括文化層面。

蔡英文和德國寄養家庭同住幾年後，和越南家人重逢，仍能很快適應，除了寄養家庭的善良與愛，拿撒勒之家細心安排的宗教活動也助益甚多。

席維特當時會固定在佛教節日租巴士，載園區裡的船民前往漢諾威圓覺寺參加活動。蔡英文的父母本來就篤信佛教，他藉由參加佛教活動，維繫與家鄉的連結與自我身分認同，在寺裡盡情講越南話、大啖越南料理，「就像在家裡一樣。」

十五歲那年，蔡英文加入圓覺寺的佛教青年協會，跟著師兄師姐學習、幫忙整理佛寺，當師父們誦經時，他則在一旁聆聽經文。如今，他已是青年協會的幹部，負責帶領未成年的越南移民子女在佛寺修習。「船民會所」開始募款後，他透過在佛寺的廣大人脈，在寺裡廣為宣傳。「對我來說，這是將這些故事流傳給下一代的絕佳機會。這個地理區域對越南船民而言，有很特殊的歷史與地位。」他發願要透過這座會所，留下屬於船民的故事，也是他作為感謝德國民眾的回報。

武梅欣的家鄉

諾登之旅的最後一站，我們前往拜訪諾登的區成人教育中心（Kreisvolkshochschule Norden）。

當天一早，社區大學一樓的咖啡廳已坐滿了人，年輕學子跟白髮蒼蒼的老人家在戶外區一同啜飲著咖啡，仔細看大樓裡穿梭的人，會發現不少是移民模樣。

德國的成人教育中心（Volkshochschule, VHS）類似臺灣的社區大學，由德國地方政府開辦，提供語言為主的課程。二〇一五年後德國收容的難民，規定要上的融合課，上課地點就安排在各地的ＶＨＳ。

諾登區成人教育中心除了一般課程，還開辦移民婦女輔導計畫，幫助剛來德國的已婚移民婦女，取得德語能力與職場實習經驗。以二〇一九年爲例，學員有七成來自敍利亞，其餘來自伊朗。

負責這項計畫的是齊莫琳（Mai Han Zimmering），她在冠德國夫姓之前的本名是武梅欣（Mai Han Vu）。

武梅欣的個子嬌小，圓圓的臉蛋盈滿了笑意，她與計畫內的移民婦女很快就建立起連結，因爲她們的人生都經歷過意料外的遷徙。

梅欣和大她三歲的姊姊武明海（Minh Hai Vu）在越南同奈省一個叫做胡奈（Ho Nai）的小鄉村出生。她倆的祖父是當地村長，備受當地人尊重，家境小康。

儘管經歷政權更換，但梅欣一家並未遭受過多波及，直到越南的政治與經濟情勢每下愈況，梅欣的父母才動了逃難的念頭，希望能尋求更多的自由、更好的未來。

一九八四年，才五歲的武明海隨著叔叔與懷著身孕的阿姨一同逃難，不僅途中遭遇大風浪，還慘遭海盜襲擊，所幸最後碰上一艘德籍船才幸運獲救。

他們三人同樣循著當時西德政府接收船民的途徑，輾轉落腳拿撒勒之家。五年後，七歲大的梅欣才與父母、哥哥與弟弟一同搭機來西德團聚，循著親人的腳步，一樣先在拿撒勒之家安身。

與大姊武明海、前一節提到的蔡英文不同，梅欣沒有親身經歷過逃難，來到西德由已融入當地越南社群的叔叔、阿姨打點一切，省去不少摸索的步驟。在成長的過程裡，她看著姊姊才小學四、五年級就得包辦家中所有事，扮演一個稱職的小大人，替父母翻譯德文、代表家長出席親師會談。「長大後我回想起這一切，（發現）那些事情對於一個小孩來說實在太多了。」

梅欣在這方面算是幸運許多，當初爸媽並沒有告訴孩子們從此就要告別越南，他們出發時滿心歡喜，還以爲只是要到國外度假。到了西德，梅欣看到金髮、褐髮的當地人，覺得他們好美、好不一樣。和家鄉截然不同的一切，讓她眼界大開。

在學校，梅欣得重讀二年級，雖然一開始完全不懂德文，但坐她隔壁的女同學心地善良，兩人很快就玩在一起，一起學德文、算數學，她很快就掌握這個新的語言，和班上同學相處融洽。

一直到高中階段，邁入青春期，她才開始對自己的身分有更多的反思。

武梅欣坦言，那時她覺得越南人很不酷（uncool），自己一點也不想當特別的人。自己究竟是越南人或德國人，她也釐不清兩者的界線。「對於青春期的孩子，要決定自己是屬於哪個團體是很困難的。」

她自認在德國生活得很自在，但內心明白自己再怎麼做也不會成爲眞正的德國人。但同時她也無法說服自己是越南人；一來她的越南話並不流利，二來在德國這片土地生活多年，許多文化習慣早已內化，反倒無法認同部分的越南習俗。

當內心兩股質疑的聲音大到再也蓋不住，她索性將一頭烏溜黑髮染成豔紅色。

「很多人都稱讚我的黑頭髮很漂亮，但我一點也不想頭髮是黑的，什麼顏色都好，就是不要黑色。我不想讓自己看起來像越南人。」

這樣對自我的疑惑，隨著歲月遷移逐漸煙消雲散。武梅欣在諾登讀完高中（碰巧與波納是同班同學），再前往同樣位於下薩克森邦的歐登堡（Oldenburg）念大學。畢業後和當時的德籍男友、現任老公搬到別的城市居住數年，最後決定搬回諾登，回到最初的起點。一路走來，她反倒更能以正面的態度看待自己的亞裔背景。

梅欣坦承，小時候覺得告訴別人自己來自越南，「非常尷尬。」等到大了一點，被問到「妳來自哪裡？」反倒會怒氣沖沖，因爲她不知道該怎麼看待自己與外界的截然不同。但現在，她以全新觀點看待自己特殊的背景。

二〇一〇年，她搬回諾登時，在拿撒勒之家擔任青少年輔導員。

她說：「對我來說，回到拿撒勒之家就像回家一樣，我出去玩了一圈，又回到這裡。」

初到西德時，她與家人在拿撒勒之家受到溫暖的歡迎與照料，放下忐忑不安的心，有了很棒的開始。過了二十年，她回到這裡，發現這樣的溫暖完全沒有隨著時間與環境物換星移而改變；當時她正懷著大兒子，園方肯定她在大學所學的教育專業，對聘雇她一事不曾猶豫。

有許多曾在這中繼站待過的船民，像武梅欣一樣留了下來，在拿撒勒之家工作。拿撒勒之家平等、尊重的關懷與接納，正是來到異鄉的移難民所需。當他們遠渡重洋、需要重新建立人生方向時，拿撒勒之家在文化、種族與相異的膚色之間，爲他們建立了一座以「人」爲基礎的堅實地基，賦予了他們錨與指南針，讓他們明白，自己並不是孤零零一人。

二〇一九年我與武梅欣相遇時，正值她相隔十年重回職場。大兒子出生後，她選擇在家育兒，當三個孩子的全職媽媽。

她不諱言地說，重新覓職時，因爲自己有移民背景，便刻意挑選與移民有關的工作。「對於剛來的移民會遭遇到的事，我都經歷過。」她想傳授自己的經驗幫助新來的移民。

她主導的諾登成人教育中心移難民婦女扶植計畫，共十四名參與者。由歐盟提供資金，培訓這些婦女在餐飲場域、日托中心、教育與護理機構取得實習經驗，並完成爲期九個月的家政與教育領域的專業資格考試，同時提升德語能力。讓她們結業後，能順利進入就業市場。

在與她們相處的過程中，武梅欣發現，儘管來自不同國家，但這批難民與她父母剛來德國會遭遇的困難，並無二致，尤其語言問題首當其衝。

「這些計畫中的女性，有些烹飪一流、組織能力很強，但陷入德語很難學的困境，就跟我爸媽當初來德國一樣。」

她們還遇到家庭裡男女不平等的問題。這點尤其與德國文化差異甚大。一般德國家庭只會生育一到兩個孩子，但在敍利亞或是伊朗，往往會生育更多小孩，結果照顧子女的責任全落到母親身上。

武梅欣察覺，這些婦女不甘願只當家庭主婦，但她們的老公卻固守傳統觀念，認爲女人不需要出外工作，在家養兒育女才是好老婆。「對他們來說，卽使人已經到了完全不同的德國，想法依然如舊。」

她認爲，短時間要改變這些新移民的心態並不容易，例如這項計畫橫跨暑假期間，孩子的學校會放假六週，這些婦女便理所當然認爲計畫也應當暫停六週，因爲她們擔心會被外界視爲拋下孩子不管的壞母親。

但在德國長大、受教育的武梅欣則告訴她們，像這樣的情況應該讓孩子去上日托中心，如此一來孩子能獲得專業的照護，母親也能專心受訓。

移難民婦女扶植計畫儘管不容易，也有多次觀念上的磨合考驗，最後參與的婦女還是全數完成受訓，其中一人甚至取得駕照，突破原先給自己設的藩籬。

武梅欣在這份工作裡照見她自己與父母過去的身影。當她回頭看家人身爲船民的這段過去，才慢慢領悟到，自己能有這些獨一無二的故事可以述說，令她無比驕傲。

「我姊姊、我的父母、還有我自己經歷了這一切。能夠有這麼美好的經驗和別人分享，是件很棒的事。」

講到這裡她忍不住落下淚來，「我在這裡長大，我人在這裡，但我永遠有一部分在那裡。不論我人在哪裡，永遠都會有一部分的我來自越南，來自船民這個身分。」

這番對自我身分認同的肯定，並不容易。

她彷彿從千山萬水走來，走出小時候在街上被路人啐罵「外國人，滾出去！」的陰影，走出與外界格格不入的困惑，然後在心底落下重重的錨。

不需要非黑即白，何謂家鄉可以由自己定義。而家鄉，從來都不只限於一個所在。

如同武梅欣爸媽告訴她的：越南是他們的出生地，是他們的家鄉，但在德國住了三十多年，在這裡重建了被戰火打亂的人生，不論是自己或是下一代，早在這裡生根，德國，早也是自己的家鄉了。

黃俊傑（左）、蔡英文（右），他們身後即是船民會所募款海報。（Giang／攝影）

CHAPTER

07

結語

如果我們不把自己隔離起來

我想知道，成功的融合是什麼模樣？

我在二〇一七年底搬到德國，當時正逢德國聯邦議會大選，國內歡迎中東難民的聲浪已過，極右派政黨另類選擇黨挾著國內一股反難民的風潮，在該屆大選獲得高達百分之十三的得票率，首度進入德國國會，清楚顯現出這個社會對於接收難民正反兩派意見的分裂。

我一邊做著不同面向的難民專題報導，與身爲高中生、大學生、醫生、同志、母親等不同身分的難民，聊他們在德國的生活，聽他們面對官僚體制的無奈與渴望早日展開新人生的期待；同時我也在日常生活裡聽見一般人對於難民的看法。

例如，我當時刻意與難民修讀同樣的德語融合課程，班上一半是敘利亞、阿富汗、伊朗等國的難民，另一半則是來自歐洲國家的外籍配偶或移民，很快這兩個群體的德語實力就拉開差距，而當前者進度落後或部分難民因故不來上課，班上就會傳出「明明拿德國政府的錢不用付學費還不認眞上課」的批評聲浪。而這樣的看法其實正是多數反難民者的論點：難民們「白享受」德國政府給予的好處，卻「沒有好好表現」出他們被期待的樣子。

由於採訪的緣故，我參加了好幾場在德國不同城市舉行、力挺難民的遊行，喊口號、舉招牌的人呼籲德國社會要接納多元文化，不分種族、語言、文化，都歡迎移難民來到和平民主的德國。我也參加了右翼政黨組織的反難民示威，現場數面德國大旗不停揮舞，遊行民衆高喊：「外國人，滾出去！」聽得我心驚膽顫。

夾在這兩種明顯對立的情緒中，我在想，德國社會爲什麼會從一開始敞開雙臂歡迎中東難民，變成如今的仇恨對立？中東難民的融合過程是哪裡出了問題？力挺接納難民與反難民的兩股聲音，有辦法取得平衡點嗎？

本書的自序裡提到，由於同爲亞裔移民的關係，我對德國境內的越南移民很感興趣，既然越南移民們被譽爲德國史上最成功的模範移民，我便不禁想探問：

在他們這數十年的融合經驗中，有哪些措施可以作爲近代收容難民的學習典範？

比較了四十年前來到德國的越南移民，以及二〇一五年底之後逃難來德國的中東難民，發現兩者在進入、融入德國社會的過程中，有諸多能夠放在一起討論的特點。前者已大步跨過最初的融合磨合期，在德國甚至已經生根到第三代；後者才剛度過難民潮最高峰，媒體鎂光燈早已不再聚焦他們的一舉一動，難民營也大多被拆卸改建，脫離了一開始急需安置的階段，這些中東難民已慢慢步入在德國就業、求學的常軌。

然而，融合是一條漫長的路。

越南移民的經驗，能不能夠幫助中東難民少走一點冤枉路，甚至減少收容國居民與外來移民的衝突與仇恨？

有了具體的問題意識後，我開始大量蒐集史料，包括七〇、八〇年代的舊報紙，一步一步往前溯源，找到當初越南船民來到西德前的媒體報導、政府公文，以及東德政府與越南政府簽署的契約工協議內容等，投身浩瀚資料海。

在爬梳史料的過程，德國與越南自古到今來往的脈絡逐漸清晰，本書兩大主軸：越南船民與西德、越南契約工與東德的兩條主線，很快就確立下來。

出乎意料的是，在摸索德國在接納越南難民的過程中扮演的角色時，我發現，原來中華民國政府也曾參與援救越南船民，在歷史上留下了一筆。當時我國政府已退出聯合國，也並非越南船民渡海逃難的主要目的地，但由於過去與南越政府關係友好，便擬定計畫以海、空方式援救僑胞，隨後更興建難民營，臨時接待海漂來臺的越南船民。

臺灣也有越南難民的這項史實，鮮為人知。雖然有相關的紀錄片、口述史計畫、採訪、回顧，描述相關事件的文章等等，但似乎較少有從歷史脈絡角度著手的闡述，以及對國民政府難民政策的探討。

也就是說，臺灣人自身似乎欠缺對自己國家當時在國際共同營救越南難民的過程中扮演了什麼角色的意識，也並未形成一個社會共識，去思考這些難民進入臺灣社會後發生了什麼事、我們所在的社會有善待他們嗎？現在，在我們的日常生活中，這些難民又在哪裡？他們順利融入了臺灣社會嗎？

雖然對於移民的討論很多，但也許我們一直以來都較常討論現象，而沒有試著去探詢融入的本質。

於是，臺灣成爲了本書第三條主軸。臺灣越南難民的故事，成了映照西德、東德政府移民融合政策的鏡子，使我對移民的觀察，能夠從西德擴大，看西德越南船民、東德契約工、臺灣越南華僑這三個移民群體，如何在這三、四十年來因著不同的政策在當地社會發展。

複雜的難題沒有簡單的解法

透過西德、東德、臺灣的越南移民歷史，從他們各自的故事和後續發展，我們能找到作爲未來收容移難民的學習典範，或降低收容國居民與外來移民衝突與仇恨的方法嗎？

衆人都期望複雜的問題能夠以一個簡單的解答，像除萬病的特效藥，能一針藥到病除。但複雜的問題往往有多面向的答案，移民問題也不例外，在追索這三群遠離家鄉、因戰亂或政治理由來到異國的難民過程中，許多因素交織在一起，很難論斷是否有左右成功融合的主要影響力。

以這本書第一章獲得西德政府收容的越南船民來說，他們融入德國社會的過程，正好占盡天時、地利、人和的各種因素，後續融入社會時，才得以有較佳的成果。

「天時」指的是當初正值六八學運結束，德國社會——尤其是當時的年輕人——積極希望能推動社會改革，這股急欲改變、不願重蹈上一代懈忽納粹惡行的時代精神，讓許多西德民衆願意伸手援助同爲追求自由的越南船民。

西德政府並一改最初僅願以金援方式資助越南船民的態度，擴增收容名額，直接將人從第一收容國接來西德，這其中最主要的推手，即是書中已詳細介紹的諾伊德克。憑著當時龐大的民意與捐款支持，才有長達數年的海上救援行動。

「阿納穆爾角號」是西德在西方國家這一波援救船民最獨特突出的行動與象徵。來到西德的船民因大多被「阿納穆爾角號」從海中救起，直接獲得西德政府承認難民資格。剛度過海上劫難來到異鄉的船民不需經過漫長的審核等待過程，即能取得西德的居留權，免去了心中可能遭遣返的憂慮。正如前一章席維特所說，這是越南難民能成功融合的一大關鍵因素。

廣泛來看，以移民本身發展、當地語言掌握程度、與當地人民的接觸等作爲評斷是否成功融入在地社會的準則，獲得西德收容的越南船民，的確比前越南契約工們更融入德國社會。

對原本來到東德工作的契約工來說，他們的命運受到國際情勢影響，搭乘的人生列車愕然急轉彎。在勞動合約期間，柏林圍牆倒塌、兩德統一等歷史巨變，改變了這群人的人生，也改變了亞裔族群在德國的版圖。和獲得「阿納穆爾角號」搭救來德、受到政府較完善照顧的難民相比，東德契約工因爲遭遇計畫外的變動，意外有了留下來的機會，扎根之路坎坷許多。

東德與越南政府當初制定協議時，並未預料到東德會有垮臺的一天，也未預設這些預定五年期滿就得回國的移工們，會有留在德國的可能性，雙方協議中並未制定相關融合措施，間接導致這些前契約工如今仍聚居於前東柏林、先前移工宿舍所在地的幾個地區。雖然由來於意外，但他們的經歷顯現了移民要真正融入社會，的確需要有較完善、延續的政策與相關照顧服務措施。

雖說西德的越南難民成功融入社會，但像東德契約工這樣因缺乏融合政策，而導致移民於當地社會自成一國的錯誤，西德也並非沒有過。六〇年代，西德同樣爲了補足勞動力，從土耳其、義大利招募大批客工，當時政府同樣僅將其視爲暫時的勞動力，未規劃任何社會融合措施，當中的大多數人在合約結束後留在德國，卻彷彿自成一國。例如在柏林十字山區（Kreuzberg）即因住著眾多土耳其裔居民被外界暱稱爲「小伊斯坦堡」，與本書第二章提到的柏林同春市場「小河內」，有異曲同工之妙。

近年來因德、土兩國政治情勢緊張，這批傾向支持土國總統厄多安（Recep Tayyip Erdogan）的土耳其後裔，更多次成爲德媒討論焦點，大加撻伐當初輕忽客工的融合措施，才導致如今數十年後特定移民族群無法融合入德國社會的嚴重後果。

族群融合到底該如何做呢？回顧東、西德和臺灣的情況，雖然尚無法找到完美的解答，但也許可以指出一條較爲明晰的道路。

沒有「你我」，才有「我們」

拿撒勒之家的故事，是我認爲族群融合成功的例證之一。諾登的情況的確可以證明，當一群移民來到自己的國家，即使文化、語言、宗教等都與在地社會大不相同，但在尊重對方文化背景且適性發展的前提下，輔以語言與職業培訓，並讓移民在日常生活中能多與當地居民接觸，這些措施都能讓移民在融合的路上走得更順遂。

第六章提及的阮陳娥，曾在受訪時大讚諾登居民無差別接納越南移民，其中非常特殊的例子是，包括阮陳娥在內，許多住在諾登的越南移民都是虔誠的天主教徒，每個禮拜天他們都會到當地超過百年歷史的聖路德格魯斯教堂（St.-Ludgerus-Kirche）做禮拜，這裡的聖經禱告長年都以越南語與德語雙語進行，而越南移民也不遺餘力參與教堂爲病人或老人們送聖餐、做社區服務等事務。

不論最初來自何地，當難民們脫離了最初急需安置的階段，往日常生活的常軌邁進，我認爲，外界就應當替他們撕下身上的「難民」標籤，不再以有色眼光看待對方，而該像拿撒勒之家一樣，將這些離鄉背井的人視爲一個人來對待，以他們的角度來設想：如何能給予幫助讓他們長出自己的力量？最後，這些不再是外來者的移民，會成爲當地的力量，就像諾登衆多越南裔的旅遊業者，爲當地帶來發展與成長；或像阮陳娥服務的教堂一樣，藉由宗教服務回饋給社區需要幫助的人；或像牙醫黃俊傑一樣，成爲某領域的專業人才。不劃分「你」與「我」，「他們」才能變成「我們」，不再是最初需要幫助的難民，不再是單向接受施予、花費稅金的對象，而是成爲一股社會需要的力量。

一個排外的社會難以強大，唯有包容、平等與尊重，才能讓移民從最初的手心向上、接受施予到站穩了腳步，得以翻身、對調施與受的角色，手心向下，以自身所受的點滴，回饋社會。

臺灣的「華僑」問題

本書的第三條軸線，從越南連到臺灣，爲此，我走訪位於新北土城、臺北內湖與木柵的越南與寮國華僑聚落，拜訪前船民的住家以及好幾位搭乘仁德專機來臺，目前在木新市場開雜貨店的華僑。

與採訪在德越南移民時的心情不同，探究這群在臺灣的越南華僑過去，其實是在拼湊當時被遺落的一塊歷史，它發生在我們自己的島上，但因爲種種因素，這些年來鮮少被提起。

到底這段失落的歷史，是怎麼一回事，又爲何被遺忘了？

中華民國政府當時以拯救僑胞的名義，將這些人接來臺灣，他們身上背負的標籤不是「難民」，而是「華僑」。這樣的名稱有意無意隱匿了他們逃難的過去，改變了他們人生故事的敍事。舉例來說，這些越南華僑與撤退到桃園忠貞新村的滇緬部隊，都一律被統稱爲華僑，但兩者來到臺灣的時間與歷史因素大不相同。

當我們統一視其爲華僑，便忽略了一部分的史實，沖淡了越南華僑最初賭命逃離越共的色彩。甚至到最後，這些越棉寮移民在衆人眼中成爲一群面容模糊、帶著奇怪口音的東南亞華僑。

但，難民其實離我們並不遙遠。在二〇二〇年香港國安法通過，臺灣民意傾向幫助有意移居來臺的港人，當時臺灣社會掀起一波應否制定《難民法》的討論。對許多臺灣人而言，這是難民離我們距離最近的一刻，卻不曉得在臺灣歷史上，早在七〇年代已有大批難民來臺定居的前例。

與西德出於人道主義收容越南船民的脈絡不同，中華民國政府視這些越棉寮華僑來臺爲「回歸祖國」，以僑委會爲主要負責機關，依著僑民的來臺管道不同，給予不同協助。以整體來看，像本書第三章提到的鄭德志等人，搭乘海軍軍艦來臺，在難民營受到良好照顧，抵臺後政府也興建低廉國宅讓其得以安居。至於搭乘仁德專機來臺的越南華僑，來自政府的資源則相對薄弱，許多受訪者談到剛來臺灣的日子，都搖著頭說，最初僅在紅十字會住上一晚，隔天就由家人接回，之後便各奔東西，看個人本事造化，政府並沒有給予求職方面的協助或培訓。

換句話說，人是平安了，但之後的人生與發展，全憑自己努力打拚。

以抵達收容國後的融合措施來看，西德無疑規劃得更爲全面，從最初替難民找住處、依照過去的專業安排職訓或就業；船民取得難民資格後，便比照過去的職業類別每月發放失業津貼，以及投入大筆資金，規定船民得上滿一定時數的德語課，保障往後在德國生活的基礎能力等。

第六章提及的阮陳娥，在採訪時回憶起她小時候跟著祖母來到西德，即是一例。當時她們居住的普倫小鎮，除了提供正規德語課外，更積極安排四十多歲的祖母加入當地婦女所組成的工作坊，每天德語課下課後，便跟著德國鄰居們學習如何烘焙、煮果醬、織毛線等，甚至一同出遊採接骨木莓。因此有大量非課程時間，了解眞正的德國生活，並結交當地朋友。

阮陳娥回憶，當初小鎮至多才十二、十三戶越南移民，並非所有越南人都住在同一區，除了週日會在教堂碰面，其他時間都看不到對方，所以並沒有形成所謂越南聚落。不僅如此，因爲最初阮陳娥的爸媽沒有同行，小鎮更安排所謂的「教母」（Patentante），關心她的學業、帶她去看醫生等貼身陪伴，並有專屬的德國家庭，以類似寄宿家庭的角色，照顧她的生活起居，讓她了解眞實的德國家庭生活。

「我在生日或特殊節日都會收到他們的禮物，他們接納也照顧我，所以我把他們當成是自己的家人。」阮陳娥說，在他們抵達西德三年後，自己的親生爸媽才來到西德，而那時他們已經爲這個情況做好準備，一切都是循序漸進，因此她認爲西德政府在融合工作上，「經過非常縝密的思考。」

人道精神的極限

西德社會與越南難民關係的轉換亦相當微妙。

當初西德民眾產生對於越南難民的憐憫，部分是因爲他們的處境跟當初受到納粹迫害的猶太人，以及從共產東德逃難到民主西德的人們很相似，便對海洋彼端、膚色不同的越南人彼此有了情感上的連結。這時候的越南難民並非「他者」。但後來德國經濟財政不穩、失業率上升時，越南船民就跟其他國籍的難民一同被歸類爲「耗費德國資源的難民」，當地人害怕工作被搶走，導致失業率上升、擠壓到本國居民的生存空間。這樣的說法我在採訪中東難民潮時，也常常從受訪者的口中聽到。

西德社會之所以會產生上述的態度轉變，從原本的歡迎難民到恐懼、排外，我想我們可以將之視爲，那是達到人道精神極限的情況。當理想與高尚情操與現實牴觸，「我們」跟「他者」的位置便會巧妙改變，原先的人道援助行爲，在經濟、社會壓力之下便成了眾矢之的。

移民能否融入、難民能否得到應有的照料；當地居民如何能平等、尊重地對待外來者；人道精神是否能在國際間執行；這些問題，從來關乎的不應是移民國籍、膚色是深是淺、收容國是哪一國。

從來沒有誰本質上能、誰不能的分別。

就像席維特說的，如果我們探討，爲什麼越南難民能成功融入德國社會，是著重在爲什麼「越南難民」能，而其他國家的難民不能？就放錯了重點。

因爲難民本身沒有不同，而是接收他們的國家、社會，對其投入的資源，以及當地民衆給予的包容，讓他們在那個時空背景能逐漸融入當地。

雖然收容國的經濟背景等現實因素，的確會影響難民政策的走向，但我的想法是，如果我們能夠不全然以經濟價值來考量接收移難民的好處與壞處，不將他們視爲外來者，而能夠回到人這個基礎點來看，不再認爲外來的「他們」必須變成「我們」才有正當權利在相同的土地上生活；當我們面對移民或難民，不再是以面對特定外來族群的態度，而以同爲人的身分，在同一塊土地上，所有人都有同等機會與權利生活的基礎，往「我們未來如何共同生活」的目標邁進，社會是不是就不會這麼分歧了？

無聲的隱形移民

另外，從德國媒體報導與學術研究呈現出的越南移民，與我剛到德國時觀察到的如出一轍，他們被稱呼爲「隱形的模範移民」，安靜勤奮地在這個國家穿梭，但在旁人的眼裡卻始終面孔模糊。四十年過去了，他們被塑造成一種既定的面貌：無聲、愛笑、工作勤勞、不鬧事。

再回想臺灣的越南華僑們，似乎也鮮少聽見他們的聲音。無論是在德國還是臺灣，越南移民似乎都是隱形的。

但住在諾登小鎮的越南移民，卻是例外，他們掌管了諾登大半的旅館業經營，積極參與當地教堂的事務，甚至他們結合在地居民的力量，夢想要蓋座船民會所，將船民的歷史傳承下去，廣爲後人知曉。

爲什麼諾登鎮上的越南移民能擺脫隱形移民的宿命？

從拿撒勒之家的治理方式，到鎮上居民對於這群亞裔的態度，都是關鍵。透過一系列的採訪、探問後，我認爲那是因爲這裡的人一開始就讓越南移民知道：即使你們是少數族群，在這裡也同樣擁有平等發展的權利。因此，當移民擁有德語能力，以及能夠獨立自主的工作技能時，這些就成了他們在德國生存的矛與盾；這些難民不再是「單向受人幫助的弱勢者」，而是「平等生活在這塊土地上的人」，內心便自然強大，敢爲自己聲張。相較之下，一般移、難民選擇噤聲，是因爲他們打心裡明白，在這個新的國家自己是外來者，最好少惹事、避免成爲衆矢之的，而且他們往往費盡千辛萬苦才得以來到新國家發展，也不想再節外生枝，因此會盡量避免任何可能讓自己被排拒、再度逃難的麻煩。

即便看似「融入」，噤聲、隱形、默默度日的移民，實際上在當地仍有一條跨不過去的分隔線。例如我在第五章寫到的凡妮莎就說，當初越南契約工來到東德，許多人經歷過種族歧視，選擇在這個社會隱形過活，不引起隨時可能將自己遣返的政府、新納粹、警察的注意，後來這卻成爲了德國社會看待越南移民的刻板印象，即使新二代想扭轉這樣的主流論述，也力不從心。她認爲，新一代的越南後裔反倒是被迫留置在這個位置，並非自願保持沉默或繼續選擇隱形過日。

讓我們將眼光從過往的越南移民經歷拉回現在。距離中東難民潮發生至今，已經六、七年過去，事實證明，如今的德國在面對人數衆多的中東難民，不可能按照當初越南船民的待遇，投入同等比例的金錢資助；且自從中東難民湧入德國後，右翼勢力始終在民間或政壇占有一席之地，造成民意的撕裂，這些都是談難民融合成果時，相當現實的考量。然而，之所以會有如此的差異，並不是因爲越南人的素質比中東人更好、更值得投注資源。

我們不得不承認的是，人道精神在現實層面上，的確有其極限，但我們不能忽視當時的環境因素、歷史脈絡，斷章取義地衡量一個族群到底值不值得拯救，甚至恣意評價其優劣與否。

「我們」和「他們」一樣，都站在同爲「人」的起跑點上，沒人有資格爲對方打分數。

撕裂與融合

在這本書的最後，我想談談關於「撕裂」與「融合」。

居住在德國柏林四年多的日子裡，我深刻感受到自己身爲亞裔少數的移民身分。儘管相對其他更保守的德國小鎮，柏林是相當多元文化的首都，但在日常生活裡，有意無意的隱形歧視仍無所不在。消極一點來講，我那亞洲人的臉孔，似乎是無法完全融入德國社會的鐵證。

來到異國，讓我尖銳地意識到族群問題。將書寫的主題聚焦於移難民的融合，也是在我到了德國生活後，自然而然發生的。我想藉由一次次的書寫與採訪找出問題的答案：究竟身爲異鄉社會的少數，有無可能找到歸屬感？即使是語言與文化完全不同的兩個族群，有無可能在保有彼此相異處的情況下，仍視彼此爲一個群體？

在書寫本書的過程中，我聽到許多不同版本的答案。像是第五章提到的黎玲，爸媽都是越南船民，她在德國土生土長。近年右翼勢力興起後，她有天隻身前往平常很少去的馬燦區，剛從地鐵出口走下階梯，迎面而來一名貌似新納粹的男子看到她的長相，便隨即往她頭上啐了一口口水，要她滾回「她的國家」。

她錯愕，這樣明顯針對種族的惡意，過去鮮少發生在她的人生裡。她自認自己是德國人也是越南人，但顯然有人僅憑她的外表就下了「妳不屬於我們國家」的判斷。

又或者，我問了本書每一名受訪者：「你覺得住在德國（或臺灣）數十年後，自己屬於這個社會嗎？」

答案也是五花八門，一部分的人可以很立即的回答：不可能，這輩子自己都會是外來者。也有一部分的人笑著回答，越南跟德國（或臺灣）都是自己的家鄉，難分高下。第二代的越南裔沒有南北越國仇家恨的包袱，則有更寬廣的回答，多數的人認爲不需硬要區分自己屬於哪個群體，可以各取其中好的部分，內化成自己的人生。第一章提到的陳世偉，卽笑著說，自己每次被問到「你來自哪裡？」都會大方地說，自己來自柏林。因爲這個城市才是他認同的地方。

回頭想我自己的家鄉。出國前，我鮮少意識到自己是臺灣社會的多數族群，在擔任記者時，偶爾採訪的對象是新住民，我也有意無意地將對方是否能流利使用中文，作爲有無融入這個社會的指標。在接觸過被迫離開家鄉的中東與越南難民，加上自己也成爲努力學習德文的移民後，我才意識到，過去框在外籍配偶身上的標準有多傲慢。

德國社會普遍期望外來的移難民要能使用當地語言，並認同德國社會主流價值觀。也有些人進一步主張，既然移難民來到德國，那就要當個德國人。舉凡外在穿著（例如穆斯林不應穿戴頭巾）、內在思想，例如尊重女權等，都要效法眞正的德國人。

何謂「眞正的」德國人自然衆說紛紜，但同樣的論述，我也常聽到臺灣人對於外來移民族群有同樣的期待，認爲「他們來這裡就是要跟臺灣人一樣」。意指，移民要融入新的國家，就應拋棄自己原本的文化，只能成爲一種模樣，但實際上，融合從來就並非單向道。

近年，有愈來愈多的德國人認同，所謂融合，並非單方面要求移民全面否決自己的原生文化，而是收容國的民衆也應了解這些移難民的過去與文化背景，像是宗教習俗等，要做到彼此有一定了解，才是成功的融合之道。

以國內的越南移民爲例，本書第四章提及在木新市場開雜貨店的越南華僑黃鳳琼，明明已經在臺灣社會生活了二十餘載，仍會被誤認爲外籍配偶。

她在採訪時無奈的說，她做生意做了這麼久，和市場內其他攤販也算熟悉，但還是有臺灣人以爲她是越南新娘，直白地問她：「妳的國語爲什麼說得這麼好？妳嫁過來多少錢？」

如前所述，越南華僑的逃難過往在臺灣甚少被提及，這個族群因此在主流論述裡一直都只占一小部分，不若在德國的越南船民給德國人民帶來的鮮明印象。

臺灣社會的確需要再多了解移民，也需要再多了解自己。

我們對自己社會當中的族群理解，需要突破習以爲常的種種劃分，需要更開闊的視野。

家鄉是一個人能被理解的地方

再寬廣一點來看，雖然臺灣由於國際情勢與缺乏《難民法》等因素，無法循正常途徑接納難民，國內看似沒有難民融合問題，但本省人與外省人之間的分歧，閩南人、客家人、原住民族等不同族群長達數十年的紛爭，每逢選舉期間，這座島嶼便不斷地撕裂彼此。

這道「他們」與「我們」的界線，不只劃在難民與收容國本地居民之間，也同樣劃在我們臺灣島上不同的族群之間。

這些年來，我們不斷爭論：誰才是眞正的臺灣人？這個問題沒人能給出最正確的解答。先來後到的不同族群，對這座島嶼的情感不能單憑來臺時間長短來衡量。

在寫這本書之前，我並不知道，當初在南越的華僑對中華民國政府的認同竟是如此深刻。當他們描述小時候教室裡高掛的國父遺像、操場升起青天白日滿地紅的國旗，每個人眼睛都是發亮的，因爲那是他們心目中的祖國，是他們內心的歸依。

我在國內採訪越南華僑時，正值二〇二〇年總統大選的前一兩個月。當時，好幾個受訪者聊到對臺灣政局的看法。有人直言，「我對現在的國民黨很失望，但從小的教育就是要我們忠貞愛國，所以我還是會投給國民黨。」也有人說，「我不管今天住在越南還是臺灣，我就是中國人，我的國家就是中華民國。」

那時我才意識到，卽便是過去從未來過臺灣，卽便可能自小就生活在越南，這些華僑的身分認同並不是共產黨執政的中國，而是中華民國政府，而到了今天，和你我都在同一座島嶼上共同生活，都關切著同一場選舉。

當想到這層關係時，「我們」和「他們」之間的距離就又更拉近了一些。

如果我們認同這些越南華僑在臺灣度過了數十載歲月、生根養育下一代，也早就拿了中華民國身分證，卽使出生地不在臺灣，但早已是臺灣島的一分子。

既然如此，談「他們」的故事，是不是就是談「我們」的故事？而這些人的故事，其實正補足了一塊幾乎被遺忘的臺灣歷史。

回到我在這本書序章提出的問題：這些越南移民或是越南華僑，如今成爲德國或是臺灣社會的一部分了嗎？

這個問題的答案不應由我來定義。

德國著名詩人摩根斯坦（Christian Morgenstern）曾說，家鄉並非是一個人的居所，而是能理解他的地方。

理解他們爲何遷徙、理解這些人爲何選擇留下，而從他們踏上德國或是臺灣的土地那一刻起，這些原本的外來移民，已成了德國／臺灣歷史的一部分。儘管外表差異甚大，或是居住數十年仍帶有濃重口音，但重要的是，如同黃鳳琼的老公王文強所說的，移民與本國人的差別，僅是先來後到而已，他們也是正港的番薯囡仔。

在執筆的今天，俄羅斯正宣示攻打烏克蘭，柏林政府第一時間宣布將接納烏克蘭難民，同時擴增轄內難民收容所，以備之後可能湧入更多烏國難民。

在人類的歷史上，戰爭不會止歇，人道救援的行動也不會停下。將流離失所的難民接到安全的國家安置僅是第一步，後續的融合工作才是眞正最大的考驗。不僅考驗收容國政府的智慧，也考驗當地居民能否與新來的成員找出和平共處的方法。

當一個國家愈多元開放，面對保守的右翼言論、刻意挑起種族間的對立衝突，我們便愈能予以抵擋、不受挑撥，不受國籍分界定義誰才能稱之爲眞正的德國人或正港臺灣人，隔離彼此的高牆才有可能倒下，那條劃在「他們」與「我們」之間的界線才可能有抹去的一天。

謹以此書，獻給不再分別你／我、他們／我們，一個沒有外來者的未來。

在諾登，越南移民與當地居民比鄰而坐。（席維特／提供；Giang／翻攝）

後記

這本書從構思到付梓成書，花了三年的時間，自己在二〇一九年首度申請文化部青年創作補助就幸運獲得評審青睞，同時獲得德國羅伯特・博世基金會（Robert Bosch Stiftung）與德國柏林文學協會合辦的「無界行者（Crossing Borders）」補助，提供給寫作者的前期研究費用，讓我能夠專心寫作，到德國多座城市進行兩到三天的採訪旅行，甚至得以支付回臺灣的來回機票。

這個採訪計畫之龐大，我剛開始構思時沒有意識到實際執行起來會遇上的困難，僅僅憑著一股憨膽就去做了。

過去的記者生涯最長篇幅只寫過系列報導，但寫一本書的架構與事前規劃，與過去幾千字的規模完全不同，我一度不知如何開始著手。幸好同在柏林的前輩記者林育立（也是《歐洲的心臟》這本暢銷書的作者），在嚴格來講只見過一次面的情況下，願意約出來在咖啡店裡暢談寫書前應如何架構，他也期許我要透過寫書留下屬於自己的作品，完整記者生涯的歷練。

再來，要解決的難題是，我要去哪裡找採訪對象？在開始寫這本書之前，我身邊幾乎沒有認識任何越南朋友。但在蒐集資料途中，我發現柏林有一家佛寺與越南船民似乎有關聯，因此某一天下午很貿然地去了這家佛寺，也就是書中提到的靈鷲寺。我在寺裡走走晃晃、拍照，甚至和裡頭正在掃地的信徒搭話。後來觀察了一下，有三個二十多歲的年輕人也在寺裡幫忙，他們就是書裡提到的陳世偉、陳艷與鄭秋草。和他們說明了我的來意後，三人很大方地願意受訪，我們在那天下午站著聊了兩個多小時，後來又分別約在不同天個別採訪。

像是一個寫書的好兆頭，從陳世偉開始，陸續牽線多名越南船民與同爲第二代移民的朋友，他熱心地引薦我認識其他船民，並爲我做簡單翻譯。之後的採訪也大概循這個模式，取得受訪者信任後，由對方介紹認識的契約工或船民朋友，慢慢打入越南移民的圈子。

當初的想法是不要只集中在柏林，因爲不同的邦當初收容船民的方式略有差異，在書裡呈現這些差異也很重要，因此沒有設限採訪範圍，有約到人就會盡力前往。這樣的好處是，可以實際到達當地看見越南移民在當地的影響力，但後來發現，願意受訪的人分布的地理範圍太廣，在考量交通經費下，只好忍痛刪去一些人選。

除了受訪者來源，另一項挑戰是語言，我自己完全不會說越南話，雖然許多移民在德國住了很長時間，都有基本德語能力，但我認爲受訪時對方說母語才能自在表達，因此透過德國的記者組織，認識了一位很熱心的越南口譯 Phạm Vũ Hoàng Giang，他當時在漢堡的碩士課程剛結束，本身也擔任接案攝影師，書中許多照片都出自他手。不僅如此，因著他熱心的個性，讓許多受訪者能夠很自然地侃侃而談，這點對我的採訪幫助很大。我們也像革命夥伴一樣，一起征戰了德國好幾個城市，甚至某一次採訪到晚上，已經沒有車回柏林了，他慷慨提供在漢堡的租屋處，讓我借宿一宿，隔天早上更親自煮了一碗放了滿滿海鮮的越南麵，搭配熱騰騰的越南咖啡。深感幸運在書寫這本書的途中能遇到這麼棒的夥伴。

另一件說來也算是幸運的事，書中多數採訪都在德國爆發新冠肺炎前就完成了，否則很難想像疫情會造成多久的延宕。德國在疫情爆發後，實施一連串封城、社交限制等措施，我反而在這一段哪裡也不能去的日子裡，靜下心來書寫，聽著採訪的錄音檔，慢慢梳理出這本書的脈絡。

在這三年的時間裡，自己也慢慢更確立要在德國繼續書寫報導的決心，甚至和前言裡提到的敍利亞難民阿里在柏林見了面，他如今已是德國的資深工程師，一路堅定追逐自己的夢想，而我在書稿初稿幸運獲得聯經出版社的青睞後，心中的大石輕輕落了地，希望自己第一次挑戰非虛構書寫，能將心中想表達的意念，傳達給讀者知道。

書中的種族融合一直是我切身關注的議題，我在德國看著右翼政黨頻頻煽動反難民的仇恨言論，也看著越南契約工在東柏林擁有自己的聚落，卻和德國居民始終保持一定的距離，再反省自己同樣身為這個國家的移民，深切感受到要能成功融入一個新環境，面對新語言、文化的挑戰有多麼不容易克服。

一直以來都清楚地意識到，人是有分別心的。我們往往很輕易地分出「他們」和「我們」，只選擇一邊站雖然因此有歸屬感，但卻可能失去彼此對話的可能性，最糟的結果就像是戰爭兩方的對立，讓無辜的人民傷亡。

也因此最一開始寫這本書時，很快就確立了主題核心意識是「社會融合」，我希望藉由書裡三條軸線的抽絲剝繭與人物現身說法，可以讓讀者感受到當一個外來者的處境，並看見外來族群融入當地社會帶來的正面回饋。也許在看完這本書時，設身處地去想，我們若能放下因對外來移民不理解而產生的對立，從彼此多認識一點點作為第一步，我們可以少去許多無謂的紛爭，臺灣社會可以繼續朝向我們希望的那樣大步邁進。

致謝

這本書能夠順利成書，受到許多人的幫助。首先我要先感謝書中所有收錄與因篇幅關係忍痛未收錄的受訪者們，許多人知道我要寫這本書都是第一時間就答應受訪，甚至在自身還要照料雜貨店或餐廳生意的情況下，撥出時間受訪。

其中有好幾位採訪時間長達數小時，他們非常慷慨地與我分享自身經歷，像是書中的阮文南，我們從中午碰面，一直聊到晚餐，身爲廚師的他下廚做了一桌好菜，讓我們和他的家人一同用餐；第一次和住在哥廷根的阮友祿碰面時，他鼓勵了我一番，並謝謝我願意書寫這個題材，讓更多人了解越寮難民的處境，第二次在他家見面時，他怕我和口譯餓著，還沒開始採訪，就先下廚煮了一鍋用料豐富的麵。之後同樣聊到天要黑了，更親自送我們到火車站。

像這樣來自受訪者的慷慨好意，在書寫這本書的過程發生了很多次，也有過我剛抵達對方家，受訪者已準備好一桌海鮮，招呼我「趁熱，快吃！」又或者，書中提及的數家佛寺，我在到訪當天其實沒有事先安排，但與遇到的人們說明來意，獲得的回應多半是正面、友善的，甚至推薦我適合受訪的人選。

在這裡我要特別感謝在紐倫堡佛寺相遇的英州，那天他大方地說「妳想知道什麼儘管問！都可以問！」後來因時間不夠，我在回到柏林後，整理了十一個問題寄給他，他以一天一封信的長度，鉅細靡遺地坦露當初的經歷與心境，總共寄來八封信，讓我又驚又喜。雖然因內容取捨，在第一章裡僅附註其中的幾封信，但因著英州栩栩如生的記憶描述，讓本書增添許多現場感。

此外，在聯繫受訪者時，多虧在諾登有豐富人脈的波納，替我事先聯繫許多願意受訪的居民，也才因此能訪到本書很重要的關鍵人物席維特，我因這席談話，收穫許多。直到現在，我的電腦桌面還放著那天在席維特家中的採訪照，勉勵自己要不要辜負對方如此慷慨無私向我分享治理拿撒勒之家的種種，努力完成這本書。

此外，因爲疫情的關係，原本合作的越南口譯 Giang 回去越南換簽證，卻因此無法再來德國；我後來與另一名越南口譯 Mai Ngoc Hue 同樣合作愉快，她協助我完成在柏林「同春市場」與攤商們的採訪，在此一併感謝。

除了在柏林的採訪，第四章提及的越南華僑張婉貞，她的小兒子蔡宇傑自學越南語程度優異，書中所有中譯的越南名字全出自他手，非常感謝。

這本書在書寫前後，有多次覺得徬徨的時候，感謝非虛構書寫的前輩記者白曉紅，以及先前提到的育立，願意與我分享自己採訪成書的親身經歷；感謝導演劉吉雄無私地介紹多位越南華僑，經由他的牽線，我才有機會認識這麼多熱心分享自己人生故事的華僑們，讓這本書更加豐富。

此外，這是我第一次寫書，很幸運遇到願意給我機會、替我整理初稿，編輯本書的過程中給我許多建議的主編淑眞。因爲我人在德國的緣故，自始至終我們都只能靠電子郵件或電話聯繫，謝謝她不厭其煩地看我修正後的稿子，並替我釐清原本沒有說清楚的篇幅段落。要成就一本條理分明的書，絕對背後需要很多人的幫助，尤其是一位很有耐心的編輯。

最後，要占用篇幅致歉，因爲種種考量，原本特地採訪多位法蘭克福印支華裔聯誼會成員，包括會長王錩文、副會長甘碧鳳一家等，但最後沒有收錄於本書。在此特別致歉，您們慷慨與我分享的故事，希望未來能在其他場合說給更多人聽。

最後的最後，特別感謝一直支持我的家人們，以及一路鼓勵我的E，雖然你根本看不懂中文，但一直深信我寫出來的必定是好作品，謝謝你。

注釋

序章｜我們與他們

1 黃雋慧，《不漏洞拉：越南船民的故事》（臺北：衛城出版），頁六四。

2 克里斯多佛．高夏（Christopher Goscha），《越南：世界史的失語者》（臺北：聯經出版公司），頁四六五。

3《越南：世界史的失語者》，頁四六六。

4《越南：世界史的失語者》，頁四六六。

5 UNHCR, "The State of The World's Refugees 2000," Chapter 4 , https://www.unhcr.org/3ebf9bad0.html

6 Vo Nham Tri, *Vietnam's Economic Policy since 1975* (Singapore: Institute of Southeast Asian Studies, 1991), p.69; Dovert and Lambert, "La Relation Nord-Sud," p. 92; and Ngo Vinh Long, "The Socialization of South Vietnam," in Odd Arne Westad and Sophie Quinn-Judge, ends., *The Third Indochina War* (London: Routledge, 2006), pp. 127-135.

7《越南：世界史的失語者》，頁四六一。

8 Robinson, *Terms of Refuge*, Appendix 1, 2

第一章｜去了西德的越南船民 1978-1989

1《不漏洞拉：越南船民的故事》，頁一三二。

2 https://www.spiegel.de/geschichte/boatpeople-aus-vietnam-a-949685.html

3 Michael J. Molloy, Peter Duschinsky, Kurt F. Jensen, Robert J. Shalka, *Running on Empty: Canada and the Indochinese Refugees,*

1975-1980 (Canada: McGill-Queen's University Press, 2017)

4 'Die Juden des Ostens – ohne ein Israel', in: *Spiegel*, 25 June 1979, pp. 116-124.

5 Speech by Andreas von Schoeler, parliamentary state secretary, Ministry of the Interior, 23–27 September 1979, in: PA AA ZA vol. 110381

6 https://www.spiegel.de/spiegel/print/d-42713350.html

7 Genscher promised half a million deutschmarks for Hai Hong refugees on 16 November 1978: Genscher to Schmidt, 30 November 1978, in: PA AA ZA vol. 107397

8 Frank Bösch, Engagement für Flüchtlinge. Die Aufnahme vietnamesischer «Boat People» in der Bundesrepublik, in: Zeithistorische Forschungen/Studies in Contemporary History, Online-Ausgabe, 14 (2017), H. 1, pp.5.https://zeithistorische-forschungen.de/1-2017/5447

9 Figures 1 December 1979, in: BA/K B 136 16709

10 Programm der Bundesregierung für ausländische Flüchtlinge (im Kabinett am 29.8.1979 verabschiedet), in: BA/K B 136 16710 und B 126 77251.

11 "*Dan lang Engelsberg than chao*", DER SPIEGEL, 31/1979

12 https://www.zeit.de/1979/31/voelkerwanderung-des-zwanzigsten-jahrhunderts/komplettansicht

13 Rupert Neudeck, In Uns Allen Steckt Ein Flüchtling: Ein Vermächtnis (München: C.H.Beck, 2016), pp.35.

14 https://www.welt.de/debatte/kommentare/plus199416380/Cap-Anamur-Wie-Rupert-Neudeck-Fluechtlinge-rettete.html?wtrid=onsite.onsitesearch

15 https://www.welt.de/debatte/kommentare/plus199416380/Cap-Anamur-Wie-Rupert-Neudeck-Fluechtlinge-rettete.html?wtrid=onsite.onsitesearch

16 Rupert Neudeck, "In uns allen steckt ein Flüchtling: Ein Vermächtnis", 2016, p.51.

17 Note for cabinet meeting, 24 July 1979, in: BA/K B 136 16710.

18 Frank Bösch, Engagement für Flüchtlinge. Die Aufnahme vietnamesischer »Boat People« in der Bundesrepublik, in:

Zeithistorische Forschungen/Studies in Contemporary History, Online-Ausgabe, 14 (2017), H. 1, pp.8.

19 Ref. 213, 17 January 1979, in: BA/K B 136 16709; German Bundestag, Plenarprotokoll 8/127, 17 January 1979, pp. 9933-9934.

20 Financial statement, 20 February 1980, in: Cap Anamur archive

21 Federal government report on German humanitarian aid abroad from 1978 to 1981. German Bundestag, Drucksache 9/2364, 23 December 1982, pp. 10-11

22 Cf. summary record, humanitarian aid subcommittee, 13 February 1980, German Bundestag, in: Cap Anamur archive; cf. on this conflict: Vössing, Competition over Aid? (fn. 4), pp. 355-356

23 Summary record, humanitarian aid subcommittee, 27 February 1980; Rupert Neudeck, Ein Boot für Vietnam, in: Neudeck, Wie helfen wir Asien? (fn. 25), pp. 70-145.

24 Documentation on the federal government programme for foreign refugees, in: BA/K B 126 77251

25 Frank Bösch, Engagement für Flüchtlinge. Die Aufnahme vietnamesischer »Boat People« in der Bundesrepublik, in: Zeithistorische Forschungen/Studies in Contemporary History, Online-Ausgabe, 14 (2017), H. 1, pp.23.

26 Cf. cabinet meeting minutes, 28 May 1980, Ref II C4, 28 April 1980, and II C4 to BMI, 23 January 1981, in: BA/K B 126 77251

27 Cf. G.V., Sie haben wieder Angst, in: ZEIT, 29 August 1980; Michael Schwelien, Das zweite Todesopfer, in: ZEIT, 5 September 1980.

28 *VIETNAM-FLÜCHTLINGE: Schotten dicht*, DER SPIEGEL, 43/1981

29 *VIETNAM-FLÜCHTLINGE: Schlimme Situation*, DER SPIEGEL, 21/1981

30 UNHCR, *Flight from Indochina*, p.98, figure 4.3.

31 *ASYL: Vorab und vorbehaltlos*, DER SPIEGEL, 29/1982

32 Loescher, *The UNHCR and World Politics: A Perilous Path*, 2001, p.205.

33 Robinson, *Terms of Refuge: The Indochinese Exodus and the International Response*, 1998. p.32.

34 Robinson, *Terms of Refuge: The Indochinese Exodus and the International Response*, 1998. p.50.

35 UNGA, *Report on UNHCR Assistance Activities in 1978-1979 and Proposed Voluntary Funds Programmes and Budget for 1980*, Submitted by the High Commissioner, Executive Committee of the High Commissioner's Programme, Thirtieth Session, A/

AC.96/564, 14 August 1979, pp. 141-179.

36 UNHCR, *Weekly Notes 29 June to 5 July 1979*; File 602.3; Series 2, Fonds UNHCR 11, p.1.

37 W. Courtland Robinson, *Terms of Refuge: The Indochinese Exodus and the International Response*, London: Zed Books, 1998, Apeendix2.

38 "*Wo alle Blumen auf euch warten*", DER SPIEGEL, 31/1982

39 *ASYL: Einfach vorbei, DER SPIEGEL*, 29/1983

40 http://vietnamese-archive.org/archive/2015/4/9/the-cap-anamur-ii-the-journey-to-hamburg

41 "*Hoffen auf festes Land*", Die Zeit, 29. August 1986

42 Fröhlicher Festakt für die "Boat People", Welt, 2009.9.14. https://www.welt.de/welt_print/vermischtes/hamburg/article4528806/Froehlicher-Festakt-fuer-die-Boat-People.html

43 Thomas S. Vang, *A History of the Hmong: From Ancient Times to the Modern Diaspora* (Lulu.com, 2008), pp. 315.

第二章—飄洋過海的越南移工 1980-1989

1 BArch 3: DQ3 633, Kontrollbericht VEG Tierproduktion Görlsdorf an das Staatssekretariat für Arbeit und Löhne, 1982.

2 Sextro, Uli: Gestern gebraucht - heute abgeschoben. Die innenpolitische Kontroverse um die Vertragsarbeiter der ehemaligen DDR, Dresden 1996.

3 Bundeszentrale für politische Bildung，https://www.bpb.de/geschichte/zeitgeschichte/deutschlandarchiv/126641/ungarische-arbeiter-in-der-ddr

4 《越南‧世界史的失語者》，頁四六六、頁四八一。

5 (GIZ, 2007) The Vietnamese Diaspora in Germany: Structure and Potentials for Cooperation with a Focus on Berlin and Hesse, pp.6

6 (GIZ, 2007) The Vietnamese Diaspora in Germany: Structure and Potentials for Cooperation with a Focus on Berlin and Hesse, pp.6

7 https://bruderland.de/en/episodes/men-women-and-love/

8 https://www.stern.de/panorama/vietnamesen-in-deutschland-phuongs-traum-3757186.html

9 (GIZ, 2007) The Vietnamese Diaspora in Germany: Structure and Potentials for Cooperation with a Focus on Berlin and Hesse

10 資料來源：東德統計局，https://de.statista.com/statistik/daten/studie/249254/umfrage/durchschnittseinkommen-in-der-ddr/

11 Kolinsky, Eva (1999) Multiculturalism in the Making? Non-Germans and Civil Society in the New Länder, in: Flockton; Eva Kolinsky (eds) Recasting East Germany. Social Transformation after the GDR. London: Frank Cass, pp.192-214.

Kolinsky, Eva (2004) Meanings of Migration in East Germany and the West German Model. In: Mike Dennis; Eva Kolinsky (eds) United and Divided. Germany since 1990. New York/Oxford: Berghahn, pp.145-175.

12 Kolinsky, Eva: Former Contract Workers from Vietnam in Eastern Germany between State Socialism and Democracy 1989-1993, in: GFL-German as a Foreign Language-Journal, 2(3): 93

13 "Berlins Vietnamkrieg", *Spiegel*, https://www.spiegel.de/geschichte/berlin-der-90er-die-vietnamesische-zigaretten-mafia-a-1144733.html

14 "Berlins Vietnamkrieg", *Spiegel*, https://www.spiegel.de/geschichte/berlin-der-90er-die-vietnamesische-zigaretten-mafia-a-1144733.html

15 Statistisches Bundesamt, "Wanderung zwischen Deutschland und dem Ausland nach Staatsbürgerschaft", 2017; Bösch, F., & Su, P. H. (2018). Invisible, successful, and divided: Vietnamese in Germany Since the Late 1970s. UNU-WIDER Working Paper 2018/15. Helsinki: UNU-WIDER.

16 據統計，至二〇二〇年五月，全德有十九萬一千名持「容忍居留」身分留在德國的外國人。資料來源：https://www.proasyl.de/hintergrund/was-ist-eigentlich-eine-duldung/?gclid=Cj0KCQjwirz3BRD_ARIsAImf7LPBa2gybNIZ84vaT15iFORBejZJFYo2xZqVyX05dQ0_z9BVbUexlasaAmYbEALw_wcB

17 https://www.sueddeutsche.de/panorama/kriminalitaet-vermisst-in-berlin-1.4493643

第三章－坐船來臺的越南華僑 1975-1987

1《越南：世界史的失語者》，頁六四至頁六七。

2 張文和，《越南、高棉、寮國華僑經濟》，（臺北：海外出版社），頁七。

3《越南：世界史的失語者》，頁三五五。

4 駐西貢公使館電，〈第八六一號〉，民國四十五年十一月三十日，目錄號：一七二－八，案卷號：一二九八，案名《越南政府限令僑中改制》，冊一，移轉單位：外交部，民國四十五－四十六年，國史館藏。

5 黃宗鼎，二〇〇六，《第二次世界大戰後越南之華人政策（1945-2003）》。臺北：國立政治大學發展研究所碩士論文。頁六五、六六。

6 黃宗鼎，二〇〇六，《第二次世界大戰後越南之華人政策（1945-2003）》，頁七四。

7〈越南禁止外人做小規模生意〉，《中央日報》，民國四十五年九月七日，目錄號：一七二－八，案卷號：一二四二，案名《十一種行業越化案》，冊一，移轉單位：外交部，民國四十五－四十八年，國史館藏。

8《「我國前駐越南大使館對越南撤僑事件有無失職之責」之調查書》，監察院，民國六十五年四月三十日。

9《眼見華裔難民船一艘艘沉沒…憶海軍越南撤僑任務》，《聯合報》，二〇二〇年五月十九日。https://udn.com/news/story/120884/4574014

10 同上。

11 同上。

12《救助中南半島難民》，中國大陸災胞救濟總會編印，民國七十九年七月，頁四。

13《救助中南半島難民》，頁四。

14《救助中南半島難民》，頁十二、十三。

15《救助中南半島難民》，頁七。

16《救助中南半島難民》，頁九。

17 李元平，〈南海血淚〉，《青年戰士報》，第五版，民國六十八年一月二十一日。

第四章－中華民國政府的仁德專案 1976-1991

1 《救助中南半島難民》，頁五。

2 李恩涵，《東南亞華人史》，（臺北：五南圖書出版股份有限公司），頁八〇二。

第五章－越南移民第二代

1 https://www.zeit.de/zeit-magazin/2017-10/asylbewerber-deutschland-abschiebung-freiheit-vietnam

2 El-Mafaalani, A., and T. Kemper. 2017. “Bildungserfolgreich trotz ungünstiger Rahmen- bedingungen: Empirische Ergebnisse und theoretische Überlegungen zum Bildungserfolg von vietnamesischen Kindern und Jugendlichen im deutschen Schulsystem.” *In UnSichtbar. Vietnamesisch-Deutsche Wirklichkeiten*, edited by B. Kocatürk-Schuster et al., 217. Cologne and Bonn: Documentation Center and Museum of Migration in Germany and Friedrich Ebert Foundation.

3 https://www.zeit.de/zeit-magazin/2017-10/asylbewerber-deutschland-abschiebung-freiheit-vietnam

第六章－北方的小鎮

1 https://ome-lexikon.uni-oldenburg.de/begriffe/grenzdurchgangslager-friedland

2 https://www.ostfriesischelandschaft.de/fileadmin/user_upload/BIBLIOTHEK/Dokumente/Schuelerpreis/2015_Parisius_Boat_People.pdf

附錄：受訪人物表

備註：此表以書中出場順序排列，因爲篇幅等因素未收錄於本書的受訪者，以＊在姓名後方做標示，若列表有錯漏，敬請海涵。

受訪者本名	受訪者中譯姓名	受訪日期	受訪地點	出生地
張宗周		2019.06.29	漢諾威	越南廣義省
Anh Châu	英州	2019.07.14	紐倫堡	越南土龍木市
The Vy Tran	陳世偉	2019.06.18	柏林	德國柏林
Diem Tran	陳艷	2019.06.28	柏林	紐倫堡
Trinh Kim Hoa	鄭金和	2019.06.29	漢諾威	越南
Nguyen Huu Loc	阮友祿	2019.08.14	哥廷根	寮國巴色
Nguyen Van Nam	阮文南	2019.08.12	弗蘭斯堡	越南會安
Tamara Hentschel	韓雀	2019.06.18	柏林	德國
Phuong Do	杜芳	2019.07.29	費希塔	越南西貢
Đào Quang Vinh	陶光榮	2020.06.02	柏林	越南河內
Le Phuong	黎方	2019.07.15	紐倫堡	越南胡志明市
Thai	蔡	2019.07.29	費希塔	太平省
Bui Thi Thu Houng	裴氏秋香	2019.08.07	柏林	越南
Vanessa Vu/ Vũ Hồng Vân	凡妮莎／武紅雲	2019.08.07	柏林	德國埃根費爾登 （Eggenfelden）
Le Thi Hoa	黎氏花	2020.06.02	柏林	越南
Hoang Thi Luom	黃氏良	2020.06.02	柏林	越南
鄭德志		2019.10.16 2019.11.02	新北土城	越南頭頓市
李啟福		2019.11.02	新北土城	越南頭頓市
黃光慧		2019.10.18	臺北	越南潼毛市
曾先生		2019.12.04	臺北內湖	越南堤岸
阿荷（書中化名）		2019.11.05	臺北木柵	越南大叻
黃鳳琼		2019.11.05	臺北木柵	越南堤岸
王文強		2019.11.05	臺北木柵	越南胡志明市
張華		2019.11.06	臺北	越南堤岸

受訪者本名	受訪者中譯姓名	受訪日期	受訪地點	出生地
張婉貞		2019.10.10	臺北	越南堤岸
黃寶芝		2019.11.19 2019.12.03	臺北	越南堤岸
陳欽興		2019.12.03	臺北	越南
黃友佳		2019.12.03	臺北	越南海防市
Thu Thao Trinh	鄭秋草	2019.06.20	柏林	德國柏林
Le Ngoc Trung	黎玉中	2019.08.10	柏林	德國
Phuong Thao Thai Do	杜泰芳草	2019.07.30	費希塔	德國蔡茨
Linh Lê	黎玲	2019.07.19	柏林	德國柏林
Thi Quynh Nguyen	阮氏瓊	2019.07.11	柏林	越南海陽市
Roman Siewert	席維特	2019.08.27	諾登	德國
Lennart Bohne	波納	2019.08.26	諾登	德國諾登
Matthias Stenger	史坦格	2019.08.26	諾登	德國
Tuan Kiet Hoang	黃俊傑	2019.08.26	諾登	越南頭頓
Nga Tran Nguyen	阮陳娥	2019.08.27	諾登	越南胡志明市
Anh Van Thai	蔡英文	2019.08.26	諾登	越南土龍木市
Mai Han Zimmering/ Mai Han Vu	齊莫琳 / 武梅欣	2019.08.27	諾登	越南同奈省
Cu Nguyen*	阮具	2019.07.14	紐倫堡	越南富安省 La Hai
Vu Minh Nguyen*	阮武明	2019.07.14	紐倫堡	德國紐倫堡
Long Hūu Nguyen*	阮有龍	2020.06.13	柏林	德國
Tu Duong*	秀陽	2019.06.29	漢諾威	越南
Nguyen Anh Tu*	阮英修	2019.06.30	漢諾威	越南
Hung Manh Le*	黎興孟	2019.08.10	柏林	越南
林克儒 *		2019.08.18	法蘭克福	海南島文昌市
王錩文 *		2019.08.18	法蘭克福	越南
甘偉賢 *		2019.08.18	法蘭克福	越南

眾聲
誰是外來者：在德國、臺灣之間，獨立記者的跨國越南難民探尋

2022年8月初版　　定價：新臺幣450元

著　　者　黃　文　鈴
叢書主編　黃　淑　真
校　　對　馬　文　穎
整體設計　初雨有限公司

副總編輯　陳　逸　華
總 編 輯　涂　豐　恩
總 經 理　陳　芝　宇
社　　長　羅　國　俊
發 行 人　林　載　爵

出　版　者　聯經出版事業股份有限公司
地　　　址　新北市汐止區大同路一段369號1樓
叢書編輯電話　(02)86925588轉5322
台北聯經書房　台北市新生南路三段94號
電　　　話　(02)23620308
台中辦事處　(04)22312023
台中電子信箱　e-mail：linking2@ms42.hinet.net
郵政劃撥帳戶第0100559-3號
郵撥電話　(02)23620308
印　刷　者　文聯彩色製版印刷有限公司
總　經　銷　聯合發行股份有限公司
發　行　所　新北市新店區寶橋路235巷6弄6號2樓
電　　　話　(02)29178022

行政院新聞局出版事業登記證局版臺業字第0130號

本書如有缺頁，破損，倒裝請寄回台北聯經書房更換。　ISBN 978-957-08-6434-2 (平裝)
聯經網址：www.linkingbooks.com.tw
電子信箱：linking@udngroup.com

國家圖書館出版品預行編目資料

誰是外來者：在德國、臺灣之間，獨立記者的跨國越南難民探尋/黃文鈴著．初版．新北市．聯經．2022年8月．368面＋16面彩色．14.8×21公分（眾聲）
ISBN 978-957-08-6434-2（平裝）

1.CST：難民 2.CST：移民史 3.CST：越南

542.277 111010767